COST BENEFIT ANALYSIS

CBA

계획가와 정책가를 위한
비용편익분석론

김홍배 · 윤갑식 · 이현경

박영사

초판 서문

계획이나 정책에 투입되는 비용은 하늘에서 뚝 하고 떨어지는 것이 아니므로 효율적으로 사용해야 하는 것이 원칙이다. 그리고 비용의 효율적인 사용은 기본적으로 신중한 선택을 통해 이뤄진다.

계획이나 정책의 과정은 크게 목적과 목표 설정, 대안제시 및 대안선택 그리고 집행의 3단계로 구성된다. 여기서 목적과 목표를 달성하기 위해 제시된 대안들이 서로 차이가 크지 않다면 신중한 대안선택은 별 의미를 갖지 못한다. 그러나 현실에서 보면 대안들은 내용과 편익 및 비용측면에서 큰 차이가 있으므로 선택에 신중을 기해야 한다(물론 대안선택뿐만 아니라 목적과 목표 설정과 집행과정에서도 신중한 선택이 이루어져야 한다).

계획이나 정책은 사회의 복지를 증가시킬 때만이 의미를 갖는다. 이를 다른 말로 표현하자면, 투입되는 비용보다 발생하는 편익이 더 클 때, 계획이나 정책은 의미가 있고 타당한 것이다. 오늘날 비용 – 편익분석에 관한 관심이 높아졌다. 이는 자원의 효율적 활용에 대한 사회적 관심이 그만큼 높아진 것이라 할 수 있다. 그리고 관심이 높아진 만큼 분석의 범위와 내용 그리고 분석방법까지 복잡해지고 다양해지고 있다.

오래전에 필자는 비용 – 편익분석에 관한 책을 출간했었다. 내용과 범위가 제한적이어서 늘 부족한 책이라 생각했었는데, 이번에 동아대학교 윤갑식 교수와 동의대학교 이현경 교수와 함께 기존의 내용을 보강하고 범위도 확장하여 새롭게 책을 출간하게 되었다. 이제는 중견학자로 사회의 여러 곳에서 활발한 활동을 하고 있는 윤 교수와 신진학자로 연구에 열심을 내는 이 교수가 함께 이 책을 출간하게 되어 참으로 기쁜 마음이다. 이 책은 분명 독자들에게 비용 – 편익분석에 관해 보다 실질적이고 폭넓은 지식을 제공할 것이라 믿어 의심치 않는다.

이 책은 총 10장으로 구성되었다. 제 1장에서는 비용 – 편익분석의 개념과 시장경제에서 계획이나 정책이 갖는 의미에 대해 그리고 제 2장에서는 자원배분에 관한 기초이론과 시장실패 및 정부의 시장 간섭의 필요성을 설명하였다. 제 3장에서는 비용 – 편익분석의 구조와 전개과정을 5단계로 구분하여 설명하였다. 비용 – 편익분석은 상식을 체계화하는 과정이라고 종종 표현하기도 한다. 이 면을 고려한다면 제 3장이 이 책에서 가장 중요한 장이라고 할 수 있다.

제 4장은 결과분석법을 다루었다. 결과분석법이란 계획이나 정책의 모든 효과가 정확하게 측정되고 가치화되었다는 전제를 바탕으로 의사결정자가 최적의 대안을 선택하는 방법이다. 비용 - 편익분석은 장기간 동안 사회 전체를 대상으로 이루어진다. 따라서 분석에서 시간의 투자가치는 기본적으로 중요하다. 특히 사회 구성원들 모두가 동의할 수 있는 할인율, 이른바 사회적 할인율에 대한 설명과 선택에 대해서도 설명하였다. 그리고 일관성 있는 결과를 위해 분석자가 취할 수 있는 방법인 표준화법도 소개하였다.

제 6장에서는 계획과 정책으로 인해 나타나게 되는 효과를 가격의 변화를 이용하여 화폐가치로 측정하는 방법과 적용에 대해 설명하였다. 참고로 시장에서 가격이 존재한다는 것은 바로 그 효과가 시장재효과(market good effect)임을 가리키는 것이다. 그러므로 제 6장에서 설명된 방법은 시장재효과의 가치를 측정하는 방법이라고 할 수 있다.

제 7장에서는 재화나 서비스의 진정한 사회적 가치를 나타내는 잠재가격(shadow price)에 대해 설명하였다. 시장가격이 존재한다고 해서 그 가격이 진정한 사회적 가치를 나타낸다고 할 수 없다. 왜냐하면 시장은 다양한 환경에 의해 왜곡될 수 있기 때문이다. 또한 잠재가격이란 대부분 시장에서 직접 관찰되는 가격이라기보다는 시간을 투입하여 도출해야 하는 가격이다. 이에 제 8장에서는 선형계획법을 이용해서 잠재가격을 도출하는 방법에 대해 설명하였다.

제 9장은 비시장재효과(non-market good effect)의 가치 측정방법을 다루었다. 여기서 독자들이 명확하게 이해해야 할 것이 있는데, 그것은 바로 시장이 존재하지 않는 효과를 가치 없는 효과로 단정해서는 안 된다는 것이다. 왜냐하면 비시장재효과는 단지 시장가격이 존재하지 않는 것이지 가치 자체가 없다는 것이 아니기 때문이다. 이에 제 9장에서는 환경정책을 중심으로 비시장재효과의 가치를 조건부가치측정법(contingent valuation method)을 이용하여 측정하는 방법에 대해 설명하였다.

마지막으로 제 10장은 우리나라의 예비타당성조사제도에 대해 설명하였다. 예비타당성조사는 국가 재정의 투자효율성을 높이기 위해 대규모 재정사업을 대상으로 신규투자에 대한 타당성을 평가하는 제도이다. 예비타당성조사에서는 여러 평가기준을 계층분석과정(analytical hierarchy process, AHP) 기법을 이용하여 종합적으로 타당성을 평가하고 있다. 이에 제 10장에서는 AHP 기법에 대한 개념과 적용방법에 대한 설명도 제공하였다. 참고로 다수의 평가기준이 제시될 때 의사결정자가 이용할 수 있는 기법이 바로 AHP기법이다.

이 책은 기본적으로 계획가와 정책가를 위한 책이며, 도시계획과 정책 분야에서 공부하는 대학생과 대학원생 그리고 실무자들에게도 유용한 책이라고 할 수 있다. 아무쪼록 이 책이 학생들과 계획이나 정책 수립과 관련하여 고민하는 모든 이에게 조금이라도 도움이 되었으면 하는 마음이다.

앞서 언급하였듯이 이 책이 출간하는 데 수고를 아끼지 않은 윤갑식 교수와 이현경 교수에게 다시 한번 감사하며, 이들이 앞으로 우리 분야의 발전에 많은 기여를 하길 바라는 마음이 간절하다. 마지막으로 부족한 책을 출간해 주신 박영사 안종만·안상준 대표님과 여러 담당자들께 깊은 감사의 마음을 전하는 바이다.

2024년 7월
저자들을 대표해서
김홍배, 한양대학교 명예교수

목차

제 10장	예비타당성조사제도와 분석방법

제 1장

서론

서론

1. 정책의 비용 - 편익 분석이란?

　공공정책이 근본적으로 추구하는 바는 사회복지의 향상이기 때문에 정책이 사회복지를 향상시킬 때만이 그 정책은 진정한 공공정책으로 가치를 갖는다고 할 수 있다. 정책은 집행되는 과정에서 많은 자원을 사회계층 간 그리고 공간적으로 이동시키기 때문에 정책은 종종 자원을 재배분하는 수단이라고 일컬어진다. 정책으로 인해 기존의 자원배분이 변화될 때 사회 내에서 얻는 자와 잃는 자가 동시에 발생하게 된다. 즉, 정책은 사회 내 어느 구성원에게는 편익을 제공하여 그들의 복지수준을 향상시키는 반면, 다른 구성원에게는 비용을 발생시켜 그들의 복지수준을 감소시킨다. 따라서 정책으로 인해 얻은 자의 복지향상이 잃은 자의 복지감소보다 크게 나타나면 그 정책은 의미가 있다고 할 수 있고, 반대의 경우 그 정책은 자원을 낭비시키는 정책이라 할 수 있다.

　예를 들면 낙후지역을 개발하기 위해 정부가 고려중인 정책 P가 있다고 하자. 이 정책은 낙후지역 내 기반시설을 향상시켜 지역개발을 유도하는 정책이다. 여기서 정부는 정책 P에 투입되는 비용을 어느 특정 재화에 특별소비세를 부과하여 확보하려 한다. 만일 이 정책이 집행된다면 정책의 결과분석은 어떻게 이루어져야 하는가?

　이에 대해서는 이 책의 전반에 걸쳐 다루어지겠지만, 분석과정에서 가장 기본으로 해야 할 것이 바로 사회 내에서 정책으로 인해 잃는 자와 얻는 자를 구분하는 것이다. 여기서 잃는 자란 특별소비세가 부과된 재화를 소비하므로 해당 재화의 가격 이상을 지불하는 사람들을 말한다. 그리고 정책으로 인해 얻는 자는 당연히 정책의 대상지역 내 주민들이다. 왜냐하면 정책으로 인해 지역 내 기반시설이 향상되므로 그들의 생산성은 높아지고 그 결과 그들의 소득과 복지는 향상되기 때문이다.

여기서 잃는 자에게는 정책이 그들에게 비용을 발생시키는 것으로 그리고 얻는 자에게는 정책이 그들에게 편익을 가져다 주는 것으로 볼 수 있다. 따라서 정책 P는 얻은 자의 얻은 가치와 잃은 자의 잃은 가치를 측정하여 비교함으로써 평가할 수 있다. 이와 같이 정책으로 인해 얻은 자의 얻은 가치와 잃은 자의 잃은 가치를 일련의 합리적 과정을 통해 측정하고 사전에 그 정책을 평가하는 것이 바로 정책의 비용 - 편익 분석이다.

공공정책의 기본 특징은 다음과 같이 4가지로 요약할 수 있다. 첫째, 정책대상의 범위이다. 공공정책은 어느 특정인이나 특정 계층을 위한 정책이 아니라 사회 전체를 대상으로 이루어진다. 따라서 정책의 효과는 사회 전반에 걸쳐 나타나게 된다. 이는 공공정책의 분석범위가 광범위하고 분석의 구조가 복잡함을 가리킨다.

둘째, 정책집행으로 이루어지는 최종결과는 정책 전으로 원상복구가 거의 불가능하다는 것이다. 예를 들면 수자원 확보책의 하나로 다목적 댐 건설이 정책으로 결정되어 댐이 건설되었다면 그 댐의 건설로 인해 문제점이 발생한다고 하여도 건설된 다목적 댐을 철거하고 건설 전의 상태로 복구한다는 것은 거의 불가능하다. 물류비용의 절감을 위한 계획으로 고속도로가 건설되었다면 고속도로가 건설된 후 그 고속도로가 담당하는 교통량이 계획 당시 예측하였던 교통량보다 적다고 하여 그 고속도로를 다시 건설 전으로 복구할 수는 없을 것이다. 이러한 특징은 공공정책의 분석단계에서 정책효과의 다양한 측면이 신중히 고려되어야 함을 가리킨다.

셋째, 정책기간에 관한 것이다. 공공정책은 초기에 대부분의 비용이 발생하고 정책에 따른 편익은 장기간에 걸쳐 서서히 발생하게 된다. 따라서 공공정책을 분석할 때 시간의 적절한 투자가치가 필히 고려되어야 한다.

마지막으로 정책평가에 관한 것이다. 공공정책은 개인이나 기업의 수익증가 또는 비용감소로 정책이 평가되는 것이 아니라 바로 사회 전체 복지의 증가 또는 감소에 의해 정책이 평가된다. 그리고 정책의 평가는 정책효과를 금전적으로 측정할 수 있는 편익과 비용효과뿐만 아니라 금전적 가치로 측정할 수 없는 효과, 예를 들면 대기나 수질 오염, 소음과 진동, 건강, 위생 또는 안전 등과 같은 효과도 포함된다. 그러므로 공공정책의 효과는 금전적 가치의 효과와 비금전적 효과의 합으로 나타난다.

위와 같은 정책평가의 특징은 바로 민간부문에서 이루어지는 사업평가 방법과 확연히 구분된다. 개인 기업의 경우 기업의 이윤극대화가 그들이 추구하는 기본 목적이기 때문에 그들의 사업에 대한 비용 – 편익 분석의 범위는 오로지 기업의 입장에서만 이루어진다. 다시 말해서 기업은 사업에 투입한 비용과 그로부터 얻을 수 있는 수입의 차이에 의해 사업을 평가하며, 이때 사업으로 인해 발생하는 교통혼잡이나 환경오염 또는 경관훼손과 같이 금전적으로 나타낼 수 없는 사회적 효과는 거의 고려되지 않는다.

반면 정책의 비용 – 편익 분석에서는 앞에서 설명한 공공정책의 4가지 특징이 구체적으로 고려되어야 한다. 정책의 비용 – 편익 분석은 연구자들마다 달리 정의될 수 있지만 가장 일반적으로는 상식을 체계화하는 과정으로 정의될 수 있다(Gramlich, 1981). 따라서 정책분석에서 가장 중요한 것은 상식적 수준에서 무리 없는 논리적 분석의 전개이다. 이 책에서는 정책분석의 논리성에 중심을 두고 정책분석에 대한 설명이 전개된다.

2. 자원의 배분: 보이지 않는 손과 보이는 손

앞서 언급하였듯이 정책은 자원의 배분을 변화시키는 수단이다. 그러면 정책 전 자원배분은 어떻게 이루어지는가? 사회 내에서 생산된 재화는 〈그림 1-1〉에서 보는 것과 같이 자원의 배분기구, 즉 메커니즘(mechanism)에 의해 사회 구성원들에게 배분된다. 여기서 자원의 배분 메커니즘은 사회의 체계에 따라 다르다. 예를 들면 왕이 지배하는 왕국이나 독재자가 지배하는 국가의 경우 자원의 배분은 오로지 왕이나 독재자의 지시 또는 명령에 의해 이루어지게 된다. 따라서 이러한 국가들의 배분 메커니즘은 왕이나 독재자의 지시나 명령이라 할 수 있다.

사회주의 국가에서 자원의 배분은 정부에 의해 이루어지므로 사회주의 국가에서 자원의 배분 메커니즘은 정부가 된다. 그리고 순수한 자본주의의 경우 자원의 배분은 시장의 힘, 이른바 보이지 않는 손(invisible hand)에 의해 결정된다. 여기서 말하는 시장은 모든 경제활동의 바탕을 제공하는 장소로 재화에 대한 정보가 수요자들과 생산자들 사이에 교환되는 장소이며, 이들 사이에 거래를 발생시키는 매개체이다. 아담 스미스는 시장을 통하여 사회 내 자원은 질서 있고 조화롭게 배분되며, 이러한 자원배분이 사회에 최대의 부(wealth)를 제공한다고 설명하였다. 이 책에서는 자원배분이 보이지 않는 손에 의해 이루어지는 시장경제를 중심으로 설명을 진행하기로 한다.

|그림 1-1| 배분기구에 의한 자원배분

자원배분이 보이지 않는 손에 의해 이루어지는 시장경제에 있어, 정책은 시장에서 이루어지는 자원배분을 변화시키는 수단이라고 할 수 있다. 일반적으로 정책은 비공개적으로 극비리에 집행되는 것이 아니라 공개적으로 사회 모든 사람들에게 정책의 취지와 추구하는 방향 그리고 방법에 대해 이해를 제공한 후 집행된다.

정책은 앞으로 전개될 자원의 배분방향을 먼저 사회 구성원들에게 명확하게 제시하므로 정책은 바로 집행상 통보적(indicative)인 특성을 갖는다고 할 수 있다. 이러한 정책의 특징을 고려한다면 정책은 바로 자원을 배분시키는 보이는 손(visible hand)이라고 할 수 있다. 그러면 보이는 손에 의한 자원배분은 어떻게 평가해야 하는가? 정책은 정책이 집행되지 않았을 경우 이루어질 자원배분과 비교하여 평가해야 한다. 왜냐하면 그래야 정책의 의미를 찾을 수 있기 때문이다.

그러면 자원이 시장에 의해 배분된 결과와 정책에 의해 배분된 결과를 살펴보자. 생산된 재화나 서비스가 사회를 구성하는 구성원들에게 보이지 않는 손에 의해 배분된 결과는 (그림 1-2)의 ⒜와 같이 표현할 수 있을 것이다. 그림에서 행(row)은 사회를 구성하는 개인을 가리키며, 열(column)은 생산된 재화나 서비스를 가리킨다.

|그림 1-2| 자원배분표

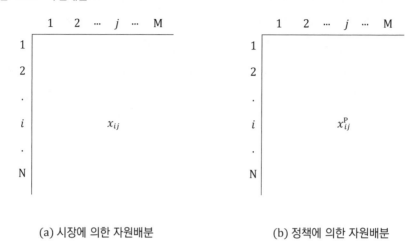

(a) 시장에 의한 자원배분   (b) 정책에 의한 자원배분

　　여기에서 나타내는 사회는 N명으로 구성되어 있으며, 그 사회 내에서 생산되고 소비되는 재화의 수는 M개이다. 각 행은 개인의 소비구조, 즉 어느 소비자가 어떤 재화를 얼마만큼 소비하는가를 그리고 열은 각 재화가 사람들에게 어떻게 배분되는 가를 가리키는 배분구조이다. 따라서 자원배분표는 사회 내에서 누가 무엇을 얻는가를 보여준다. 자원배분표에서 행의 합은 개인이 소비하는 총소비량을 그리고 열의 합은 생산된 재화의 총량을 가리킨다. 이를 식으로 표현하면 아래와 같다.

$$\sum_j x_{ij} = \text{개인 } i\text{의 재화 소비량},$$

$$\sum_i x_{ij} = \text{생산된 재화 } j\text{의 총량},$$

x_{ij} : 재화 j가 개인 i에게 배분되는 양.

　　정책의 결과는 (그림 1-2)의 (b)에서 보이듯이 자원배분 형태 x_{ij}를 x_{ij}^{P}로 변화시킨다. 즉, 정책은 개인이 소비하는 재화의 양을 변화시키는 동시에 자원의 배분구조도 변화시킨다. 이 경우 분석자의 주요 관심은 바로 정책에 의해 변화된 자원배분의 결과이다. 여기서 정책으로 인해 변화된 사회복지 수준이 정책이 집행되지 않았을 경우 도달할 수 있었던 복지수준보다 높으면 그 정책은 의미가 있는 것이고 그렇지 않으면 정책은 의미가 없다.

정책결정자의 선택은 간단하다. 사회복지 수준을 향상시키는 정책은 의미있는 정책이므로 당연히 집행되어야 하고 그렇지 못한 정책은 집행되지 말아야 한다. 앞서 강조하였듯이 정책의 목적은 사회복지의 극대화이기 때문에 정책은 사회의 복지를 향상시킬 때 비로소 그의 의미를 갖는다. 따라서 정책의 비용 – 편익 분석에서 분석자가 갖는 가장 기본적인 관심은 바로 정책으로 인한 자원배분이 사회의 복지 수준을 향상시켰는지 아니면 감소시켰는지를 확인하는 것이다.

$$U(x_{ij}) \begin{Bmatrix} < \\ = \\ > \end{Bmatrix} U(x_{ij}^P) \Leftrightarrow 사회복지 \begin{Bmatrix} 향상 \\ 일정 \\ 감소 \end{Bmatrix} \Leftrightarrow 정책 \begin{Bmatrix} 집행 \\ ? \\ 기각 \end{Bmatrix},$$

$U(x_{ij})$: 시장에 의해 달성되는 사회복지 수준,

$U(x_{ij}^P)$: 정책에 의해 달성되는 사회복지 수준.

요약하자면 정책의 비용 – 편익 분석이란 바로 보이는 손에 의한 자원배분의 결과를 논리적 과정을 통해 측정하고, 그 결과를 보이지 않는 손에 의한 결과와 비교하여 사전에 정책을 평가하는 것이다. 그리고 정책의 비용 – 편익 분석결과를 바탕으로 정책결정자는 사회복지를 감소시키는(즉, 자원낭비를 유발시키는) 정책결정을 미연에 방지할 수 있으며, 자원의 효율적 이용을 추구하는 정책을 선택할 수 있게 된다.

3. 이 책의 구조와 내용범위

이 책은 전체 10장으로 구성되어 있다. 각 장에서 다루어지는 중심내용은 다음과 같다. 제 2장에서는 자원배분과 이로부터 결정되는 사회복지 수준에 대해 소비자이론을 중심으로 설명한다. 아울러 여기서는 시장경제에서 계획 및 정책의 중요성과 필요성이 제시된다. 제 3장에서는 정책효과를 논리적이며 체계적으로 분석하는 과정과 분석구조가 설명된다. 앞서 언급하였듯이 정책이 사회에 미치는 영향은 사회 전반에 걸쳐 광범위하게 발생하므로 이에 대한 분석도 그만큼 복잡하게 된다. 이러한 복잡한 정책의 효과를 정확하게 분석하기 위해 분석자에게 가장 요구되는 것이 바로 분석의 논리적 전개과정이다. 따라서 제 3장은 이 책에서 가장 중요한 부분이라고

할 수 있다. 제 4장에서는 정책결정의 규칙과 대안들의 결과 분석법이 설명된다. 여기서는 정책의 효과를 구체적으로 분석하는 방법에 대해 설명하는 것이 아니라 정책으로 인한 비용과 편익은 적절하게 계산되었다는 가정 아래 설명이 진행된다.

이 책의 제 5장은 할인율(discount rate)의 선택과 일관성 있는 정책대안 선택방법에 대해 설명한다. 앞서 언급하였듯이 공공 투자정책은 초기에 대부분 비용이 발생하고 그에 따른 편익은 장기간에 걸쳐 발생하는 특징을 가지고 있다. 따라서 정책분석에서 시간의 투자가치 선택은 매우 중요하다. 왜냐하면 선택된 시간의 투자가치에 따라 정책대안들의 비용과 편익규모가 달라지기 때문이다. 시간의 투자가치는 바로 할인율을 말한다. 그리고 제 5장 후반부에서는 일관성 있는 대안 선택방법인 표준화법(normalization method)이 설명된다.

일반적으로 말해 정책의 목표가 설정되면 설정된 목표를 달성하기 위해 다양한 대안들이 제시된다. 제시된 정책대안들은 비록 동일한 목표를 추구한다고 할지라도 대안들의 성격과 수단 그리고 방향은 서로 다르게 나타난다. 따라서 제시된 대안들의 효과는 모두 다르므로 분석자는 제시된 대안 중 사회에 가장 큰 편익을 제공하는 대안을 최종 정책대안으로 제시해야 한다. 그러나 이러한 최적대안의 제시는 대안들의 결과를 분석하는 방법에 따라 종종 달라질 수 있다. 이에 대해 분석자가 취할 수 있는 방법이 바로 표준화법이다. 표준화법을 통해 분석자는 일관성 있는 대안들의 우선순위를 결정할 수 있게 된다.

제 6장에서는 시장에서 관찰되는 재화의 가격이 소비자와 생산자에게 주는 의미를 살펴보고, 정책이 재화의 가격을 변화시킬 때 소비자와 생산자가 얻는 편익을 수요곡선과 공급곡선을 이용하여 금전적 가치로 계산하는 방법이 설명된다. 구체적으로 제 6장은 정책으로 인해 소비자가 얻은 편익을 소비자 잉여의 변화로 그리고 생산자가 얻은 편익을 생산자 잉여의 변화로 측정하는 방법에 대해 설명한다. 그리고 정책의 효과는 바로 소비자 잉여와 생산자 잉여 변화의 합으로 측정됨을 설명한다.

제 7장에서는 시장에서 관찰되는 가격이 그 재화의 진정한 사회적 가치를 나타내지 못하는 경우에 대해 설명한다. 재화의 진정한 사회적 가치를 나타내는 가격을 잠재가격(shadow price)이라 한다. 시장가격이 재화의 진정한 사회가치를 나타내기 위해서는 현실에 대한 많은 가정이 필요하게 된다. 그러나 그러한 가정이 비현실적일 때 재화의 시장가격은 재화의 진정한 사회적 가치를 제시하지 못하게 된다. 제 7장

에서는 이와 같이 시장가격과 잠재가격이 다른 경우에 대해 설명한다.

잠재가격에 대한 이해는 정책의 비용 - 편익 분석에 있어서 매우 중요한 의미를 갖는다. 왜냐하면 정책은 가격을 변화시키고 변화된 가격의 진정한 사회가치가 파악될 때 분석의 정확성은 높아지기 때문이다. 그러나 잠재가격은 시장에서 직접 관찰되는 가격이 아니라 분석자가 분석을 통해 도출해야 하는 가격이다. 따라서 제 8장에서는 잠재가격을 도출하는 방법의 하나로 선형계획법에 대해 설명한다. 제 8장에서는 선형계획법에 대한 일반적인 설명과 함께 잠재가격을 나타내는 쌍대변수의 도출과 이를 이용한 정책분석방법에 대해 설명한다.

제 9장에서는 시장이 존재하지 않는 효과인 비시장재 효과(non-market effects)를 가치화하는 방법에 대해 설명한다. 일반적으로 정책평가는 비시장재 효과보다는 시장이 존재하는 시장재 효과에 더 초점이 맞추어지는 경향이 있다. 왜냐하면 분석과 분석결과로부터 도출되는 결론이 구체적이며 명확하기 때문이다. 그러나 여기서 우리 모두가 중요하게 생각해야 할 것은 바로 비시장재 효과의 가치이다. 비시장재 효과는 시장이 존재하지 않기 때문에 효과에 대한 가치 평가가 어렵다는 것이지 효과 자체의 가치가 없다는 것은 아니다. 제 9장에서는 비시장재 효과의 가치에 대한 설명과 함께 비시장재 효과를 가치화하는 방법에 대해 설명한다.

마지막으로 제 10장에서는 우리나라의 정책평가제도인 예비타당성조사제도에 대해 설명한다. 구체적으로 예비타당성조사제도의 도입배경과 추진경위, 대상사업과 면제사업, 조사의 수행과정과 주요 내용 등 동 제도의 전반적인 내용을 소개한다. 또한 예비타당성조사의 주요 내용인 경제성분석과 정책성분석, 그리고 지역균형발전 분석 결과를 종합적으로 평가하는 기법인 AHP(analytical hierarchy process) 기법에 대해 설명한다. AHP 기법은 다수의 평가기준에 의해 제기되는 복잡한 문제를 체계적으로 단순 구조화시켜 의사결정자가 합리적인 결정을 내릴 수 있도록 유도하는 의사결정방법이다. 이에 제 10장에서는 AHP 기법이 예비타당성조사에서 적용되는 방법에 대해서 소개한다.

제 2 장

자원배분과 사회복지

자원배분과 사회복지

1. 서론

일반적으로 계획이나 정책의 결정과정은 다음과 같다. 우선 목표를 설정하고, 그 목표를 달성하기 위해 다양한 대안이 제시된다. 그리고 제시된 대안들을 분석 평가하여 사회복지를 주어진 조건하에서 극대화시킬 수 있는 대안이 최종적으로 계획이나 정책으로 결정된다. 앞 장에서 설명하였듯이 계획이나 정책은 보이는 손에 의해 자원을 배분시키는 수단이므로 정책의 결정과정은 바로 그 목표를 달성하기 위해 제시되는 다양한 대안 중 최적의 대안을 선택하는 과정이라고 할 수 있다. 최적의 대안을 선택하기 위해 계획가나 정책가는 먼저 시장에 의한 자원배분이 기본적으로 어떻게 이루어지는가를 알아야 한다. 이를 위해 이 장에서는 소비자의 선택이론과 이를 바탕으로 한정된 자원의 배분 그리고 사회복지에 대해 설명하고, 시장경제하에서 사회복지를 극대화시키기 위한 계획의 필요성을 설명한다.

2. 소비자선택이론

설명의 간편을 위해 두 재화 X와 Y를 소비하는 사회를 가정하자. 이러한 사회 내 소비자들이 선택할 수 있는 두 재화의 모든 배합은 (그림 2-1)과 같이 나타날 수 있다. 그림에서 a점은 X재 4단위와 Y재 6단위의 묶음을, 그리고 b점은 X재 8단위와 Y재 10단위의 묶음을 가리킨다. 이와 같이 그림에서 나타나는 모든 점들은 두 재화의 묶음을 가리킨다. 이러한 재화의 묶음을 이 책에서는 bundle이라 부르도록 한다.

(그림 2-1)에서 보이듯이 소비자가 선택할 수 있는 재화의 묶음, 즉 bundle은 무수히 많다. 여기서 우리의 관심은 무수한 bundle 중 소비자가 최종 선택하는 bundle에 있다. 물론 소비자의 선택은 모두 동일한 것이 아니라 소비자가 직면한 환경과 소비자의 선호도에 따라 다르게 나타난다. 여기서 말하는 환경이란 바로 재화의 가격과 소비자의 소득으로 요약된다. 이 절에서는 이러한 소비자 환경이 주어졌을 때 소비자가 어떤 선택을 할 것인지에 대해 설명된다.

|그림 2-1| 두 재화의 배합

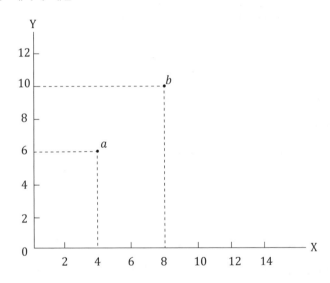

1) 예산선

소비자가 선택할 수 있는 bundle은 소비자의 소득과 각 재화의 가격에 의해 우선 제한된다. 그러면 소비자의 소득과 재화의 가격이 소비자의 선택에 어떠한 영향을 미치는가를 이해하기 위해 다음과 같이 간단한 예를 살펴보자. 소득이 200만 원인 소비자 "가"는 그의 소득 전부를 두 재화 X와 Y 구입에 지출한다고 한다. 이때 X재의 가격(P_X)과 Y재의 가격(P_Y)은 단위당 각각 40만 원과 20만 원이다. 이렇게 주어진 조건에서 소비자가 선택할 수 있는 재화의 bundle은 〈표 2-1〉과 같을 것이다.

〈표 2-1〉에서 보이듯이 소비자가 선택할 수 있는 bundle은 총 6가지이다. a bundle은 소비자가 Y재만을 소비하고 X재 소비는 전혀 하지 않는 경우를 말한다. 반대로 f bundle은 소비자가 Y재에 대해서는 전혀 소비하지 않으며 X재만을 소비하는 경우를 가리킨다. 표에 제시된 bundle을 그림으로 나타내면 (그림 2-2)와 같다. 그림에서 a와 f bundle을 잇는 직선은 소비자가 선택할 수 있는 모든 bundle을 가리키며, 이러한 선을 소비자의 예산선(budget line)이라고 한다.

|표 2-1| 소비자 "가"가 선택할 수 있는 bundle

bundle	재화 X	재화 Y
a	0	10
b	1	8
c	2	6
d	3	4
e	4	2
f	5	0

예산선은 (그림 2-2)에서 보이듯이 소비자에게 소비제약의 개념을 제공한다. 다시 말해서 예산선은 소비자가 원하는대로 재화를 무한정 소비할 수 없음을 가리킨다. 예를 들면 (그림 2-2)에서 g bundle은 X재 6단위와 Y재 8단위로 구성되어 있다. 이러한 bundle을 소비하기 위해서 소비자의 소득은 400만 원이 되어야 하나 현재 주어진 소비자의 소득은 200만 원이다. 따라서 소비자의 소득수준을 기준으로 볼 때 g bundle과 같은 소비는 불가능하다고 하겠다. 그러므로 예산선은 소비자가 소비할 수 있는 가능한 영역을 제시한다고 할 수 있다. 소비자의 소득과 그가 선택할 수 있는 bundle과의 일반적인 관계는 다음과 같은 수식으로 표현된다.

$$I = \sum_i P_i \cdot Q_i,$$ (2.1)

I: 소비자의 소득,

P_i: 재화 i의 단위당 가격,

Q_i: 재화 i의 소비량.

| **그림 2-2** | 예산선

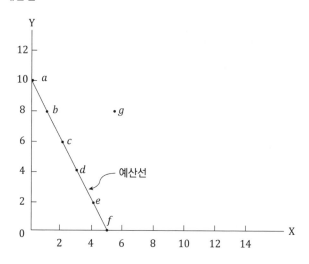

여기에서는 두 재화만이 존재하므로 식 (2.1)은 다음과 같이 표현된다.

$$I = P_X Q_X + P_Y Q_Y.$$

위의 식이 바로 예산선을 가리키는 식이다. 따라서 예산선의 y절편은 $\dfrac{I}{P_Y}$이며 그의 기울기는 재화의 가격비, 즉 $-\dfrac{P_X}{P_Y}$이다.

$$Q_Y = \frac{I}{P_Y} - \frac{P_X}{P_Y} Q_X.$$ (2.2)

그러므로 소비자 "가"의 예산선은 주어진 그의 소득과 재화의 가격을 위의 식에 대입함으로써 구해진다.

$$Q_Y = 10 - 2Q_X.$$

이와 같이 소비자의 예산선은 바로 소비자의 소득과 재화의 가격이 정해지면 결정될 수 있다. 이는 소비자의 소득이나 재화의 가격이 변할 때 예산선도 함께 변하게 됨을 의미한다.

(1) 소득의 변화

소비자의 소득변화가 예산선을 어떻게 변화시키는가를 간단한 예를 가지고 살펴보자. 앞의 예에서 소비자 "가"의 소득이 240만 원으로 상승한 경우(경우 #1)와 160만 원으로 감소한 경우(경우 #2) 예산선의 변화는 식 (2.2)를 이용하여 쉽게 구할 수 있다.

경우 #1의 예산선: $Q_Y = 12 - 2Q_X,$
경우 #2의 예산선: $Q_Y = 8 - 2Q_X.$

변화된 예산선을 (그림 2-3)과 같이 기존의 예산선 식과 함께 나타낼 때 소득의 변화와 예산선의 변화 관계는 분명해진다. 즉, 소득의 변화는 예산선의 기울기에 아무런 변화를 주지 못하며 단지 절편의 변화만을 야기한다. 위의 경우 소득의 상승은 기존의 예산선을 오른쪽으로 평행 이동시키는 반면, 소득의 감소는 기존의 예산선을 왼쪽으로 평행 이동시킨다. 따라서 소득이 향상되었을 때 소비자가 선택할 수 있는 bundle은 소득이 감소되었을 때보다 당연히 크게 나타난다.

|그림 2-3| 소득변화와 예산선의 변화

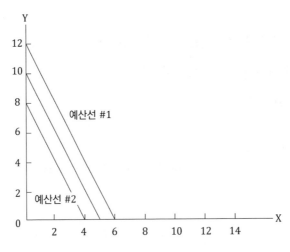

(2) 가격의 변화

재화의 가격이 변할 때 예산선의 변화를 앞의 경우와 같이 간단한 예를 통해 알아보자. 우선 소비자의 소득과 Y재의 가격은 일정하다고 가정한다. 그리고 X재의 단위당 가격이 40만 원에서 50만 원으로 상승하였을 경우(경우 #3)와 20만 원으로 하락하였을 경우(경우 #4)로 구분하여 살펴보자. 식 (2.2)를 이용하면 경우 #3과 경우 #4의 예산선은 다음과 같이 구해진다.

경우 #3의 예산선: $Q_Y = 10 - 2.5Q_X$,
경우 #4의 예산선: $Q_Y = 10 - Q_X$.

위의 예산선에서 알 수 있듯이 가격의 변화는 결국 예산선의 기울기 변화를 의미한다. 소득과 Y재의 가격이 일정하다고 가정할 때 X재의 가격상승은 예산선의 기울기를 급하게 변화시키는 반면 가격하락은 예산선의 기울기를 완만하게 변화시킨다. 이를 그림으로 나타내면 (그림 2-4)와 같다. 따라서 가격이 하락되었을 때 소비자가 선택할 수 있는 bundle은 가격이 상승하였을 경우에 비해 크게 된다. 이는 재화의 가격 하락이 실제 소비자의 구매력을 향상시키는 소득 향상의 효과가 있음을 가리킨다.

|그림 2-4| 가격의 변화와 예산선의 변화

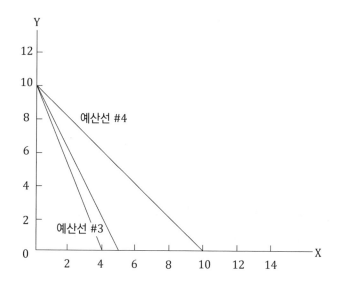

2) 무차별곡선(indifference curve)

앞에서 설명한 예산선이란 소비자가 선택할 수 있는 재화의 묶음, 즉 bundle을 나타내는 선이다. 여기서 기억해야 할 것은 바로 예산선은 소비자의 소득수준에 따른 소비수준을 나타내지만 소비자의 bundle 선택에 대해서는 설명을 하지 못한다는 것이다. 다시 말해 예산선이 바로 소비자의 선택이 아니라는 것이다. 왜냐하면 예산선 상의 각 bundle에 소비자에게 주는 만족감은 나타나지 않기 때문이다. 예를 들면 앞의 예에서 소비자 "가"가 선택할 수 있는 6개 bundle 중 어느 bundle이 소비자에게 가장 높은 수준의 만족을 주는 것인가에 대해서는 아무런 정보가 없다. 소비자가 bundle을 선택할 때 가장 중요하게 작용하는 것이 바로 소비자가 재화소비로부터 얻게 되는 만족감이다. 이러한 만족감을 다른 말로 표현하면 효용(utility)이라고 한다. 소비자들의 만족감은 소비하는 재화의 bundle에 따라 달라진다. 그러면 소비자가 그의 만족을 극대화시키기 위해 선택하는 bundle은 어떠한 것이며 또한 소비자의 bundle 선택조건은 무엇인가? 이것이 소비자선택이론에 있어 가장 기본적 질문이다.

소비자가 직면하는 많은 bundle 중 소비자의 최종 선택을 논리적으로 설명하기에 앞서 경제학자들은 소비자에 대해 다음과 같은 3가지 가정을 제시한다. 첫째, 소비자는 다양한 bundle들이 소비자들에게 주는 만족감을 비교 평가하여 그들의 우선순위를 결정할 수 있는 능력을 보유하고 있음을 가정한다. 즉, 이 가정은 예를 들어 c와 d의 두 bundle이 있을 때 소비자는 이 두 bundle이 소비자에게 주는 만족을 비교 평가하여 다음과 같은 결론을 내릴 수 있음을 가리킨다. c bundle은 d bundle보다 더 높은 만족을 제공한다. 반대로 c bundle은 d bundle보다 낮은 만족감을 소비자에게 제공한다. 또는 c bundle과 d bundle은 서로 동일한 만족감을 제공한다.

$$c \text{ bundle} \begin{pmatrix} > \\ = \\ < \end{pmatrix} d \text{ bundle} \Leftrightarrow U(c) \begin{pmatrix} > \\ = \\ < \end{pmatrix} U(d),$$

$U(x)$: 소비자가 x bundle로부터 얻는 만족수준.

두 번째 가정은 소비자 결정의 일관성에 관한 것이다. 이 가정은 bundle이 소비자에게 주는 만족감을 바탕으로 우선순위가 결정될 때 소비자는 일관성 있는 결정을 내린다는 것이다. 이 가정은 예를 들어 소비자 "가"가 d bundle보다 c bundle을 선호하며, d bundle을 e bundle보다 선호한다면, 소비자 "가"는 당연히 c bundle을
e bundle보다 선호함을 의미한다.

$$If \ U(c) > U(d) \ and \ U(d) > U(e), \ then \ U(c) > U(e).$$

마지막으로 소비자에 대한 세 번째 가정은 매우 기본적인 가정으로 소비자는 많
은 재화로부터 얻는 만족감이 적은 재화를 소비할 때 얻는 만족감보다 크다는 것이
다. 이는 소비자가 적은 양의 재화보다는 많은 양의 재화를 더 선호함을 가리킨다
(More is preferred to less).

소비자의 bundle 선택에서 가장 중요한 것은 바로 각 bundle로부터 소비자가
얻는 만족이다. 그러면 소비자는 무수히 많은 bundle로부터 얻게 되는 만족을 어떻
게 나타낼 것이며, 어떠한 기준으로 그 만족들의 수준을 구분할 것인가. 이러한 질문
에 답하기 위한 장치가 바로 무차별곡선(indifference curve)이다. 여기서 무차별곡선이
란 소비자에게 동일한 만족감을 주는 모든 bundle을 나타내는 선이다.

(그림 2-5)에서 U_0는 소비자에게 동일한 만족감을 제공하는 bundle을 이어 주는
무차별곡선이다. 즉, 그림에서 X재 2단위와 Y재 4단위로 배합된 a bundle로부터
소비자가 얻게 되는 만족은 바로 X재 5단위와 Y재 2단위로 배합된 b bundle이 소
비자에게 주는 만족과 동일함을 가리킨다.

| 그림 2-5 | 무차별곡선

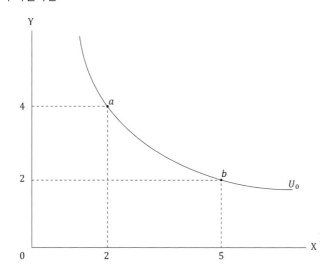

무차별곡선의 기본 특징은 다음과 같이 요약된다. 첫째, 무차별곡선은 음의 기울기를 갖는다. 즉, $\frac{dY}{dX} < 0$ 이다. 무차별곡선은 소비자에게 동일한 만족을 제공하는 모든 bundle을 나타내기 때문에 소비자가 동일한 무차별곡선상에 남기 위해서는 어느 한 재화의 소비를 증가시킬 때 다른 재화의 소비는 감소되어야 하며, 반대로 한 재화의 소비를 감소시킬 때 다른 재화의 소비는 증가되어야 한다. 이를 다른 말로 표현하자면 소비자의 동일한 만족수준을 유지하기 위해서는 한 재화의 소비증가로 인한 소비자의 만족 증가는 다른 재화의 소비감소로 인한 만족 감소로 상쇄되어야 한다. 왜냐하면 그래야만 소비자의 만족수준에는 변화가 없기 때문이다. 이러한 특징은 무차별곡선이 우하향(右下向)하는 형태, 즉 무차별곡선이 음의 기울기를 가짐을 가리킨다.

둘째, 주어진 무차별곡선보다 위에 위치한 무차별곡선은 소비자의 더 높은 만족수준을 나타낸다. 원점으로부터 멀리 떨어져 있는 무차별곡선일수록 소비량이 많은 bundle로 구성되어 있기 때문에 결국 소비자들의 높은 만족수준을 가리킨다. 예를 들면 (그림 2-6)에서 U_1의 만족수준을 나타내는 무차별곡선상의 모든 bundle은 무차별곡선 U_0상의 bundle보다 소비자에게 더 큰 만족을 제공한다. 왜냐하면 U_1상의 모든 bundle은 U_0상의 모든 bundle보다 많은 재화로 배합되어 있기 때문이다. 이러한 특징은 바로 앞에서 설명한 소비자에 대한 가정 중 마지막 가정, 소비자의 소비량과 소비자가 느끼는 만족감 사이에는 서로 정(positive)의 상관관계가 존재한다는 가정에 기인한다. 그러므로 (그림 2-6)에서 나타난 3개의 무차별곡선의 만족수준의 순위는 $U_0 < U_1 < U_2$이다.

|그림 2-6| 무차별곡선별 만족수준

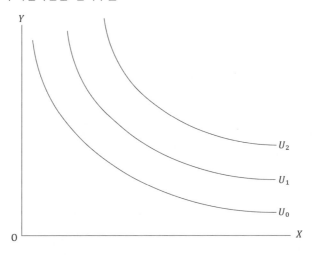

셋째, 무차별곡선의 특징은 서로 교차하지 않는다는 것이다. 이를 (그림 2-7)로 설명해 보자. 그림에서 k bundle은 l bundle과 같은 만족수준을 나타낸다. 왜냐하면 각 bundle은 동일한 무차별곡선 U_1상에 위치해 있기 때문이다. 마찬가지로 k bundle과 m bundle은 동일한 무차별곡선 U_0상에 있으므로 두 bundle로부터 소비자가 얻는 만족은 같다. 이와 같이 k와 l bundle이 소비자에게 동일한 만족감을 주며, k와 m bundle이 소비자에게 동일한 만족감을 준다면 당연히 l과 m의 bundle이 소비자에게 주는 만족감은 동일해야 한다. 그러나 l bundle과 m bundle은 서로 다른 무차별곡선 상에 있기 때문에 서로 다른 만족수준을 나타낸다. 따라서 무차별곡선이 교차할 때는 이러한 모순이 발생한다. 무차별곡선이 교차하는 경우는 앞에서 설정한 소비자의 일관성 있는 결정가정에 위배하게 된다. 그러므로 이러한 모순이 발생하지 않기 위해서는 무차별곡선은 서로 교차하지 말아야 한다.

| 그림 2-7 | 무차별곡선의 교차 시 모순

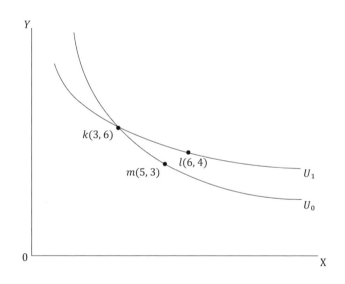

무차별곡선의 마지막 특징은 원점에 대하여 볼록하다는 것이다. 이는 무차별곡선을 따라 내려갈수록 무차별곡선은 완만해짐을 의미한다. 무차별곡선이 왜 이러한 곡선의 형태를 갖는가를 설명하기 위해 한계대체율(marginal rate of substituion, MRS)의 개념을 도입해야 한다. 한계대체율이란 소비자의 만족수준을 동일하게 유지하면서 X재

1단위를 더 얻기 위해 소비자가 기꺼이 포기하려는 Y재의 양을 말한다. 바꾸어 말하자면, 동일한 무차별곡선상에서 이동할 때 X재 1단위를 얻는 대신 소비자가 기꺼이 포기해야 하는 Y재의 양을 가리킨다. 이는 Y재화의 감소분을 X재화의 증가분으로 나눈 값으로 표현된다.

$$MRS_{XY} = \frac{\Delta Y}{\Delta X}. \tag{2.3}$$

식 (2.3)은 한계대체율이 바로 무차별곡선의 기울기임을 가리킨다. 한계대체율은 고정된 숫자가 아니라 무차별곡선상의 bundle에 따라 변한다. (그림 2-8)에 보이는 무차별곡선 U_0상의 p점과 q점 그리고 r점에서의 기울기, 즉 각 점에서 한계대체율을 생각해 보자. p점에서 기울기가 가장 급하고 r점에서 기울기가 가장 완만하다. 이는 p점에서 X재 1단위를 얻기 위해 소비자가 기꺼이 포기하는 Y재의 양이 많음을 가리키며, r점에서는 1단위의 X재를 얻기 위해 소비자가 포기하는 Y재의 양이 p점과 반대로 매우 작음을 가리킨다.

|그림 2-8| 한계대체율 체감의 변화

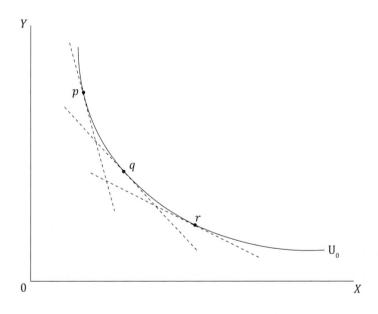

이와 같이 무차별곡선을 따라 아래로 이동할수록 한계대체율은 체감하는데 이를 '한계대체율 체감의 법칙'이라고 한다. 한계대체율 체감의 법칙은 바로 무차별곡선이 원점에 대해 볼록하기 때문에 나타나는 현상이다.

한계대체율 체감의 법칙은 바로 소비자가 재화의 소비를 증가시킬 때, 소비량의 증가에 따라 그의 만족은 증가하지만 그 증가율은 감소하는, 다시 말해 체감적 증가를 가리키는 한계효용체감의 법칙에 기인한다.

3) 소비자의 선택

앞서 언급하였듯이 무차별곡선은 소비자들에게 동일한 만족감을 제공하는 bundle을 나타내는 선이다. 그리고 소비자의 예산선은 소비자가 실제 선택하여 소비할 수 있는 bundle을 가리키는 선이다. 소비자의 최종 선택은 소비자의 예산선과 소비자의 만족수준을 나타내는 무차별곡선이 동시에 고려될 때 설명할 수 있다. 왜냐하면 소비자의 최종 선택은 소비자의 예산범위 내에서 소비자에게 최대의 만족을 주는 bundle에서 결정되기 때문이다.

소비자 선택을 (그림 2-9)에 보이는 하나의 예산선과 3개의 무차별곡선을 가지고 설명해 보자. 소비자는 가지고 있는 예산범위 내에서 그의 만족을 극대화할 수 있는 bundle을 선택한다. 따라서 그림에서 알 수 있듯이 소비자는 b bundle을 선택할 것이며, 그때의 소비자의 만족수준은 무차별곡선 U_1으로 표시된다. 물론 b bundle 외에도 예산선 상에 있는 많은 bundle들이 존재하며, 소비자는 그중의 어떠한 점들도 선택할 수 있다.

그러나 b bundle 외의 bundle은 소비자에게 U_1보다 낮은 만족수준을 제공한다. 예를 들어 소비자가 a bundle을 선택하였다면 그의 만족수준은 무차별곡선 U_0로 나타나게 된다. 그리고 U_0는 U_1보다 낮은 만족수준을 가리키므로 효용극대자인 소비자로서는 선택할 수 없는 점들이다. 이와 같은 예는 c bundle의 경우도 마찬가지이다. 또한 무차별곡선 U_2는 U_1보다 높은 수준의 소비자 만족을 나타내고 있으나 소비자에게 주어진 예산으로는 달성할 수 없는 bundle로 구성되어 있으므로 d bundle 역시 소비자가 선택할 수 없다.

|그림 2-9| 소비자 선택

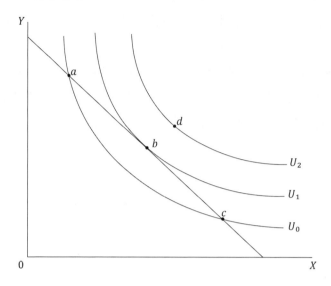

　주어진 예산안에서 소비자가 그의 만족을 극대화하기 위해 선택하는 소비자의 선택조건에 대해 알아보자. 소비자의 선택은 (그림 2-9)에서 보이듯이 무차별곡선의 한계대체율과 예산선의 기울기가 같아지는 bundle에서 이루어진다. 이러한 조건은 식 (2.4)와 같이 표현된다.

$$MRS_{XY} = -\frac{P_X}{P_Y}.$$

(2.4)

　소비자가 선택하는 bundle에서 식 (2.3)과 식 (2.4)가 성립되므로 여기서 다음과 같은 관계를 도출할 수 있다.

$$MRS_{XY} = -\frac{P_X}{P_Y} = \frac{\Delta Y}{\Delta X}.$$

(2.5)

3. 경제적 효율성

1) Edgeworth Box Diagram

앞 절에서는 소득과 재화의 가격이 주어졌을 때 소비자들이 그들의 만족을 극대화하기 위해 어떠한 bundle을 선택하는가에 대해 살펴보았다. 그러나 이러한 소비자들의 선택은 개인의 선택이기 때문에 사회 내 자원배분과 사회복지에 관하여는 아무런 설명이나 정보를 제공하지 못한다. 이 절에서는 소비자 선택을 바탕으로 자원배분과 개인 및 사회복지에 대해 설명한다. 이를 위해 사회는 두 소비자 A와 B로 구성되어 있으며, 두 재화 X와 Y가 생산되어 소비되는 것으로 가정한다. 또한 자원의 배분과 그에 따른 사회복지 수준을 나타내기 위해 여기서는 두 재화의 양도 한정되어 있음을 가정한다. 그리고 소비자 A와 B의 복지수준은 (그림 2-10)과 같이 무차별곡선에 의해 표현되며 소비자 A의 복지수준은 U_i로 소비자 B의 경우는 V_i로 구분하여 표현하도록 한다.

|그림 2-10| 두 소비자의 무차별곡선

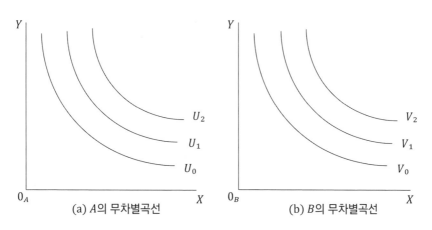

(a) A의 무차별곡선   (b) B의 무차별곡선

각 재화의 총량이 한정되어 있음은 바로 사회 구성원 모두가 동일하게 높은 복지수준을 경험할 수 없음을 가리킨다. 왜냐하면 식 (2.6)에서 나타나듯이 소비자 A가 X재를 많이 소비한다면 결국 소비자 B가 소비할 수 있는 X재는 작아질 수밖에 없으며, 이러한 관계는 Y재도 마찬가지이기 때문이다. 따라서 소비자 A의 소비와 그로

인한 복지수준은 소비자 B의 복지수준과 밀접한 관계를 갖게 된다.

$$X_A + X_B = \overline{X}, \; Y_A + Y_B = \overline{Y}, \tag{2.6}$$

X_i: 소비자 i가 소비하는 재화 X의 양,

Y_i: 소비자 i가 소비하는 재화 Y의 양,

$\overline{X}$: X재의 총량,

$\overline{Y}$: Y재의 총량.

사회 구성원 간 자원배분과 그에 따른 복지수준의 관계를 소비의 관점에서 설명하는 도구가 바로 에지워스(Edgeworth)가 고안한 상자 도형(Box Diagram)이다. 에지워스의 상자도형은 기본적으로 (그림 2-11)에서 제시한 두 소비자의 무차별곡선들을 하나로 합친 것으로 소비자 B의 무차별곡선을 거꾸로 회전시켜 소비자 A의 무차별곡선과 맞대어 놓은 것이다. 우선 설명에 앞서 (그림 2-11)에 제시된 에지워스 상자의 구조를 알아보자.

|그림 2-11| 에지워스 상자의 구조

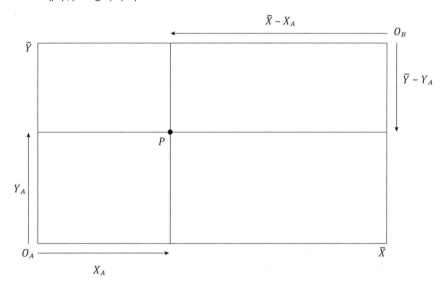

위의 상자 내 모든 점들은 소비자 A와 B의 bundle을 동시에 가리킨다. 각 점에서 남(南)과 서(西) 방향은 소비자 A에 배분된 X재와 Y재의 양을, 그리고 북(北)과 동

(東)은 소비자 B에 배분된 X재와 Y재의 양을 가리킨다. 예를 들면 O_A점과 P점 그리고 O_B점에서 두 소비자의 bundle은 다음과 같이 표현된다.

O_A점에서 소비자 A의 bundle = (0, 0),
O_A점에서 소비자 B의 bundle = $(\overline{X},\ \overline{Y})$.

P점에서 소비자 A의 bundle = $(X_A,\ Y_A)$,
P점에서 소비자 B의 bundle = $(\overline{X}-X_A,\ \overline{Y}-Y_A)$.

O_B점에서 소비자 A의 bundle = $(\overline{X},\ \overline{Y})$,
O_B점에서 소비자 B의 bundle = (0, 0).

이러한 에지워스 상자의 구조를 바탕으로 두 소비자들의 선택과 자원배분을 살펴보자. 이를 위해서는 우선 각 소비자의 무차별곡선들이 상자 내에 표시되어야 한다. 두 소비자들은 그들의 효용을 극대화하는 bundle을 서로 선택할 것이기 때문에 그들이 선택하는 bundle은 앞에서 설명하였듯이 재화의 가격비와 한계대체율이 같아지는 특징을 갖게 된다. 이를 식으로 나타내면 다음과 같다.

소비자 A의 bundle 선택조건 : $MRS_{XY}^{A} = -\dfrac{P_X}{P_Y} = \dfrac{\Delta Y_A}{\Delta X_A}$,

소비자 B의 bundle 선택조건 : $MRS_{XY}^{B} = -\dfrac{P_X}{P_Y} = \dfrac{\Delta Y_B}{\Delta X_B}$,

$MRS_{XY}^{A(B)}$: 소비자 $A(B)$의 한계대체율. (2.7)

각 재화의 가격은 외부에서 정해지므로 위의 두 식은 결국 하나의 식으로 줄어든다.

$$MRS_{XY}^{A} = MRS_{XY}^{B}. \tag{2.8}$$

식 (2.8)은 두 소비자의 선택이 그들의 한계대체율이 같아지는 bundle에서 이루어짐을 가리킨다. 그리고 소비자 A의 한계대체율과 소비자 B의 한계대체율이 같아지는 점에서 두 소비자의 복지가 극대화되며 결국 사회의 복지수준이 극대화됨을 또한 의미한다. 두 소비자의 한계대체율이 같아지는 점은 (그림 2-12)에서 보이듯이 에지워스 상자 내에 무수히 많이 존재한다. 이러한 점들을 이어 놓은 선을 계약선 (contract curve)이라 하며, 그림에서는 O_A에서 O_B를 이은 선으로 나타난다. 따라서 소비의 관점에서 볼 때 자원배분의 최적성 또는 효율성이란 바로 계약선 상에서 이루어지는 자원배분을 말한다.

|그림 2-12| 자원배분과 사회 구성원들의 복지수준

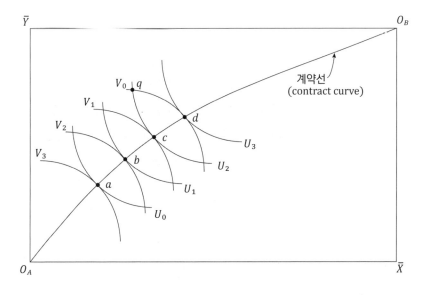

2) 파레토 향상과 파레토 최적

앞서 여러 번에 걸쳐 언급하였듯이 계획이나 정책은 바로 자원을 재분배하는 수단이다. 따라서 계획이나 정책에 대한 평가는 변화된 자원배분과 정책이 집행되지 않았을 경우 이루어질 자원배분을 서로 비교하여 이루어져야 한다. 이렇게 정책 전과 후 자원배분을 비교하여 사회복지 수준의 변화를 설명하는 것이 바로 파레토(Pareto) 개념이다.

정책 전 자원배분을 K^0 그리고 정책으로 변화된 자원배분을 K^1이라고 하자. 그리고 두 자원배분을 비교해 본 결과 사회 전체 구성원 중에서 단 한 명의 복지수준이 향상되었으며, 나머지 모든 사람들의 복지수준에는 변화가 없다고 한다. 이 경우 자원의 재배분으로 인해 나타나는 결과는 전체적으로 미약하지만 그 한 명의 복지향상 때문에 K^1의 자원배분은 K^0보다 사회적으로 바람직하다고 할 수 있다. 그러므로 두 자원배분의 비교 결과는 다음과 같이 표현된다.

$$U(K^1) > U(K^0),$$

$U(K^i)$: 자원배분 i로 결정되는 사회복지 수준.

이러한 자원 재배분의 결과를 파레토 향상(Pareto-improvement) 또는 파레토 이동(Pareto-movement)이라고 한다. 여기서 말하는 파레토 향상이란 자원의 재배분으로 인해 복지감소를 경험하는 사람 없이 적어도 한 사람의 복지가 증가되어 사회 전체의 복지가 향상될 때를 가리키는 말이다. 다시 K^1을 재배분하여 형성되는 자원배분을 K^2라 하자. 그리고 그 결과는 앞의 경우와 마찬가지로 단 한 명의 복지가 향상되었고 나머지 사회 구성원들의 복지수준에는 변화가 없다면 다음과 같은 부등식은 또 다시 성립할 것이다.

$$U(K^2) > U(K^1) > U(K^0).$$

이때에도 K^1에서 K^2로 변화된 자원배분은 파레토 향상이다. 왜냐하면 사회 구성원 개개인들에게 복지수준의 하락없이 사회 전체의 복지는 한 사람의 복지향상으로 높아졌기 때문이다. 이와 같은 자원의 재배분을 계속하여 더 이상 자원 재배분으로 인해 사회 전체의 복지수준이 향상되지 못하는 상태에 도달했을 때 그 상태를 파레토 최적(Pareto-optimality) 또는 파레토 효율(Pareto-efficiency)이라고 한다.

$$U(K^*) > \cdots > U(K^2) > U(K^1) > U(K^0),$$

K^*: 파레토 최적의 자원배분.

파레토 최적은 더 이상 자원의 재배분으로 인해 사회의 복지향상이 될 수 없는 상태이기 때문에 자원의 최적이용 상태를 가리킨다. 따라서 파레토 최적상태에서 어느 계층의 복지수준을 향상시키기 위해서는 다른 계층의 복지는 감소되어야만 한다. 여기서 기억해야 할 것은 자원 재배분으로 인해 단 한 명이라도 복지의 감소가 발생하였다면 파레토의 개념은 적용할 수 없다는 것이다. 예를 들면 100,000명으로 구성된 어느 사회에서 어떠한 정책으로 인하여 변화된 자원배분 결과 99,999명의 복지수준은 크게 향상된 반면, 나머지 1명의 복지수준은 약간 저하되었다고 하자. 이 경우 전체적으로 볼 때 사회의 복지수준은 크게 향상되나 이러한 자원의 재배분을 파레토 향상이라고 할 수 없다. 왜냐하면 그 자원의 재배분으로 인해 사회를 구성하는 1명의 복지수준이 감소되었기 때문이다.

파레토 향상과 파레토 최적에 관한 개념들을 그림으로 설명하여 보자. 우선 (그림 2-13)은 (그림 2-12)로부터 도출한 사회 구성원들 간의 복지수준의 배합을 나타낸 것이다. 소비자 A의 복지수준은 그림에서 수직축에서 측정되며, B의 복지수준은 수평축에서 측정된다. 그리고 그림에서 어느 한 점에서 다른 점으로의 이동은 비로 두 사람간 자원의 재배분에 따른 각각의 복지수준의 변화를 나타낸다. 구체적으로 말해 어느 한 점에서 U^B 방향으로 수평이동은 자원의 배분이 소비자 A의 복지수준을 저하시킴 없이 소비자 B의 복지를 향상시켰음을, 그리고 수직축으로의 상승 이동은 자원배분이 소비자 B의 복지수준을 저하시킴 없이 소비자 A의 복지를 향상시켰음을 가리킨다.

|그림 2-13| 복지한계선

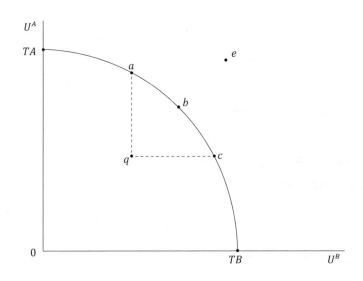

소비자가 소비할 수 있는 재화의 총량이 한정되어 있음은 바로 사회적으로 달성할 수 있는 복지수준에 어떠한 한계가 존재함을 의미한다. 왜냐하면 소비자들의 소비수준이 바로 그들의 복지수준을 결정하기 때문이다. (그림 2-12)에서 O_B점은 소비자 B가 소비하는 두 재화의 양이 0이기 때문에 그의 복지수준은 0이라 할 수 있으며, 반면 소비자 A는 사회 내 모든 재화를 소비하기 때문에 이 점은 소비자 A의 최고의 복지수준을 나타낸다. 이러한 점에서 두 소비자의 복지수준의 배합은 (그림 2-13)에서 TA로 나타난다.

반대로 O_A점에서 소비자 A의 복지는 0이며 소비자 B는 최고의 복지수준을 갖게 된다. 이때의 두 소비자의 복지수준의 배합은 TB점으로 나타난다. 그리고 이 두 점을 이은 $TA - TB$선은 자원이 최적으로 배분된 상태에서 소비자들의 복지수준의 배합을 가리키는 모든 점들을 이은 선이다. 이러한 선을 복지한계선(welfare frontier) 또는 효용가능곡선(utility possibility curve)이라고 한다. 복지한계선은 사회가 달성할 수 있는 최고의 복지수준과 달성할 수 없는 복지수준을 구분시킨다. 그림에서 보면 e점은 사회가 달성할 수 없는 수준의 복지를 가리키며, a점, b점, c점 그리고 q점은 사회가 달성할 수 있는 복지수준을 가리키고 있다.

(그림 2-13)에서 $TA - TB$의 복지한계선 상에 위치한 a와 b 그리고 c와 같은 점들은 앞에서 설명한 파레토 최적을 나타내고 있다. 이들 점에서는 앞서 설명한 파레토 최적의 조건, 즉 어느 사람의 복지를 향상시키기 위해서는 다른 사람들의 복지는 감소되어야 하는 조건이 충족된다. 예를 들면 a점에서 수직이나 수평 이동은 불가능하다. 이는 소비자 B의 복지에 아무런 변화 없이 소비자 A의 복지향상은 불가능하며, 마찬가지로 소비자 A의 복지에 아무런 변화 없이 소비자 B의 복지를 향상시키는 배분도 불가능함을 가리킨다. 소비자 A의 복지를 향상시키기 위해서는 소비자 B의 복지는 필히 감소되어야 하며, 반대로 소비자 B의 복지를 향상시키기 위해서는 소비자 A의 복지가 필히 감소되어야 한다. 이러한 특징은 b점과 c점을 포함한 복지한계선 상의 모든 점이 갖는 동일한 특징이다. 그러므로 복지한계선 상의 모든 점들은 파레토 최적이며, 파레토 최적을 나타내는 자원배분은 무수히 많음을 알 수 있다.

반면 (그림 2-13)에서 복지한계선 아래 부분을 구성하는 점들은 파레토 최적이 아닌 배분들이다. 따라서 이러한 점들에서는 자원의 재배분을 통하여 전체적 사회복지의 증가, 즉 파레토 향상이 가능하다고 할 수 있다. 예를 들어 q점을 생각해 보자.

q점에서 수직 이동은 소비자 B의 복지수준에 아무런 영향을 주지 않으면서 소비자 A의 복지수준을 향상시켜 사회복지를 향상시키는 자원배분이다. 이와 같은 자원배분은 사회적으로 파레토 향상을 가져오며, 궁극적으로 파레토 최적의 상태에 도달하게 하는 것이다. 또한 q점에서 수평으로 이동할 때는 소비자 A에 대한 복지수준에는 아무런 영향 없이 소비자 B의 복지수준은 향상된다. 이러한 자원배분도 마찬가지로 파레토 향상을 통해 파레토 최적에 도달하게 하는 것이다.

이렇게 어느 한 사람의 복지수준을 감소시키지 않고 다른 사람의 복지수준을 향상시킬 수 있는 자원의 배분상태는 바로 그의 자원배분상태가 최적으로 이루어져 있지 않음을 의미하는 것이다. 따라서 q점과 같은 배분은 비효율적으로 자원이 배분된 상태이다. q점과 같은 자원배분이 비효율적이라는 사실은 〈그림 2-12〉에서 보이듯이 두 소비자의 한계대체율이 q점에서 서로 같지 않다는 점에서도 알 수 있다.

파레토 개념에 대한 이해를 돕기 위해 다음과 같이 두 계층 "가"와 "나"로 구성되어 있는 가상의 국가 N국을 생각해 보자. N국이 보유하고 있는 자원의 한계 등을 고려해 볼 때 N국은 전체 복지수준이 100을 넘지 못한다고 하자. 여기서 6가지의 자원배분에 따른 각 계층의 복지수준은 〈표 2-2〉와 같이 측정되었다고 한다면 표에서 파레토 최적의 배분은 어느 것인가? 이에 대한 답은 배분 #4, #5 그리고 #6이다. 왜냐하면 이러한 배분들에서 어느 한 계층의 복지수준의 감소 없이는 다른 계층의 복지향상은 기대할 수 없기 때문이다.

| 표 2-2 | 자원배분 유형에 따른 N국의 복지수준

계층	배분 #1	배분 #2	배분 #3	배분 #4	배분 #5	배분 #6
가	20	45	52	50	40	100
나	0	50	41	50	60	0

예를 들어 배분 #4에서 "가" 계층의 복지수준을 50에서 51로 향상시키기 위해서 "나" 계층의 복지수준은 50에서 49로 감소되어야 한다. 그러므로 이러한 배분들은 앞서 설명한 복지한계선 상에 위치한 점들이다. 그리고 N국의 도달 가능한 복지수준이 100이기 때문에 배분 #1과 #2 그리고 #3은 파레토 최적이 아니다. 따라서 이들

의 자원배분이 계획가나 정책가에 의해 재배분될 때 두 계층의 복지향상 또는 한 계층의 복지감소 없이 다른 계층의 복지향상은 가능하다.

또한 배분 #1에서 배분 #6으로 자원이 재배분될 때 "가" 계층은 추가적으로 80을 얻는 반면 "나" 계층은 얻는 것이 없다. 그러나 이러한 경우의 자원 재배분도 앞서 설명한 파레토 향상이다. 왜냐하면 자원의 재배분으로 인해 복지감소를 경험하는 계층 없이 사회 전체 복지수준은 향상되었기 때문이다. 물론 두 계층의 복지변화를 비교해 본다면 불공평한 배분이라 할 수 있으나 파레토 개념에 입각해 볼 때 이 배분은 효율적 배분이다. 여기서 우리는 하나의 중요한 사실을 알 수 있게 된다. 그것은 바로 파레토 향상의 기준은 사회 전체적 효율성에 바탕을 두기 때문에 사회의 형평성을 판단하는 기준은 될 수 없다는 것이다.

만일 배분 #2가 현재 N국의 자원배분 상태라면 어느 배분으로 변화할 때 파레토 향상이라고 할 수 있는가? 이 질문은 바로 자원을 재배분하는 과정에서 한 계층의 복지수준이 감소함 없이 다른 계층의 복지수준을 향상시킬 수 있는 배분이 어느 것인가 하는 것을 말한다. 만일 배분 #2에서 배분 #3으로 자원을 재배분시킨다면 "가"의 복지수준은 향상되나 "나"의 복지수준이 감소되므로 이러한 자원배분은 파레토 향상이라 할 수 없다.

배분 #2에서 배분 #4로 자원을 재배분시켰을 때에는 "가"의 복지향상은 "나"의 복지수준을 감소시킴 없이 이루어지므로 파레토 향상이라 할 수 있다. 반면 배분 #2에서 배분 #5 또는 #6으로 변화되는 경우는 한 계층의 향상이 다른 계층의 복지수준을 크게 떨어뜨리므로 전체적인 복지는 향상되었다고 할 수 있으나 다른 계층의 복지가 감소하였으므로 파레토 향상이라 할 수 없다. 따라서 자원배분 #2에서 배분 #4로 재배분될 때만이 파레토 향상이라 할 수 있다. 그리고 만일 N국의 현재 자원배분이 배분 #1이라면 배분 #2에서 배분 #6까지 모든 자원의 배분은 파레토 향상이라 할 수 있다.

4. 잠재적 파레토 향상

계획이나 정책으로 인한 자원 재배분의 효과는 사회 구성원 모두의 복지를 증가시키거나 또는 감소시키는 식으로 나타나지는 않는다. 가장 일반적으로는 자원의 재배분 과정에서 잃는 자와 얻는 자가 동시에 발생한다. 그러나 이러한 일반적 현상에 대해 파레토 개념은 적용될 수 없다. 왜냐하면 파레토 개념은 앞서 설명하였듯이 사회를 구성하는 구성원들의 복지감소가 발생하였을 때에는 적용할 수 없는 개념이기 때문이다.

계획이나 정책의 궁극적 목적은 사회 전체의 복지향상이다. 따라서 정책으로 인한 자원 재배분의 결과 얻는 자의 복지향상이 잃는 자의 복지감소를 상쇄하고도 남음이 있다면 이는 전체적으로 사회복지 수준이 향상되었다고 할 수 있다. 그리고 이러한 정책은 사회적으로 의미가 있으며 바람직하다고 평가할 수 있다(물론 형평성이 강조되는 사회에서는 다를 수도 있다). 반대로 얻은 자의 복지향상이 잃은 자의 복지감소를 상쇄시키지 못한다면 이는 계획이나 정책으로 인해 자원은 오히려 비효율적으로 활용되며, 그 결과 사회 전체의 복지수준은 떨어졌다고 할 수 있다.

이렇게 자원의 재배분 과정에서 발생하는 사회 구성원들의 복지향상과 감소를 통해 전체적 사회복지 수준의 변화를 설명하는 도구가 바로 잠재적 파레토 향상(potential Pareto improvement)이다. 이에 대해 (그림 2-14)의 q점을 중심으로 설명해 보자. q점에서 각 소비자들의 bundle은 다음과 같다.

q점에서 소비자 A의 bundle: $(X_A^q,\ Y_A^q)$,

q점에서 소비자 B의 bundle: $(\overline{X} - X_A^q,\ \overline{Y} - Y_A^q)$.

|그림 2-14| 잠재적 파레토 향상

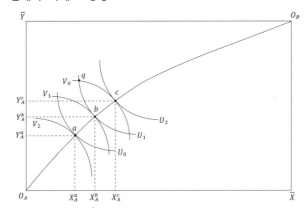

q점에서 소비자 A와 B의 복지수준은 U_b와 V_c이다. 동일한 무차별곡선 상의 모든 bundle은 소비자에게 동일한 만족을 제공하므로 q점에서 두 소비자의 복지수준은 소비자 A에게는 b점에서 복지수준과 소비자 B에게는 c점에서의 복지수준과 동일하다. 따라서 소비자 복지수준을 기준으로 하였을 때 다음과 같은 등식이 성립된다.

$$U(X_A^q, Y_A^q) = U(X_A^b, Y_A^b) = U_b,$$
$$V(\overline{X} - X_A^q, \overline{Y} - Y_A^q) = V(\overline{X} - X_A^c, \overline{Y} - Y_A^c) = V_c.$$

$U(..)$와 $V(..)$는 각 bundle이 소비자 A와 B에게 주는 복지수준을 나타내는 효용함수이다. 여기서 만일 자원의 배분이 q점에서 a점으로 재배분되었을 경우 각 소비자들의 복지수준의 변화와 사회 전체적인 복지수준의 변화에 대해 살펴보자. 우선 a점에서 각 소비자들의 bundle은 다음과 같다.

a점에서 소비자 A의 bundle: (X_A^a, Y_A^a),

a점에서 소비자 B의 bundle: $(\overline{X} - X_A^a, \overline{Y} - Y_A^a)$.

a점에서 두 소비자의 복지수준은 다음과 같이 표현된다.

$$U(X_A^a, Y_A^a) = U_a, \quad V(\overline{X} - X_A^a, \overline{Y} - Y_A^a) = V_a.$$

그리고 그림에서 나타나는 두 소비자의 만족수준은 다음과 같다.

$$U_a < U_b < U_c, \qquad V_a > V_b > V_c.$$

따라서 자원의 재배분 결과 소비자 A의 복지는 감소되었으며, 소비자 B의 복지는 향상되어 소비자 A는 정책으로 인해 잃은 자이며 소비자 B는 얻은 자라 할 수 있다. 여기서 우리의 관심은 잃은 자와 얻은 자의 복지변화를 비교하여 정책이 사회 복지 수준의 변화에 미치는 효과를 평가하는 것이다. 이러한 평가는 각 소비자가 잃은 재화의 양과 얻은 재화의 양을 비교해 봄으로써 간단히 이루어질 수 있다. 우선 소비자 A는 정책으로 인한 자원의 재배분 과정에서 복지수준이 감소된 잃은 자이며, 그가 잃은 양은 다음과 같다.

$$\Delta X_A = X_A^b - X_A^a, \qquad \Delta Y_A = Y_A^b - Y_A^a.$$

반대로 정책으로 인해 복지 수준이 향상된 얻은 자인 소비자 B의 얻은 양은 다음과 같다.

$$\Delta X_B = X_A^c - X_A^a, \qquad \Delta Y_B = Y_A^c - Y_A^a.$$

이 둘을 비교하면 얻은 자의 얻은 양이 잃은 자의 잃은 양보다 크다는 것을 알 수 있다.

$$\Delta X_B - \Delta X_A = X_A^c - X_A^b > 0, \qquad \Delta Y_B - \Delta Y_A = Y_A^c - Y_A^b > 0.$$

결국 소비자 B의 복지증가분은 소비자 A의 복지감소분을 초과하므로 사회 전체적으로는 복지향상이 자원 재배분을 통해 이루어졌다고 할 수 있다. 이러한 자원배분을 잠재적 파레토 향상이라고 한다. 여기서 잠재적이란 단어를 사용한 이유는 복지가 향상된 소비자 B는 실제적으로 소비자 A가 경험하는 복지의 감소분을 보상하여 주지 않기 때문이다. 만일 소비자 B가 소비자 A의 복지손실분을 실제로 보상해 준다면 이는 잠재적 파레토 향상이라기보다는 실제적 파레토 향상이라고 해야 할 것이다. 그러나 이러한 실제적 파레토 향상은 현실에서 나타나기는 어렵다 하겠다.

앞에서 제시한 〈표 2-2〉에서 자원배분 #2가 현재 N국의 자원배분을 가리킨다면 어느 배분형태로 자원이 재배분될 때 잠재적 파레토 향상이라고 할 수 있겠는가? 위에서 설명한 바와 같이 잠재적 파레토 향상은 자원의 재배분 결과 얻은 자의 복지향상분이 잃은 자의 복지 감소분보다 클 때 발생하게 된다. 따라서 N국의 현재 자원배분이 #2라면 잠재적 파레토 향상은 〈표 2-3〉에서 보이듯이 배분 #5 그리고 배분 #6으로 재배분될 때 일어난다.

|표 2-3| *N*국의 자원 재배분과 잠재적 파레토향상 여부

자원 재배분	가의 복지변화분	나의 복지변화분	총변화분	비고
배분#2→배분#3	+7	−9	−2	−
배분#2→배분#4	+5	0	+5	파레토 향상
배분#2→배분#5	−5	+10	+5	잠재적 파레토 향상
배분#2→배분#6	+55	−50	+5	〃

5. 시장간섭의 필요성

시장경제하에서 정부가 시장에 대해 간섭해야 하는 근거는 여러 측면에서 제시될 수 있다(Gramlich. 1981). 이 장에서는 크게 시장이 불완전한 경우와 완전한 경우로 구분하여 정부의 시장간섭에 대한 근거를 설명한다.

1) 시장이 불완전한 경우

아담 스미스는 시장이 자원을 최적으로 배분시켜 사회에 최고의 복지수준을 가져다주므로 정부의 시장에 대한 간섭은 최소화되어야 함을 주장하였다. 이러한 그의 주장이 진실이기 위해서는 가장 기본적으로 갖추어져야 할 것이 바로 시장의 완전성이다. 여기서 시장의 완전성은 완전경쟁으로 특징지어지며 이것은 다음과 같은 조건을 바탕으로 하고 있다.

- 다수의 생산자와 소비자
- 담합의 부재
- 제품의 동질성과 동일한 생산기술
- 완전한 정보
- 자유로운 시장 진출입
- 합리적 행동
- 재화의 완전 이동성

위와 같은 조건 중 어느 하나라도 충족되지 못한다면 시장은 완전보다는 불완전한 것으로 특징지어지며, 결과적으로 시장에 의한 자원배분은 최적의 배분이 아님을 의미하게 된다. 그러면 오늘날 생산되고 소비되는 재화나 서비스는 위에서 제시된 조건들을 현실적으로 얼마나 충족하고 있는지 살펴보자.

첫째, 다수의 생산자와 소비자 조건은 바로 개별 생산자와 소비자가 가격의 순응자(price-taker)임을 가리키는 것이다. 다시 말해, 시장에서 결정된 가격을 한 기업이나 소비자가 변화시킬 수 없다는 것이다. 그러나 현실적으로 한 기업이 한 재화의 시장에서 해당 재화를 유일하게 공급하는 독점(monopoly)이나 소수의 기업이 공급하는 과점(oligopoly)이 존재하며, 독점이나 과점의 경우 기업은 바로 시장가격에 순응하기보다는 가격의 결정자(price-setter)로서 역할을 한다.

석유수출기구(Organization of the Petroleum Exporting Countries, OPEC)는 가격의 순응자라기보다는 대표적인 가격의 결정자라 할 수 있다. 왜냐하면 석유수출기구는 석유의 생산량을 결정하여 석유의 가격을 실질적으로 조정하고 있기 때문이다. 석유수출기구 이외에도 전기나 통신, 철도 부문 등 다양한 부문에서 독점 또는 과점의 경우를 현실에서 어렵지 않게 찾아볼 수 있다. 그러므로 다수의 생산자와 소비자 조건은 현실을 완전하게 반영하지 못한다고 할 수 있다.

둘째, 담합 부재의 조건은 재화나 서비스의 가격과 생산량이 시장에서 공정한 경쟁을 통하여 이루어짐을 의미한다. 만일 담합이 존재한다면 이는 재화의 가격과 공급량이 경제주체 사이에서 일종의 합의를 통해 결정된다는 것을 말한다. 현실적으로 담합은 경제 내에서 다양하게 일어난다. 예를 들면, 노동조합과 기업 간에 합의하는 경우나 카르텔(cartel)을 통하여 여러 기업이 법적인 독립성을 유지하면서 서로 결합하여 공동의 가격과 재화의 생산 그리고 이윤분배에 합의하는 경우도 현실적으로 담합이라고 할 수 있다. 따라서 담합은 다양한 형태로 현실에 존재한다고 할 수 있다.

셋째, 제품의 동질성과 동일한 생산기술 조건의 현실성을 주택의 예로 설명해 보자. 일반적으로 주택의 유형과 규모, 건설된 시기 그리고 투입된 재료의 질 등에 따라 주택 간에는 가격의 차이가 존재한다. 가격의 차이가 존재한다는 것은 바로 제품 간 이질성이 존재한다는 것을 의미한다. 즉, 60평형 아파트와 15평형 아파트를, 고급 빌라와 불량주택 재개발 구역 내 주택을 서로 동질의 주택으로 보기는 어려울 것이다. 또한 첨단기술을 사용하여 대규모로 생산하는 주택이 있는 반면 조립식으로 생산되는 주택과 전적으로 노동에 의해 생산되는 주택 등 생산방식에 있어서도 다양하다. 따라서 제품의 동질성과 동일한 생산기술의 조건은 현실적으로 완전한 조건이라고 할 수 없다.

넷째, 완전한 정보의 조건은 생산자 또는 소비자가 시장에서 발생하는 모든 거래규모와 가격에 관한 정보를 자유롭게 얻을 수 있다는 것이다. 여기서 정보를 자유롭게 얻는다는 것은 정보를 획득하는 데 있어 비용이 발생하지 않음을 가리킨다. 그러나 현실적으로 시장에서 결정되는 정보를 얻기 위해서는 비용이 발생하게 된다.

경제 내 모든 정보를 경제주체들에게 제공하기 위해서는 통계기관에 의해 조직적으로 수집하고 집약하여 작성하여야 한다. 이러한 과정에서 비용이 발생하게 되는 것이다. 또한 주택의 경우 주택의 가격은 지역과 지역 내 장소에 따라 그리고 주택의 질에 따라 크게 변한다. 그러나 소비자는 주택가격에 대한 완전한 정보를 가지고 있지 못하기 때문에 정보획득을 위해 시간과 비용을 지불한다. 이와 같이 완전한 정보 가정은 현실을 완전하게 반영하지 못한다고 할 수 있다.

다섯째, 자유로운 시장 진출입 조건은 생산자는 특정 재화시장에 진입하여 재화를 생산할 수 있으며, 반대로 기존의 생산자는 자유롭게 그 시장을 이탈할 수 있음을 의미한다. 한마디로 말해 이 조건은 새로운 생산자가 어떤 산업에 참가할 때나 또는 기존 생산자가 그 산업을 이탈할 때 이들의 행위를 제도적으로 제약할 수 없다는 것이다. 그러나 현실에서는 제도적으로 생산자의 신규진입을 제한하는 경우가 종종 발생하기도 한다. 예를 들어, 자본규모나 매출액 등의 기준에 의해 생산자의 신규 시장 진출이 제한되는 경우가 이에 해당한다고 할 수 있다. 그러므로 자유로운 시장 진출입 조건은 완전한 조건이 아니라고 할 수 있다.

여섯째, 합리적 행동조건이다. 합리적 행동조건이란 바로 경제주체들이 합리적 의사결정을 한다는 것이다. 여기서 합리적 의사결정이란 경제주체들이 어떠한 결정을 내릴 경우 이와 관련된 모든 대안들에 대한 정보를 알고 있어 경제주체들은 항상 최적의 선택을 할 수 있다는 것이다. 그러나 Simon(1965)이 지적한 바와 같이 인간은 근본적으로 감정과 능력의 한계를 가지고 있으며, 이러한 것들로 인해 인간의 합리성은 크게 제한된다는 것이다. 이러한 면을 바탕으로 Simon은 인간의 합리성을 의도적이고 한정적 합리성(intended and bounded rationality)으로 특징짓고 있다. 그래서 Simon은 인간은 근본적으로 극대화의 추구보다는 최소의 만족을 추구한다고 주장하고 있다. 이와 같은 Simon의 주장을 고려해 볼 때 합리적 행동의 조건이 현실적으로 인간의 행동을 완전하게 나타내는 것이라고 보기는 어렵다.

마지막으로 일곱째 조건인 완전 이동성에 관해 생각해 보자. 여기서 완전 이동성이란 바로 경제주체들과 재화의 공간적 이동에는 비용이 발생하지 않는다는 것이다. 공간이동에서 비용이 발생하지 않음은 우리의 경제가 공간이 인식되지 않는 점경제(point economy)임을 가리키는 것이다. 그러나 현실적으로 볼 때 우리가 공간을 이동할 때나 재화를 공간적으로 이동시킬 때 교통비는 항상 발생하는 것이다. 왜냐하면 우리는 공간의 테두리 안에 살고 있기 때문이다. 또한 공간이동이 전혀 불가능한 빌딩이나 주택 그리고 토지 등도 현실적으로 존재한다. 물론 이동주택(mobile house)과 같이 공간이동이 가능한 주택도 있지만, 이 경우 공간이동에 따른 많은 교통비가 발생한다. 따라서 완전이동이란 현실을 완전하게 반영시키지 못한다고 할 수 있다.

위와 같이 완전시장이 되기 위한 7가지의 조건을 현실적으로 살펴볼 때 그 조건들이 모든 현실을 대표할 정도로 완전하지 못하다. 이는 바로 완전시장의 전제를 바탕으로 도출된 결과를 현실적으로 그대로 받아들이기는 어려움을 의미한다.

요약하자면 시장이 완전할 때 사회 내 자원의 배분은 파레토 최적의 배분형태를 갖게 되며, 그 결과 사회의 복지수준은 아담 스미스가 주장한 대로 극대화가 된다. 그러나 아담 스미스의 이러한 주장은 불분명하다. 왜냐하면 가정된 조건들이 모든 현실의 특성을 반영할 정도로 완전하지 못하기 때문이다. 따라서 시장에 의한 자원배분은 사회가 보유한 자원을 (그림 2-14)에서 제시된 계약선상의 파레토 최적상태로 이끈다기보다 q점과 같은 비효율적 배분으로 이끌 수 있다. 이는 자원의 배분을 시장의 기능에 맡길 때 복지수준은 사회가 실제 도달할 수 있는 복지수준보다 낮게 됨을 의미한다. 이러한 사실은 자원의 최적배분을 위해 정부가 시장에 간섭해야 하는 근거를 제시한다.

2) 시장이 완전한 경우

여기서는 앞에서 제시된 완전경쟁을 위한 조건이 모두 충족되었을 경우에도 자원의 최적배분을 위해서 정부가 시장에 간섭해야 하는 근거로 외부효과(external effect)와 공공재(public goods) 그리고 소득 재배분과 사회복지를 설명한다.

(1) 외부효과

외부효과란 한 사람의 경제행위가 시장의 메커니즘을 통하지 않고 타인의 경제활동에 직접적 영향을 주는 것을 말한다. 타인에게 주는 영향이 편익일 때의 외부효과를 외부편익효과(external benefit effect)라 하며, 비용일 때는 외부비용효과(external cost effect)라 한다. 외부효과는 생산자나 소비자의 행위에 따라 공히 일어나는데, 이에 대해 경제학 서적에서 흔히 소개되는 행위자와 피행위자 간의 예는 〈표 2-4〉와 같이 나타낼 수 있다. 표에 보이듯이 외부효과를 좀 더 구분하면 소비자와 소비자 간, 생산자와 소비자 간 그리고 생산자와 생산자 간에 외부의 비용과 편익효과로 나타낼 수 있다.

|표 2-4| 외부효과의 구분

구분	관계	외부효과의 예
외부비용효과	소비자 - 소비자	흡연자와 비흡연자
	소비자 - 생산자	오염물질 배출업소와 주민 건강
	생산자 - 생산자	매연 배출공장과 세탁공장
외부편익효과	소비자 - 소비자	아름다운 정원이 조성된 집주인과 그 이웃
	소비자 - 생산자	과수원 주인과 이웃
	생산자 - 생산자	양봉업자와 과수원 주인

예를 들면 사무실 내에서 흡연하는 사람으로 인해 사무실 공기가 혼탁해지고 그에 따라 담배를 피우지 않는 사람에게 불편을 주어 그들의 효용을 떨어뜨리는 것은 소비자와 소비자 간에 발생하는 외부비용효과이다. 집주인이 그의 정원을 아름답게 조성하여 이웃에게 시각적으로 즐거움을 제공함으로써 그들의 효용을 증가시킨다면 이는 소비자와 소비자 간에 발생하는 외부편익효과이다.

양봉업자가 벌통을 과수원 옆으로 이동시켰을 때 과수원의 꽃가루가 벌들에 의해 활발히 매개되어 그 결과 과수원의 과목들의 결실이 많아진다면 이는 생산자와 생산자 간에 일어나는 외부편익효과이다. 공장에서 배출되는 검은 연기로 인해 세탁공장의 비용이 상승된다면 이는 생산자와 생산자 간에 나타나는 외부비용효과이다.

또한 공장들의 무분별한 오염물질 배출로 대기가 크게 오염되어 도시 내 시민들의 폐에 질병을 일으키는 경우나 하천 상류에 입지한 공장에서 배출된 오염물질로 하천이 오염되어 주민들의 건강이 나빠졌을 경우는 생산자와 소비자 간에 나타나는 외부비용효과이다. 그리고 과수원 주인이 과수원을 잘 관리함으로써 과수원 이웃들에게 신선한 공기와 아름다운 도시 경관을 제공한다면 이는 생산자와 소비자 간에 발생하는 외부편익효과이다. 이와 같이 외부효과는 사회 내에 다양하게 발생한다. 이러한 외부효과가 존재하는 한 시장은 자원을 최적으로 배분하는 데 실패하게 된다.

경쟁시장 하에서 수요와 공급에 의해 이루어지는 균형은 한계사회비용을 나타내는 공급곡선과 한계사회편익(또는 한계사회효용)을 나타내는 수요곡선이 같아지는 점에서 이루어진다(이에 대한 자세한 설명은 이 책 제 6장을 참조할 것). 그러면 외부효과가 존재할 때 자원은 어떻게 배분되는지 살펴 보자. 여기서는 외부효과를 외부비용효과와 외부편익효과의 경우로 구분하여 설명한다.

어떤 공장이 재화의 생산과정에서 발생된 오염물질을 처리하지 않고 하천에 그대로 방류하여 하천을 오염시키는 경우를 생각해 보자. 공장폐수로 인해 오염된 하천은 그의 기능이 상실되고 그 결과 주민들의 건강수준은 저하되고, 효용은 떨어진다. 이 경우는 오염물질을 배출하는 생산자가 소비자들에게 외부비용효과를 발생시키는 경우이다. 주민들의 효용감소는 공장의 재화생산량이 많아질수록 커질 것이다. 왜냐하면 재화의 생산량이 증가할수록 발생되는 오염물질은 많아지게 되고, 그에 따라 하천의 오염정도는 높아지기 때문이다. 따라서 재화의 생산량과 외부비용효과는 (그림 2-15)에 보이듯이 선형적 관계로 특징지을 수 있다.

|그림 2-15| 외부비용효과가 존재하는 경우의 균형점

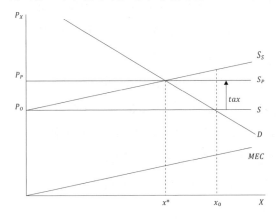

외부비용효과가 존재하는 경우 시장에 의해 결정되는 재화의 생산량은 (그림 2-15)와 같이 수요곡선과 생산곡선이 만나는 x_0이다. 그러면 x_0점을 살펴보자. 외부효과가 존재하지 않은 경우 x_0점은 한계사회편익과 한계사회비용이 동일해지는 점이므로 경제적으로 효율적인 점이라 할 수 있다. 그러나 외부비용효과가 존재하는 경우 점 x_0는 효율적인 점이 되지 못한다. 왜냐하면 공급곡선(S)은 재화의 생산과정에서 발생되는 오염물질로 인해 소비자들이 받는 한계외부비용을 포함하고 있지 못하기 때문이다. 외부비용효과가 존재할 때 사회한계비용곡선은 (그림 2-15)에서 보듯이 한계비용곡선(S)과 한계외부비용(marginal external cost, MEC)곡선을 합한 S_s곡선이 된다. 그러므로 x_0점에서 한계사회비용은 한계사회편익보다 크기 때문에 시장에 의한 자원배분은 재화의 과잉공급으로 나타난다.

외부비용효과가 존재할 때 경제적으로 효율적 배분은 한계사회편익과 한계사회비용이 같아지는 x^*에서 이루어져야 한다. 이러한 균형점 x^*는 시장의 보이지 않는 손에 의해 도달할 수 없는 점이다. 따라서 x^*에 도달하기 위해서는 정부가 시장에 개입하여야 한다. 정부가 시장에 개입하는 방법은 여러 가지가 있을 수 있는데, 그중의 하나가 생산되는 재화에 물품세를 부과하는 것이다. 이 경우 공급곡선은 S_p로 이동하게 되고, 자원의 배분은 한계사회편익과 한계사회 비용이 같아지는 x^*에 이르게 된다.

외부편익효과가 존재하는 경우도 외부비용효과의 경우와 마찬가지로 시장은 경제적으로 비효율적 배분을 초래함을 알 수 있다. (그림 2-16)에서 시장에 의한 자원배분은 수요곡선(D)과 공급곡선(S)이 만나는 점 x_0에서 이루어진다. 그러나 외부편익효과가 존재할 때 x_0점은 효율적 점이라고 할 수 없다. 왜냐하면 이 경우 수요곡선(D)은 한계사회편익을 나타내는 선이 아니기 때문이다.

외부편익효과가 존재할 때 한계사회편익곡선은 (그림 2-16)에서와 같이 소비자들의 수요곡선과 재화소비로부터 발생하는 한계외부편익(marginal external benefit, MEB)곡선의 합인 D_s로 나타난다. 그러므로 시장에 의해 도달되는 x_0점에서 한계사회편익은 한계사회비용보다 크게 나타나며, 이때의 재화는 과소하게 공급된다. 따라서 효율적 자원배분을 위해 정부는 시장에 간섭해야 한다. 생산량을 증가시켜 한계사회비용과 한계사회편익이 같아지도록 해야 한다. 이를 위해서는 정부가 기업들에게 재화생산에 투입되는 비용의 일부를 보조하여 그들의 공급 곡선을 S에서 S_p로 이동시켜 생산량이 x^*가 되도록 유도하는 정책이 필요하다.

|그림 2-16| 외부편익효과가 존재하는 경우의 균형점

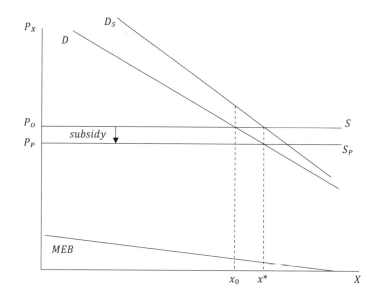

요약하면 외부효과는 시장으로 하여금 자원을 비효율적으로 배분하게 한다. 그리고 외부효과가 심하면 심할수록 자원은 그만큼 더 비효율적으로 배분되고 그 결과 시장의 실패는 커진다. 시장의 실패는 바로 자원이 비효율적으로 배분됨으로 인해 사회복지수준이 실제로 달성할 수 있는 복지수준보다 낮음을 의미한다. 따라서 정부는 시장에 간섭하여 비효율적 배분을 효율적 배분으로 이끌어야 하며, 이를 통하여 사회복지 수준의 극대화를 이루어야 한다. 이것이 바로 정부가 시장에 간섭해야 하는 근본적 이유인 것이다.

(2) 공공재

재화는 크게 사유재(private goods)와 공공재(public goods)로 구분할 수 있다. 사유재는 배제(exclusivity)의 원칙이 적용되는 재화를 가리킨다. 즉, 재화에 대한 가격을 지불한 사람만이 그 재화를 소비하며, 지불하지 못한 소비자는 그 재화의 소비에서 제외됨을 의미한다. 공공재는 배제의 개념이 적용되지 않고 공동 소비(joint consumption)가 가능한 재화이다. 예를 들면 국방, 치안, 공원, 도로 등과 같이 공공재는 비용을 지불한 사람뿐만 아니라 비용을 지불하지 않은 사람에게도 동일하게 제공된다.

공공재는 정부가 소비자들에게 판매하지 않고 무료로 제공되며 그의 비용은 일반

적으로 세금으로 충당되는 재화이다. 따라서 각 소비자 입장에서 보면 소비자가 지불하는 세금과 소비자가 공급받는 공공재와 구체적 관계설정이 어렵다. 이러한 공공재의 경우 시장에 의한 자원배분의 효율성은 어떠한지 살펴보자.

(그림 2-17)의 두 그림은 사유재와 공공재에 대한 소비자 A와 B의 수요곡선을 나타낸 것이다. 사유재의 경우는 두 소비자가 지불하는 가격은 동일하지만 소비자들의 소득수준에 따라 그들이 소비하는 양은 서로 다르다. 그러므로 사유재에 대한 사회 전체 수요곡선(D_S)은 두 소비자의 수요곡선을 각 가격에서 수평으로 합하여 구해지며, 이때 균형은 x^*점에서 이루어진다. x^*점에서 한계사회편익과 한계사회비용은 같아지므로 그 점은 경제적으로 효율적이라 할 수 있다.

공공재의 경우는 배제의 원칙이 적용되지 않으므로 모든 소비자는 동일한 양을 소비하게 된다. 그러나 이때 각 소비자는 동일한 양에 대해 서로 다른 가격을 지불하게 된다. 왜냐하면 주어진 공공재의 양에서 소비자가 얻는 한계편익은 서로 다르기 때문이다. 그러므로 공공재에 대한 사회 전체의 수요곡선(D_S)은 각 소비자의 수요곡선을 수직으로 합하므로 구해진다. 따라서 공공재는 한계사회비용과 한계사회편익이 같아지는 점 x^{**}에서 이루어진다.

|그림 2-17| 재화의 사회수요곡선

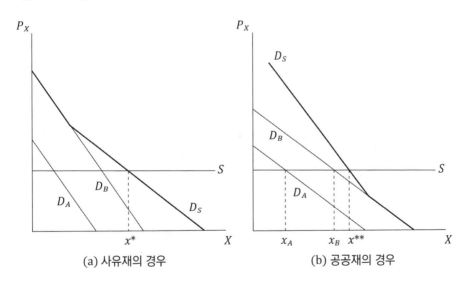

(a) 사유재의 경우　　　　(b) 공공재의 경우

만일 공공재의 공급을 시장의 기능에 맡기게 되면 소비자 A는 x_A 그리고 소비자 B는 x_B의 양을 소비하게 된다. x_A와 x_B는 x^{**}에 비해 작은 양이며, 두 점에서 한계사회편익은 한계사회비용보다 크다. 따라서 시장에 의해 공급되는 공공재는 과소하게 공급되며 경제적으로도 비효율적이다. 이는 공공재에 대한 효율적 배분을 위해서는 정부가 시장에 대해 간섭해야 함을 가리킨다.

위에서 설명한 것과 같이 공공재는 비용을 지불하지 않은 사람들도 공공재의 소비로부터 배제되지 않는다. 이러한 까닭에 개인들은 공공재 공급에 투입되는 비용을 서로 타인들에게 미루고 타인들이 지불할 것을 기대한다. 이러한 현상이 공공재 공급에서 나타나는 무임승차 문제(free-rider problem)이다. 무임승차 문제는 한마디로 말해 공공재 공급에서 비용을 지불하지 않고 그의 편익을 무상으로 누리려는 개인의 이기적 태도에 기인한다.

무임승차 문제를 유발시키는 개인들의 태도는 사실 인간의 기본적 본성이므로 나쁘다고만 할 수 없다. 왜냐하면 경제인의 근본 심리가 최소의 비용으로 최대의 편익을 얻으려 하는 것이기 때문이다. 문제는 무임승차하려는 사람들이 많을 때 공공재는 충분하게 공급되지 않는다는 사실이다. 따라서 이러한 개인들의 무임승차의 경향으로 인해 시장은 공공재를 충분하게 공급하는데 실패하게 된다. 이는 바로 공공재 공급에 있어 무임승차 문제를 해결하고 충분한 공공재를 공급하기 위해 정부가 시장에 개입해야 함을 의미한다.

(3) 소득 재배분과 사회복지

소득 재배분은 정부의 중요한 역할 중의 하나이다. 시장은 효율성에 따라 자원을 배분하기 때문에 지역 간 그리고 계층 간 소득의 불균형을 발생시킨다. 자원의 공간적 배분을 보면 자원은 한계생산성이 낮은 지역보다는 한계생산성이 높은 지역에 집중하게 된다. 이 결과 공간은 자원집중지역과 자원희소지역 또는 개발지역과 저개발지역, 그리고 성장지역과 낙후지역으로 구분되어 국토 내 지역 간 불균형 성장 현상이 나타나게 된다.

마찬가지로 자원의 계층 간 배분을 보면 경쟁시장에서 노동자들의 소득은 그들의 한계생산성에 의해 결정된다. 그러므로 높은 한계생산성을 보유한 노동자는 높은 소득을 그리고 낮은 한계생산성을 보유한 노동자는 낮은 임금을 받게 된다. 그러나 이렇게 결정된 임금은 사회 구성원들이 최소 생계유지를 위해 필요한 최저 임금수준이 고려되지 않은 임금이다. 그러므로 시장에서 지불되는 노동임금 중 최저 생계를 위해 필요한 임금수준보다 낮은 임금도 있게 된다. 이러한 경우 사회 내에서 풍요로운 삶을 영위하는 계층이 있는 반면 빈곤에 허덕여야 하는 계층도 동시에 존재하게 된다. 즉, 계층 간 소득의 불균형이 나타나게 되는 것이다.

계층 간 소득불균형 현상은 정부의 계층 간 소득이전정책을 통하여 개선될 수 있다. 그리고 이러한 소득이전정책은 바로 사회를 구성하는 계층들이 느끼는 소득의 한계효용, 즉 소득 한 단위 변화가 소비자에게 주는 효용변화는 소득수준에 따라 다르다는 데 있다. 구체적으로 말해 소득수준이 높은 계층일수록 그들 소득의 한계효용은 낮아진다.

예를 들면 월 소득이 2,000만 원인 개인 A와 100만 원인 개인 B가 있다고 하자. 이때 각각의 소득이 100만 원씩 증가하였다고 한다면 이러한 소득의 증가로 인한 두 사람의 효용변화는 어떤 차이가 있겠는가. 비록 동일한 양의 소득이 증가하였다고 할지라도 그것으로 인한 효용의 변화는 서로 다를 것이다. 왜냐하면 두 개인이 100만 원에 대해 서로 다르게 느끼기 때문이다. 즉, 100만 원의 소득증가가 노동자 A에게 주는 효용은 작은 반면 노동자 B에게 주는 효용은 클 것이다.

이렇게 소득수준에 따라 달라지는 소득의 한계효용은 소득의 재배분을 통해 사회 전체의 효용은 높아질 수 있음을 가리킨다. 그리고 이와 같은 사실이 바로 정부 간섭의 당위성을 제공한다. 정부의 기본적 역할은 사회 전체의 복지향상이다. 그러므로 소득의 한계효용이 낮은 부유층에게 소득의 한계효용이 높은 저소득계층을 돕게 하는 것은 정부가 당연히 해야 할 일이며, 시장의 기능으로서는 도저히 할 수 없는 것이다.

정부의 소득 재분배정책은 바로 세금제도를 통하여 고소득계층 소득의 일부를 저소득계층에게 전달하는 것이다. 그리고 이때 정부의 역할은 단지 소득의 전달자로서의 역할이다. 소득 재배분의 결과는 (그림 2-18)과 같이 고소득계층과 저소득계층의 격차를 감소시키는 것이다. 그리고 이러한 소득의 재분배를 통하여 사회 전체의 효용수준은 향상된다. 왜냐하면 정부의 소득 전달로 인해 저소득층의 효용증가는 소득감소로 인한 고소득층의 효용감소보다 크게 나타나기 때문이다. 즉, 정부의 소득 재배분을 통하여 앞서 설명한 잠재적 파레토 향상이 일어나게 되는 것이다. 이러한 사회 전체의 효용증가는 시장에 의해 이루어질 수 없는 것이며, 정부의 간섭에 의해서만이 가능한 것이다.

|그림 2-18| 정책 전후의 소득분포

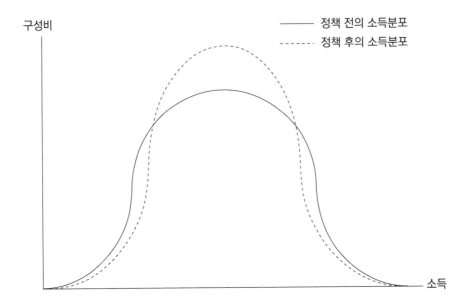

6. 요약

비용 - 편익 분석은 변화될 자원배분의 결과를 비용과 편익으로 구분하여 분석하는 학문이다. 계획이나 정책의 결정은 그들의 목표를 달성하기 위해 제시되는 여러 대안으로부터 이루어질 수 있는 자원배분의 형태들 사이에서의 선택이라고 할 수 있다. 따라서 계획가나 정책가는 최적의 자원배분을 선택하기 위해서 먼저 시장에 의해 자원배분이 어떻게 이루어지는가에 대해 알아야 한다. 이를 위해 이 장에서는 소비자들의 선택이론과 이를 바탕으로 사회 내 자원배분, 사회복지, 그리고 시장에 대한 정부 간섭의 필요성에 대해 설명하였다.

먼저 소비자선택이론은 소비자가 실질적으로 소비할 수 있는 재화의 bundle을 가리키는 예산선과 각 bundle이 소비자에게 주는 만족을 나타내는 무차별곡선을 가지고 설명하였다. 그리고 자원배분과 개인 및 사회복지를 설명하기 위해 사회는 두 소비자 A와 B로 그리고 두 재화 X와 Y로 구성되어 있으며, 자원의 배분을 나타내기 위해 두 재화의 양은 한정되어 있음을 가정하였다. 이 가정과 함께 자원배분에 따른 사회복지 수준을 설명하기 위해 파레토 향상과 잠재적 파레토 향상의 개념을 소개하였다.

파레토 향상은 자원의 재배분으로 인해 복지의 감소를 경험하는 사람 없이 적어도 한 사람의 복지가 증가되어 사회 전체의 복지가 향상되는 것을 말한다. 일반적으로 정책의 효과는 잃은 자와 얻은 자들의 복지변화를 통해 나타나기 때문에 파레토 향상의 개념은 정책을 평가하는 데 적용하기가 어렵다. 왜냐하면 통상적으로 계획과 정책의 집행과정에서 잃은 자와 얻은 자는 동시에 발생하기 때문이다. 계획이나 정책이 추구하는 바는 자원의 재배분을 통해 사회복지를 향상시키는 것이다. 이러한 자원 재배분에 따른 사회복지의 변화를 설명하기 위해 잠재적 파레토 향상의 개념을 소개하였다. 마지막으로 자유시장체계에서 정부가 시장에 간섭해야 하는 당위성에 대해 설명하였다. 그리고 사회 전체의 복지수준의 극대화를 위해 시장이 불완전하건 아니면 완전하건 관계없이 정부는 시장에 간섭해야 하는 근거를 제시하였다.

정부가 시장에 간섭하여 나타나는 결과는 사회 전체의 복지향상이지만 이러한 복지향상은 사회를 구성하는 모든 사람의 복지를 향상시키지는 않는다. 왜냐하면 위에서 언급하였듯이 정부의 간섭으로 인해 잃는 자와 얻는 자가 동시에 발생하기 때문이다. 따라서 얻은 자의 편익과 잃은 자의 비용을 측정하여 계획이나 정책이 잠재적 파레토 향상을 달성하는지를 확인하는 수단이 바로 앞으로 설명하게 될 비용 - 편익 분석이다.

제 3 장

정책분석의
전개과정과 구조

정책분석의 전개과정과 구조

1. 서론

정책의 분석에 있어서 가장 기본적 질문은 다음과 같이 몇 가지로 요약할 수 있다. 즉, 고려 중인 정책은 투입비용에 비해 얼마만큼의 편익을 가져오는가? 정책의 목표를 달성하기 위해 제시되는 다양한 대안 중 어느 대안이 최적인가? 그리고 정책의 목표를 달성하기 위해 적정한 투자수준은 얼마인가? 등이다. 이러한 질문에 대한 적절한 답은 분석의 논리적 전개과정에 있다고 할 수 있다. 왜냐하면 정책분석이란 바로 상식을 체계화하는 과정으로 정의되기 때문이다. 따라서 정책분석에서 가장 중요한 부분은 바로 분석의 논리적 전개과정이다. 이 장에서는 정책분석의 전반적인 과정과 그의 구조에 관해 설명한다.

2. 벤저민 프랭클린의 분석과정

정책이 집행된다면 그 정책으로 인한 효과는 사회 내 광범위한 부문에서 매우 다양하게 나타날 것이다. 그러나 분석자가 정책의 모든 효과를 단번에 예측하고 분석하여 정책을 평가하기란 어렵다. 왜냐하면 기본적으로 분석자의 능력에는 한계가 있기 때문이다. 한정된 능력을 보유한 분석자들이 정책의 효과를 예측하고 올바른 평가를 내리기 위해서는 체계적이며 논리적 분석과정의 전개가 필요하다. 정책분석에서 기초적 논리전개 과정은 〈표 3-1〉에 보이듯이 벤저민 프랭클린(Benjamin Franklin)의 편지에서 찾아볼 수 있다.

|표 3-1| 비용-편익방법을 제시한 벤저민 프랭클린의 편지

London, 19 September, 1772

Dear Sir,
In the affair of so much importance to you, wherein you ask my advice, I cannot, for want of sufficient premises, advice you what to determine, but if you please I will tell you how. When those difficult cases occur, they are difficult, chiefly because while we have them under consideration, all the reasons pro and con are not present to the mind at the same time; but sometimes one set present themselves, and at other times another, the first being out of sight. Hence the various purposes or inclinations that alternately prevail, and the uncertainty that perplexes us. To get over this, my way is to divide half a sheet of paper by a line into two columns; writing over the one Pro and over the other Con. Then, during three or four days consideration, I put down under different heads short hints of the different motives, that a different times occur to me, for or against the measure. When I have thus got them all together in one view, I endeavor to estimate their respective weights, and where I find two, one each side, that seem equal, I strike out them both out. If I find a reason pro equal some two reasons con, I strike out the three. If I judge some two reasons con, equal to some three reasons pro, I strike out the five; and thus proceeding I find at length where the balance lies; and if, after a day or two of further consideration, nothing new that is of importance occurs on either side, I come to a determination accordingly. And though the weight of reasons cannot be taken with the precision of algebraic quantities, yet when each is thus considered, separately and comparatively, and the whole lies before me, I think I can judge better, and am less liable to make a rash step, and in fact I have found great advantage from this kind of equation, in what may be called moral or prudential algebra. Wishing sincerely that you may determine for the best. I am ever, my dear friend, yours most affectionately.

B. Franklin

그가 제시한 분석과정은 (그림 3-1)과 같이 절차상 정책효과의 구분과 제시 단계, 가중치 부여 단계, 단순화 단계 그리고 선택 및 결정 단계의 4단계 과정으로 구분된다. 첫 번째 단계는 정책효과의 구분과 제시 단계로 분석자가 예측할 수 있는 정책의 모든 효과를 긍정적 효과들(pros)과 부정적 효과들(cons)로 구분하고 각각에 해당하는 구체적 효과들을 기록하는 단계이다. 이 단계에서 중요한 것은 분석자가 정책의 모든 효과를 한번에 예측할 수 없는 능력의 한계를 인식하는 것이다. 그러므로 정책의 다양한 효과들을 분석자가 제시하기 위해서는 분석자에게 충분한 시간이 먼저 주어져야 한다.

두 번째 단계는 기록된 각 효과에 대해 가중치(weight)를 부여하는 단계이다. 이 단계에서 말하는 가중치 부여란 각 효과를 계량적으로 측정하여 그의 중요 정도를 결정하는 것이 아니라 분석자의 주관에 따라 서로 대등하다고 판단되는 효과들을 서로 묶어주는 것을 말한다. 예를 들어 정책의 긍정적 효과 중 B_1의 중요 정도가 부정적 측면의 효과 중 C_1과 C_2의 합과 서로 대등하다고 판단되면, 분석자는 이들을 서로 같은 가중치로 묶어두게 된다. 따라서 대등하게 묶여지는 효과들은 서로 다른 측면에서 제시된 효과들이어야 한다. 그리고 이 단계에서 대등한 가중치로 묶여지지 않은 효과들은 그대로 남겨 둔다.

세 번째 단계는 단순화 단계이다. 여기서 단순화 단계란 앞에서 분석자가 대등한 가중치로 묶은 효과들을 서로 제거하는 단계를 말한다. 단순화 과정을 통하여 정책분석의 범위는 크게 감소된다. 왜냐하면 분석자가 정책결정을 위해 고려해야 할 효과들이 그만큼 줄어들기 때문이다. 이러한 단순화 과정은 더 이상 서로 상쇄될 효과 항목들이 없을 때까지 계속된다.

그리고 마지막 단계는 단순화 과정에서 상쇄되지 않고 남은 항목을 가지고 최종적으로 정책을 결정하는 단계이다. 즉, 제거되지 않은 긍정적 효과들의 중요도가 부정적 효과들의 합보다 높다고 분석자가 판단할 경우 고려 중인 정책대안은 정책으로 의미가 있음을, 그리고 긍정적 효과들의 합이 부정적 효과의 합보다 작을 때는 정책대안이 정책으로 가치가 없음을 가리킨다. 따라서 전자의 경우는 정책으로 결정되며 후자의 경우는 기각된다.

벤저민 프랭클린은 위와 같은 신중한 논리의 전개과정을 통해 보다 올바른 판단을 내릴 수 있다고 말하면서 이러한 방법을 그는 "신중 대수학" 또는 "도덕 대수학"

이라 불렀다. 그가 제시한 방법을 좀 더 구체화하고 일반화시키면 다음 절에서 설명될 정책분석의 5단계 과정이 된다.

|그림 3-1| 벤저민 프랭클린의 4단계 분석 과정

- 1단계: 정책효과의 구분과 제시

긍정적 효과	부정적 효과
B_1	C_1
B_2	C_2
B_3	C_3
B_4	C_4
	C_5

- 2단계: 가중치 부여

$$B_1 \approx C_1 + C_2$$
$$C_3 \approx B_2 + B_4$$

- 3단계: 단순화

긍정적 효과	부정적 효과
B_3	C_4
	C_5

- 4단계: 정책 결정

$$B_3 \begin{Bmatrix} > \\ = \\ < \end{Bmatrix} C_4 + C_5 \Longleftrightarrow \begin{Bmatrix} \text{정책 결정} \\ ? \\ \text{정책 기각} \end{Bmatrix}$$

3. 정책분석의 5단계 과정

정책의 비용 - 편익 분석에서 가장 중요한 것은 앞서 언급하였듯이 분석의 논리적 전개이다. 이 절에서는 정책분석 시 요구되는 논리전개 과정을 (그림 3-2)에서 보듯이 5단계로 구분하여 설명한다. 각 단계에서 다루어져야 할 주요 내용은 다음과 같다.

첫 번째 단계는 정책을 정의하는 단계이다. 이 단계는 정책의 기본적 이해와 함께 분석방향이 제시되기 때문에 정책분석에서 가장 중요한 단계라고 할 수 있다. 이 단계에서는 정책의 전반적 성격과 내용 그리고 기타 분석에 요구되는 기본적 사항의 결정 등이 포함된다.

두 번째 단계는 정책의 효과를 측정하기 위해 분석의 체계를 수립하는 단계이다. 공공정책은 사회 전체를 대상으로 이루어지기 때문에 그의 효과는 사회 전체에 걸쳐 광범위하게 나타나며, 이에 따라 정책의 효과측정 또한 매우 복잡한 특징을 갖는다. 그러므로 정책의 효과들을 항목화하여 분석범위를 결정하고, 분석체계를 수립하는 것이 분석의 효율성과 분석결과의 정확성을 향상시킬 수 있는 최선의 방법이라고 할 수 있다. 이 단계에서는 정책효과의 항목화와 평가, 측정 가능한 효과와 측정 불가능한 효과의 구분 그리고 분석구조의 결정 등이 포함된다.

세 번째 단계는 분석에 필요한 자료를 수집하는 단계이다. 측정되어야 할 효과가 다양하다는 것은 바로 분석에 요구되는 자료가 다양하고 광범위함을 의미한다. 분석에 필요한 자료는 한 곳에 집중 정리되어 있다기보다는 여러 곳에 분산되어 있다. 그러므로 자료수집 단계에서는 분석의 내용과 범위에 따라 조사자료의 범위와 자료구조 등이 결정되고 그에 따라 자료를 수집하는 단계이다.

네 번째 단계에서는 앞에서 제시한 분석체계와 수집된 자료를 이용하여 정책의 비용과 편익을 분석하고 측정하는 단계이다. 그리고 마지막 단계에서는 분석결과를 바탕으로 정책대안을 평가하고 결정하는 단계이다. 위에서 설명한 각 단계에서 구체적으로 포함되어야 할 내용은 다음과 같다.

|그림 3-2| 정책분석의 5단계 과정

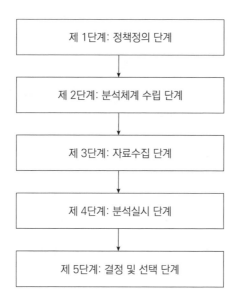

1) 제 1단계: 정책정의 단계

정책정의 단계는 정책에 대한 전반적 이해를 제공하는 단계로 비용 – 편익 분석에서 가장 먼저 이루어지는 단계이다. 이 단계에서는 정책 시나리오, 무투자 대안, 정책효과의 공간범위, 정책의 제약조건, 통제변수의 설정, 할인율의 결정 그리고 시간범위의 설정 등에 대한 내용이 포함된다. 각각에 대한 구체적인 내용은 다음과 같다.

(1) 정책 시나리오

정책 시나리오는 정책의 진행과정을 기술적으로 구성하는 것을 말한다. 간단히 말해 정책 시나리오는 (그림 3-3)에서 보이듯이 어떠한 자원이 투입되어 최종적으로 무엇이 이루어지는가에 대한 묘사이다. 여기서는 투입되는 요소나 정책의 최종 결과에 대해 가능한 한 구체적 설명이 제공되어야 한다. 예를 들면 분석자는 정책에 투입되는 요소를 노동자의 규모, 토지와 자본의 규모 및 종류 그리고 투입되는 재화의 종류와 양 등으로 구분하여 제시해야 한다. 정책의 최종 결과에 대해서도 신도시 건설이나 항만, 도로, 댐, 종말처리시설 등의 건설 또는 지역 간 인구이동의 억제나 촉진 등과 같이 정책이 궁극적으로 추구하는 목표에 대해 구체적으로 서술해야 한다.

정책 시나리오 구성에서 분석자가 유의해야 할 것은 정책집행으로 인해 발생하는 이른바 정책의 부산물(by-product), 즉 대기오염이나 하천오염, 교통혼잡, 소음과 진동 등도 정책의 결과라는 점을 인식하는 것이다. 그러므로 정책의 부산물도 정책정의 단계에서 중요하게 고려되어야 한다. 정책의 부산물 자체가 오히려 정책의 경제성 평가에 큰 영향을 미치는 경우가 현실에서 종종 발생하기도 한다. 부산물을 고려한 정책 시나리오의 구성은 정책 성격에 대한 전반적 이해를 높이며 올바른 분석방향을 설정하게 한다.

|그림 3-3| 정책 시나리오

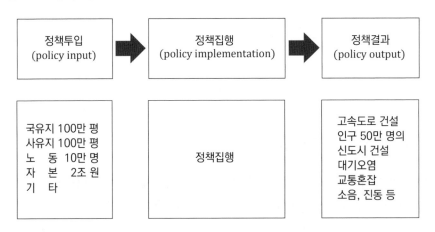

(2) 무투자 대안

모든 정책에는 그의 목표가 있으며 그 목표를 달성하기 위해 다양한 대안이 제시된다. 다양한 대안 중 가장 기본적 대안이 바로 무투자 대안(do nothing alternative)이다. 무투자 대안이란 정책 자체를 집행하지 않는 대안이다. 따라서 무투자 대안의 결과는 정책이 집행되지 않았을 경우 이루어지는 사회복지의 수준이라고 할 수 있다. 정책의 목표를 달성하기 위해 제시된 대안평가는 바로 무투자 대안과 비교하여 이루어진다.

제시된 대안이 정책으로 선택되어 집행되었을 때 이루어지는 사회복지 수준이 무투자 대안 시 이루어지는 사회복지 수준보다 높게 나타나면 그 대안은 사회에 편익을 제공하는 의미 있는 정책대안이지만 그렇지 못한 경우 정책은 사회에 편익보다는 비용을 발생시키는 정책대안이라고 할 수 있다. 따라서 각 대안들의 결과를 무투자 대안과 비교하는 것은 앞 장에서 설명한 파레토 향상 또는 잠재적 파레토 향상을 확인하는 실질적인 수단이라고 할 수 있다.

(3) 정책효과의 공간범위

정책효과는 궁극적으로 사회를 구성하는 사람들에게 비용 또는 편익으로 나타난다. 그러므로 정책분석은 한마디로 말해 정책으로 인해 누가 무엇을 얻으며 또한 잃는가를 분석하는 것이다. 그러나 사회는 다수의 사람들로 구성되어 있으며 공간적으로도 한 공간에 집중되어 있다기보다는 분산되어 생활하고 있다. 이러한 특성 때문에 정책이 사회 구성원들에게 미치는 영향 정도는 공간에 따라 각각 다르게 나타나게 된다.

사실 정책이 사회에 미치는 모든 효과를 정확하게 측정한다는 것은 거의 불가능한 것이다. 이러한 면이 공공부문(public sector)에서 실시하는 정책의 경제성 분석과 민간부문(private sector)에서 기업이 실시하는 사업성 분석을 구분시켜 준다. 개인 기업에서 이루어지는 사업성 분석의 관점은 오로지 개인 기업의 입장에서 이루어지기 때문에 사회 전체를 고려하는 공공부문에 비해 분석의 공간범위가 좁다. 그러므로 이 두 부문 간의 분석에서 가장 큰 차이는 정책이나 사업의 영향 범위를 공간적으로 설정하는 데 있다고 할 수 있다.

공공정책의 분석에서 정책효과의 공간범위는 어떻게 설정되는가? 이러한 질문은 어디까지의 효과를 정책의 효과로 볼 것이며 그 밖의 지역에서 발생하는 정책효과는 무시할 것인가를 결정하는 것에 관한 것이다. 이에 대해서는 분석자가 일률적으로 답하기 어렵다. 왜냐하면 정책의 영향 범위를 설정하는 데 적용할 만한 특별한 이론이나 방법이 많지 않기 때문이다. 또한 정책효과의 공간범위 설정은 분석의 복잡성을 결정한다. 만일 정책의 영향 범위를 국가 전체로 설정하면 정책이 전 국민에게 미치는 효과는 동일하다는 가정을 가지고 정책효과가 분석되기 때문에 분석은 상대적으로 쉬워진다(여기서 정책의 효과가 전 국민에게 동일하게 미친다는 가정은 사실 공간의 범위가 가장 크게 확대된 것이 아니라 공간의 개념이 없어지는 가정이다. 왜냐하면 이러한 경우 경제는 공간경제(spatial economy)가 되는 것이 아니라 점경제(point economy)가 되기 때문이다. 따라서 분석은 상대적으로 쉬워지는 것이다).

정책분석의 어려움은 정책의 영향범위를 공간적으로 한정할 때 발생한다. 일반적으로 말해, 한 국가를 구성하는 지역들 중 타 지역과 완전히 고립되고 단절된 지역은 없다. 이는 모든 지역들이 어떠한 형태로든 기능적으로 서로 연결되어 있음을 의미한다. 물론 지역 간 연결정도가 모두 동일한 것은 아니며 지역 간 경제교류에 따라 연결정도의 차이는 엄연히 존재한다.

지역 간 인적, 물적 그리고 기술적 교류가 활발하면 지역 간 연결정도는 높고, 그렇지 못한 경우 지역 간 연결정도는 낮게 된다. 따라서 어느 지역의 정책이 타 지역에 미치는 영향은 지역 간 연결정도에 따라 다르게 나타나지만 엄밀히 말해 그 정책과 무관한 지역은 없다고 할 수 있다. 이는 한 지역의 정책이 타 지역에 직접 또는 간접적으로 영향을 미친다는 것을 가리킨다. 이러한 사실 때문에 정책의 영향 범위를 공간적으로 한정하는 것은 정책분석에서 중요한 의미를 갖는다. 왜냐하면 공간범위의 설정에 따라 측정되는 정책의 비용과 편익규모는 달라지고, 그 결과 징책의 경제성도 달라질 수 있기 때문이다.

정책분석 시 공간범위와 관련하여 예를 들어 설명해 보자. 지역 r의 계획가는 지역의 경제성장을 유도하기 위해 지역 내 교육시설에 대한 투자정책을 계획 중에 있다. 이때 지역 r의 교육투자 정책으로 인해 발생하는 편익의 공간범위 설정은 어떻게 되어야 하는가(이 경우 비용은 지역 내에서만 발생하기 때문에 정책의 비용규모는 공간설정에 영향을 받지 않는다). 분명히 이 정책으로 인해 편익을 받는 계층의 대부분은 지역 내 주민일 것이다. 왜냐하면 교육시설의 증대로 지역주민들의 교육기회가 증대되어 주민들의 교육수준은 높아지고 그 결과 그들의 노동생산성 향상과 함께 소득이 향상되기 때문이다(지역 내 교육투자가 지역경제 성장에 미치는 효과는 김홍배(1996)가 제시한 모형에 잘 나타나 있다). 따라서 주민들의 소득 향상은 결국 지역소득의 향상이므로 교육투자정책은 지역 r의 경제를 성장시키게 한다.

그러나 이러한 정책의 효과는 지역 r에만 국한되는 것은 아니다. 지역 r에서 교육을 받은 후 타 지역으로 이동하는 노동자들을 생각해 보자. 이러한 경우 타 지역은 교육시설에 대한 아무런 투자 없이 생산성이 높은 노동자들이 전입하여 지역 내 경제활동에 참여하므로 지역의 생산규모와 수준은 높아지게 된다. 이와 같이 지역 r의 교육시설 투자정책은 다른 지역의 성장에 직간접적으로 기여하게 된다. 이러한 효과를 지역 r의 확산효과(spill-over effect)라고 한다. 그러나 이러한 확산효과를 실질적으로 측정하여 지역정책의 편익으로 계산하는 데는 위에서 언급한 바와 같이 기술적으로 많은 어려움이 따른다. 따라서 정책효과의 공간적 범위는 분석자가 분석에 앞서 정책의 성격을 고려하여 정책정의 단계에서 결정해야 된다.

(4) 정책의 제약조건

정책은 여러 가지 측면에서 그의 집행이 제약을 받을 수 있으므로 정책은 주어진 제약조건을 모두 만족시킨 상태에서 집행되어야 한다. 만일 분석자가 정책대안이 갖는 제약사항을 미처 정책정의 단계에서 고려하지 못하고 그것이 정책으로 결정된다면, 그 제약사항은 정책집행과정에서 발생하여 정책 자체를 중지시키거나 또는 원래 의도하였던 방향에서 다른 방향으로 크게 수정시킬 가능성이 있다. 이와 같이 정책이 집행 도중 정지되거나 수정되었을 때 정책이 원래 추구하던 사회복지 향상은 달성되지 못하게 되고 결과적으로 자원낭비를 가중시키는 정책으로 변할 수 있다. 따라서 분석자들은 정책의 정의 단계에서 정책에 제약이 될 만한 사항들을 구체적으로 검토하여야 한다. 정책을 제약하는 사항들은 다음과 같은 측면들로 구분될 수 있다.

• 예산 측면

정책집행에서 투입비용의 상한선이 고려되어야 한다. 다시 말해서 분석자는 정책이 어느 정도의 예산범위 내에서 집행 가능한가를 사전에 검토해야 한다. 왜냐하면 투입비용이 예산범위를 초과하는 경우 그 정책대안이 아무리 사회에 많은 편익을 제공한다고 할지라도 그 대안은 정책으로 집행될 수 없기 때문이다. 따라서 예산 측면에서 정책의 제약조건은 다음과 같이 설정될 수 있다.

정책의 초기 투입 비용 $\leq M_0$ 또는 정책의 최대 투입 비용 $\leq M_{max}$,

$M_0(M_{max})$: 고정된 예산금액(최대 조달 가능 예산금액).

• 환경 측면

일반적으로 경제활동과 환경수준과는 상반관계가 존재한다. 왜냐하면 오염물질은 경제활동의 부산물로 발생되기 때문이다. 바꾸어 말하자면 경제활동이 전혀 없는 곳에서는 환경오염도 없다. 그러므로 지역의 경제발전을 추구하는 정책의 경우, 그 정책으로 인한 수질오염이나 대기오염 또는 소음 등과 같은 환경수준의 변화를 고려해야 한다.

예를 들면 정책으로 인해 지역의 경제규모와 수준이 향상된다 할지라도 그 결과 수질이나 대기 또는 소음 등의 환경수준이 악화되지 말아야 한다는 것을 분석자는 정책의 제약사항으로 설정해야 한다. 왜냐하면 악화된 환경을 복구하기 위해서는 많은 비용이 투입되며, 이는 실질적으로 정책의 편익을 상쇄시키는 결과를 초래할 수 있기 때문이다(경제활동과 환경비용에 관심이 있는 독자는 이정전(1995), 김홍배·진상엽·조용희(1996), Liew(1984), Leontief(1970) 등을 참조할 것). 환경 측면에서 정책의 제약조건은 다음과 같이 설정될 수 있다.

$$하천의 \ 수질수준 \ \leq \ 3급수,$$
$$소음수준 \ \leq \ 55dB,$$
$$대기 \ 내 \ SO_2 \ 수준 \ \leq \ 0.02ppm,$$
$$대기 \ 내 \ NO_2 \ 수준 \ \leq \ 0.05ppm.$$

• **사회 측면**

정책의 수혜계층과 지역 불균형 성장 가능성에 대해서도 고려해야 한다. 예를 들면, 정책이 어느 특정한 계층에게만 편익을 발생시켜서는 안 된다거나 또는 정책으로 인해 지역 간 소득수준의 격차가 커지는 불균형 성장이 심화되는 것은 방지되어야 한다는 것 등이 정책의 제약사항으로 작용할 수 있다.

• **기타 측면**

위에서 언급한 측면 이외에도 분석자는 정치, 행정, 제도, 문화, 전통 등에 있어서 정책집행에 제약사항이 있는지를 충분히 검토해야 한다. 예를 들어 분석자는 정책으로 인해 지역 내 문화재나 전통의 훼손 방지나 행정적으로 정책집행의 책임부서와 지원부서의 명확한 업무경계를 구분하는 것 등을 정책의 제약사항으로 구체적으로 설정할 수 있다.

(5) 통제변수의 설정

주어진 제약조건하에서 정책의 목표를 최적으로 달성하기 위한 변수를 설정해야 한다. 예를 들면 교통혼잡을 해결하기 위해 도로를 건설하는 경우 도로건설의 위치, 도로의 길이 또는 차선 수 등이 통제변수가 되며, 오염처리시설의 경우는 그의 위치와 처리용량, 그리고 다목적댐의 경우는 댐의 위치와 높이 등이 통제변수가 될 수 있다.

(6) 할인율의 결정

공공정책은 그의 초기 단계에서 대부분의 비용이 발생하며, 편익은 시간을 두고 장기적으로 발생하는 특징을 갖는다. 그러므로 정책의 효과분석은 동태적(dynamic) 차원에서 시간을 구체적으로 고려하여 이루어져야 한다. 시간을 고려한다는 것은 바로 시간의 투자가치를 고려함을 의미하며, 시간의 투자가치는 비용 – 편익 분석에서 할인율로 나타나게 된다. 그러므로 분석자는 정책정의 단계에서 정책의 성격과 규모 등을 고려하여 그에 맞는 할인율을 결정하여야 한다. 공공정책의 대상이 사회 전체이므로 할인율도 사회의 전체 구성원들이 공감할 수 있는 것으로 결정되어야 한다(할인율의 선택에 대해서는 제 5장에서 자세하게 설명된다).

(7) 시간범위 설정

공공정책의 편익은 앞서 언급하였듯이 장기적으로 발생한다. 따라서 정책분석에서 시간범위 설정은 정책의 편익규모를 계산하는 데 중요하다. 따라서 정책의 시간범위 설정은 정책의 성격과 내용 그리고 할인율 등을 종합적으로 고려하여 분석자가 결정한다.

2) 제 2단계: 분석체계 수립 단계

정책의 효과는 앞서 언급하였듯이 광범위하고 복잡하게 일어나기 때문에 정책효과를 분석하기 위한 구조 또한 복잡하게 된다. 따라서 분석자는 분석체계를 합리적으로 수립함으로써 정책분석의 논리성과 효율성 그리고 분석결과의 정확성을 기할 수 있다. 여기서는 분석체계 수립에서 다루어져야 할 내용을 정책효과의 항목화, 항목평가, 계량분석의 범위, 분석구조, 민감도 분석 파라미터 선정 그리고 수집될 자료의 결정으로 구분하여 설명한다.

(1) 정책효과의 항목화

정책분석이란 한마디로 말해 정책의 효과를 비용과 편익으로 구분하고 과학적인 방법을 이용하여 측정하는 것이다. 그러므로 분석자는 가장 먼저 정책이 집행되었을 때 어떠한 효과들이 발생할 것인지를 우선 예상해야 하며, 그 효과들을 어떠한 기준에 의해 비용과 편익으로 구분할 것인지 결정해야 한다. 이렇게 정책의 효과를 예측하고 각 효과를 구분하는 데 분석자가 취할 수 있는 방법은 다음과 같다.

- **경제이론**

경제이론에서 밝혀진 결과를 바탕으로 정책이 사회에 미치는 효과들을 비용과 편익으로 구분하여 제시한다.

- **문헌조사**

문헌에서 소개된 유사한 정책의 사례연구를 이용하여 정책효과를 비용과 편익으로 구분하여 제시한다.

- **정책 시나리오의 발전**

정책정의 단계에서 설정한 정책 시나리오를 발전시켜 정책효과를 비용과 편익으로 구분하여 제시한다.

- **자기분석(introspection)**

자기분석을 통해 정책효과를 항목화하고 그 효과를 비용과 편익으로 구분하여 제시한다.

- **브레인스토밍(brain-storming)**

동료들과의 회의를 통하여 정책효과를 항목화하고 그 효과를 비용과 편익으로 구분하여 제시한다.

- **전문가들과 면담**

해당 분야의 전문가들과 면담을 통하여 정책효과를 비용과 편익으로 구분하여 제시한다.

이 단계는 앞에서 설명한 벤저민 프랭클린의 방법 중 첫 번째 단계, 즉 정책효과의 구분과 제시에 해당하는 단계라 할 수 있다. 이 단계에서 최종적으로 분석자가 작성해야 할 것은 정책효과를 비용과 편익으로 구분하여 항목별로 정리한 표를 작성하는 것이다. 예를 들면 〈표 3-2〉는 다목적댐 건설공사의 경우 비용과 편익 항목에 해당한다고 판단되는 효과들과 제시된 효과들의 대상, 즉 어떤 비용 또는 편익이 누구에게 발생하는가를 표로 제시한 것이다.

요약하자면 정책효과의 항목화 단계에서는 우선 정책효과를 비용과 편익 측면으로 각각 구분하고 각 측면에 해당하는 구체적 효과를 기록한다. 각 효과를 기록할 때는 그것이 왜 비용 또는 편익인가에 대해 충분히 생각하고, 그 효과들은 궁극적으로 누구에게 발생하는 것인지를 제시해야 한다. 이때 분석자들은 충분한 시간을 갖고 정책에 관련하여 가능한 많은 효과들을 기록해야 한다.

|표 3-2| 정책효과의 항목화표(다목적댐 건설의 경우)

구분	항목	대상
비용	건설비	시행자
	수몰지역 보상비	시행자
	시설 투자비	시행자
	유지 관리비	시행자
	수몰지역의 문화유적 손실	지역 및 전국
	기타	기타
편익	홍수조절	지역주민
	용수공급(생활 및 산업용수 확보)	지역주민/기업
	전력공급	지역주민/기업
	지역개발	지역주민
	에너지 대체효과(외화절약 효과)	국가
	수려한 관광자원 형성	지역/국가
	기타	기타

(2) 항목평가

항목평가에서 가장 기본적인 것은 바로 앞 단계에서 항목화한 개별효과들이 명확하게 비용 또는 편익에 해당하는지를 평가하는 것이다. 만일 어떤 효과가 관점에 따라 비용효과일 수도 있고 편익효과도 될 수 있는 모호한 것이라면 이에 대해서는 실질적 자료를 이용해 분석을 실시한 후 평가해야 한다. 항목화된 모든 정책의 효과가 적절하다고 평가되었으면 다음으로 분석자는 각 항목들이 정책분석에서 갖는 의미를 판단하여 분석에 어떠한 항목들을 포함시킬 것인가를 평가해야 한다.

앞에서 제시된 항목 중에는 서로 중복되거나 또는 효과가 미약하여 분석의 가치가 없는 항목들도 포함되어 있을 수 있다. 그러므로 항목평가의 기준은 제시된 효과의 의미와 계량화의 가능성이다. 이러한 평가과정을 통하여 정책분석에 고려될 수 있는 항목들은 체계적으로 정리된다.

정책효과로 제시된 항목들을 평가할 때 분석자는 2가지 점에서 주의해야 한다. 첫 번째는 이전소득(transfer payment)에 대한 고려이다. 공공부문에서 정책에 대한 비용-편익 분석은 사회 전체를 대상으로 하여 이루어진다. 따라서 사회 구성원 간 편익과 비용의 단순이동은 고려되지 않는다. 즉, 정책으로 인해 어떤 구성원들에게 발생하는 편익항목이 바로 다른 구성원들의 비용항목으로 이루어지는 것이라면 그 항목은 분석대상에서 제외된다.

예를 들면 지하철 건설의 효과 중 각 역 주변에 형성되는 상점 수의 증가와 그에 따른 고용의 증가를 분석자가 지역개발 효과로 간주하여 편익으로 측성하였다고 하자. 만일 도시 내 재화에 대한 수요에 변화가 없다면(즉, 도시의 경제수준이 정책 전과 동일하다면) 이러한 역 주변의 변화는 이전소득이라 할 수 있다. 왜냐하면 지하철역 주변에서 일어나는 상점 수와 고용의 증가는 바로 도시 내 다른 지역에서의 상점 수와 고용의 감소로 이루어진 것이기 때문이다. 이 경우 지역개발 효과는 진정한 정책의 효과라고 볼 수 없기 때문에 정책분석에 고려되지 않아야 한다.

항목평가 시 분석자가 두 번째로 주의해야 할 점은 이중계산(double counting)의 가능성이다. 이중계산이란 정책의 한 항목이 다른 항목의 이름으로 중복 계산되어 정책이 과대 또는 과소하게 평가되는 것을 말한다. 이러한 가능성은 정책의 비용-편익 분석에서 실질적으로 자주 일어날 수 있는 것이므로 분석자는 이에 대해 주의해야 한다.

예를 들면 도시 내 어느 지역에서 도심으로 향한 접근성을 향상시키는 정책을 평가한다고 하자. 여기서 분석자가 정책효과의 항목화 단계에서 정책으로 인한 편익을 통행자 기준으로는 통행시간의 절감을 그리고 지역개발 효과로서는 토지가격의 상승을 고려하였다고 하자. 그리고 분석자가 이 두 효과의 합을 정책의 총 편익으로 계산하였다면, 계산된 총 편익은 이중계산이 된 것이라 할 수 있다. 왜냐하면 많은 도시경제 학자들(Alonso, 1964; Mills and Hamilton, 1984)이 설명하였듯이 통행자들 소유의 토지가격 상승은 바로 통행자들의 통행시간 절감의 결과에 기인하는 것이기 때문이다. 이와 같이 정책분석에서 이중계산은 하나의 정책효과를 중복되게 평가하여 정책평가의 정확성을 떨어뜨린다. 따라서 분석자는 이중계산의 가능성을 항상 염두에 두고 항목을 평가해야 한다.

(3) 계량분석의 범위

정책분석에서는 정책의 효과를 가능한 한 구체적 수치로 나타내야 한다. 그러나 항목화 단계에서 제시된 정책의 효과들 중에는 계량화가 가능한 효과가 있는 반면 도저히 계량화할 수 없는 효과들도 있다. 앞에서 제시되고 평가된 효과들 모두가 정책의 효과이기 때문에 만일 분석자가 단지 계량화가 가능한 효과들만 대상으로 분석을 실시한다면 그 결과는 정책의 한 부분에 불과한 것이다. 그리고 부분적 결과를 가지고 그것이 정책의 전부인 것처럼 평가한다면 그것은 매우 위험한 것이라 할 수 있다.

여기서 분석자가 기억해야 할 것은 계량화가 불가능한 효과라고 해서 그 효과가 무시할 정도로 작다고 생각해서는 안된다는 것이다. 왜냐하면 정책의 목표가 지역 주민들 간 화합이나 사회정의 구현 등과 같이 계량적으로 측정할 수 없는 것으로 설정되어 있는 경우가 많을 수 있기 때문이다. 또한 정책의 목적이 계량적으로 측정할 수 없는 경우 계량화 항목은 오히려 정책의 작은 부분에 해당한다고 할 수 있다. 따라서 항목에 대한 평가과정에서 분석자는 정책이 추구하고자 하는 목적이 무엇인지를 분명하게 인지하고 항목들을 평가해야 한다.

정책의 모든 효과는 (그림 3-4)에서 보이듯이 크게 3가지 효과로 구분할 수 있다. 먼저 정책의 효과는 계량화할 수 있는 효과와 계량화할 수 없는 효과로 구분된다. 그리고 계량화할 수 있는 효과는 다시 그 효과를 금전적 가치로 나타낼 수 있는 가치화 가능효과와 가치화 불능효과로 구분된다.

이 책에서는 가치화가 가능한 효과를 시장재 효과(market good effect)라 하고, 계량화는 가능하나 가치화가 불가능한 효과를 가치화 불능효과(incommensurable effect)로 그리고 가치화와 계량화가 모두 불가능한 효과를 계량화 불능효과(intangible effect)로 부르기로 한다. 이와 같은 정책효과의 구분은 (그림 3-4)에서와 같이 계량화와 가치화의 가능성을 바탕으로 하나의 스펙트럼으로 나타낼 수 있다. 각 효과에 대한 설명은 다음과 같다.

|그림 3-4| 계량화와 가치화 가능성에 따른 정책 효과의 구분

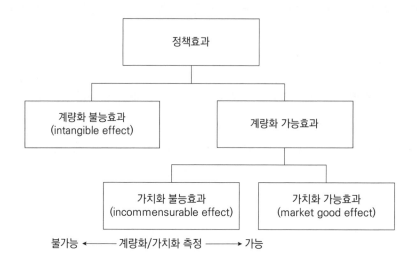

• 계량화 불능효과

정책의 효과 중 어떤 기준에 의한 측정도 불가능하며, 따라서 금전적 가치로도 나타낼 수 없는 효과를 계량화 불능효과라 한다. 지역 내 또는 지역 간 주민들의 분쟁이나 갈등의 해소, 사회정의의 구현, 민주화의 진전 그리고 개인의 자유획득 등이 이러한 효과에 해당한다고 할 수 있다. 예를 들면 지역 간 주민 분쟁이나 갈등이 정책으로 인해 4배 좋아졌다고 말할 수 없으며, 또한 사회정의가 정책으로 인해 5백만 원만큼 구현되었다고 할 수 없다. 이와 같이 계량화 불능효과는 경제적 가치를 나타낼 수 없으며 어떠한 기준이나 수치로 나타낼 수도 없는 효과들을 말한다.

• 가치화 불능효과

정책의 효과를 계량적으로 측정할 수는 있으나 그 효과를 금전적 가치로 나타낼 수 없는 효과를 가치화 불능효과라 한다. 정책으로 인해 질병 발병률의 저하, 전염병 확산의 감소, 또는 교통체계 개선으로 인한 교통사고율과 사상자의 감소 등이 가치화 불능효과에 해당한다고 할 수 있다. 예를 들면 어떤 정책으로 인해 콜레라의 발병률이 30% 감소되었음을 계량적으로 측정할 수 있으나, 그 발병률의 감소가 5억 원의 편익을 사회에 제공하였다고 표현할 수 없다. 또한 교통체계 개선으로 인해 교통사고율이 정책 전보다 50% 감소되었다고 측정할 수는 있으나 그로 인해 50억 원의 편익이 사회에 발생하였다고 할 수 없다.

이와 같이 가치화 불능효과를 금전적 가치로 나타낼 수 없는 가장 근본적 이유는 바로 효과들에 대한 시장이 존재하지 않기 때문이다. 인간 생명이나 오염물질에 대한 시장이 존재하지 않으므로 사망률이나 질병의 발병률 등과 같이 인간 생명과 건강 그리고 환경오염에 직접 관계되는 정책효과를 금전적 가치로 나타내는 데 문제가 따른다. 다시 말해서 정책효과들에 대한 시장이 존재하지 않음은 바로 그 효과들에 대한 시장가격이 없음을 가리킨다. 그리고 시장가격이 없기 때문에 정책효과를 금전적 가치로 측정할 수 없게 되는 것이다.

만일 가치화 불능효과에 대해 시장이 존재한다면 바로 그 효과의 시장가격은 존재할 것이며, 정책의 효과는 시장가격을 바탕으로 쉽게 금전적 가치로 나타낼 수 있게 된다. 그러므로 가치화 불능효과는 시장이 존재하지 않는 효과라 말할 수 있다(시장이 존재하지 않는 효과들에 대해 최근에는 많은 연구자들이 가상의 시장을 조성하여 정책효과를 금전적 가치로 측정하려는 시도를 하고 있다. 이에 대해서는 이 책의 제 9장에서 자세히 설명된다).

• **시장재 효과**

우리가 흔히 시장에서 구입할 수 있는 재화나 서비스는 그들의 가격이 있기 때문에 그들의 사회적 가치를 쉽게 파악할 수 있다. 그러므로 어떤 정책이 재화나 서비스의 시장에 변화를 일으켰을 때, 그의 효과는 시장 가격에 의해 명확하게 측정될 수 있다. 이와 같이 가격에 의해 측정될 수 있는 효과를 시장재 효과라 한다.

위에서 언급하였듯이 시장재 효과란 그 효과에 대한 단위가격이 존재하므로 효과를 가치화하는 데는 큰 어려움이 없다. 예를 들면 어느 지역에 도로가 2차선에서 4차선 도로로 확장되어 사람들의 통행시간이 기존에 비해 30% 단축되었다고 하자. 통행시간의 단축은 바로 노동자들이 생산에 투입할 수 있는 시간의 확장이므로 이 정책의 효과는 노동시장에서 형성되어 있는 시간당 임금수준을 기준으로 금전적 가치로 나타낼 수 있다. 그러므로 도로의 확장은 예를 들어 사회에 5억 원의 편익을 발생시킨다라고 구체적인 가치로 표현할 수 있다.

정책효과를 구분할 때 분석자가 직면하는 문제는 바로 각 효과의 구분이 명확하지 않다는 점이다. 다시 말해 계량화 불능효과와 가치화 불능효과, 그리고 가치화 불능효과와 시장재 효과를 명확하게 구분해 주는 기준이 없다.

특히 현실적으로 정책분석에서 분석자들이 갖는 어려움은 정책의 효과 중 가치화 불능효과에 해당하는 효과들에 대해 어디까지 금전적 가치를 부여할 수 있는 것인가에 있다. 이에 대해서 분석자는 정책효과의 특징과 가치화의 가능성 그리고 가치측정방법 등을 고려하여 각 효과의 범위를 구분해야 한다.

|표 3-3| 정책효과의 구분

구분	계량화	가치화	예
계량화 불능효과	불가능	불가능	사회정의, 지역 갈등 및 분쟁, 민주화, 개인 자유 등
가치화 불능효과	가능	불가능	전염병의 발병률, 교통사고 발생률, 사망률 등
시장재 효과	가능	가능	재화 및 서비스 시장의 변화

(4) 분석구조

정책효과의 계량분석 범위가 결정되면 다음으로 분석자가 해야 할 것이 바로 분석구조의 결정이다. 분석구조에서 분석자가 결정해야 할 사항은 2가지로 요약된다.

첫째는 항목화된 정책효과의 분석방법을 결정하는 것이다. 이는 바로 정책효과를 어떻게 측정할 것인가 하는 것이다. 이때에는 분석될 정책효과의 구체적 설명과 이를 위한 분석구조를 가급적 명확한 수식으로 나타내야 한다. 예를 들어 도로의 개설이 지역경제에 미치는 효과를 측정한다고 하자. 이 효과를 분석하는 데는 실질적으로 여러 방법이 있겠지만 분석자가 지역의 생산함수와 생산성계수를 이용하여 측정한다면 분석구조는 다음과 같이 표현할 수 있다.

$$Q = A(p_1, \cdots, p_i, \cdots, p_m) F(x_1, \cdots, x_j, \cdots, x_n), \tag{3.1}$$

Q : 지역에서 창출된 총 부가가치,

$A(\cdot)$: 지역 생산성계수,

$F(\cdot)$: 지역 생산함수,

p_i : 지역의 생산성계수를 결정짓는 공공재 i의 양,

x_j : 생산함수에 투입되는 생산요소 j의 양.

식에서 알 수 있듯이 도로는 지역의 생산성계수를 결정하는 요소이므로 결국 도로건설정책이 지역경제에 미치는 영향은 도로 한 단위의 변화로 인한 생산성계수의 변화($\frac{\partial A}{\partial P_{Road}}$), 즉 도로의 한계생산성계수 값을 이용하여 측정할 수 있다. 이를 식으로 표현하면 다음과 같다.

$$dQ = F(\,\cdot\,)(\frac{\partial A}{\partial P_{Road}})dp_{Road},\qquad\qquad(3.2)$$

dp_{Road} : 정책으로 인해 새롭게 공급되는 도로의 규모.

위의 식에서 도로건설이 지역경제에 미치는 영향은 우선 지역생산성계수와 도로와의 관계를 실제 자료로부터 식을 도출한 다음 새롭게 공급되는 도로의 규모와 도로의 한계생산성계수 값 그리고 지역의 생산함수를 이용하면 분석될 수 있다. 이와 같이 분석자가 정책의 효과분석 과정을 식으로 표현할 때 분석의 방향과 전개과정은 체계적이며 명확해진다.

분석구조에서 둘째로 분석자가 결정해야 할 것은 바로 정책대안들의 경제성을 나타내는 것과 각 대안들의 결과를 비교하는 방법에 관한 것이다. 경제성은 대안별로 편익 – 비용비, 내부수익률(internal rate of return), 순편익 그리고 점층 편익 – 비용비 (incremental benefit-cost ratio) 등의 지표를 이용하여 분석할 수 있다. 특히 여러 대안이 제시되는 경우 대안들의 결과를 비교하는 방법에 따라 정책결정자가 선택하는 최적대안은 달라질 수 있다. 그러므로 분석자는 일관성 있는 결과를 얻을 수 있도록 평가지표를 선택해야 한다(이에 대해서는 제 4장과 제 5장에서 자세하게 다루어진다).

(5) 민감도 분석 파라미터 선정

정책분석에서는 자재비, 토지비, 공사비, 인건비 등과 같은 파라미터(parameter) 값들이 시간에 따라 변화하는 것이 아니라 일정한 것으로 취급된다(여기서 자재비, 토지비, 공사비, 인건비 등을 단위비용, 즉 원단위를 의미하는 것이므로 파라미터로 취급되었다). 그러나 현실적으로 파라미터 값들은 기술혁신이나 유류파동 그리고 노동조합의 활동 등 경제외적 변화에 따라 변한다. 그리고 이러한 파라미터 값의 변화는 정책분석결과에 큰 영향을 미치게 된다. 따라서 분석결과의 불확실성은 바로 파라미터 값의 불확실성에 기인한다고 할 수 있다

(물론 파라미터 값들의 불확실성은 바로 경제의 불확실성을 가리킨다고 할 수 있다). 파라미터 값의 불확실성에 대해 분석자가 취할 수 있는 방법이 바로 민감도 분석(sensitivity analysis)이다.

민감도 분석이란 파라미터 값의 변화가 최종적 결과에 어떠한 영향을 미치는가를 분석하는 수단이다. 이러한 민감도 분석을 통하여 정책의 경제성은 각 파라미터에 얼마나 민감하게 반응하는가가 나타난다. 그러므로 민감도 분석은 결과를 분석하고 해석하는 데 매우 유용한 방법이며, 분석자들의 통찰력을 높여주는 수단이기도 하다. 민감도 분석을 예를 들어 설명하면 다음과 같다.

어느 정책 P는 토지 1만평 위에 공공을 위한 건물을 건축하는 것으로 건물의 총 규모는 5만 평이라고 한다. 〈표 3-4〉에 제시되었듯이 건물을 건축하기 위해 투입되는 비용을 항목별로 보면 토지비가 7,000백만 원, 인건비가 7,300백만 원 그리고 건물 공사비가 15,000백만 원이라고 한다. 따라서 정책에 투입되는 총비용은 29,300백만 원이다. 그리고 정책 P로부터 발생하는 총편익은 30,000백만 원으로 계산되었다고 한다. 따라서 정책 P가 사회에 제공하는 순편익은 700백만 원이다.

|표 3-4| 정책 P의 항목별 투입비용

구분	단위가격	규모	항목별 비용
토지비	0.7백만 원/평	10,000평	0.7백만 원/평×10,000평=7,000백만 원
인건비	0.1백만 원/인/일	200인/일×365일	0.1백만 원/인/일×200인/일×365일=7,300백만 원
공사비	0.3백만 원/평	50,000평	0.4백만 원/평×50,000평=15,000백만 원
총비용	–	–	29,300백만 원

분석자는 정책 P의 순편익이 가장 민감하게 반응하는 비용 항목이 어느 것인가를 민감도 분석을 통해 알 수 있다. 공사규모가 변하지 않는 상태에서 비용 항목들의 단위가격이 각각 5%씩 증가하는 경우 정책의 순편익은 어떻게 변하는지 살펴보자. 민감도 분석을 통해 비용 항목의 단위가격이 변할 때 정책 P의 순편익 변화는 〈표 3-5〉에 요약되었다.

|표 3-5| 비용항목 변화에 따른 정책 P의 순편익 변화

(단위: 백만 원)

구분	비용	편익	순편익
단위가격들이 변하지 않을 때	29,300	30,000	700
평당 토지가격이 5% 증가할 때	29,650	30,000	350
일인당 인건비가 5% 증가할 때	29,665	30,000	335
평당 공사비가 5% 증가할 때	30,050	30,000	-50

〈표 3-5〉에 보이듯이 투입비가 증가하므로 당연히 정책의 순편익은 감소하게 된다. 그러나 항목별 단위비용이 동일하게 5% 감소되었지만 그것이 정책의 순편익에 미치는 효과는 다르게 나타난다. 평당 공사비가 5% 증가할 때 정책 P의 순편익은 350백만 원으로 감소하며, 일인당 인건비가 5% 증가할 때 정책의 순편익은 335백만 원으로 그리고 평당 공사비가 5% 증가할 때 정책의 순편익은 -50백만 원으로 나타난다. 따라서 정책 P는 평당 공사비에 의해 가장 민감하게 반응함을 알 수 있다.

민감도 분석을 이용하면 경제성을 보장할 수 있는 파라미터의 변화 범위도 계산될 수 있다. 예를 들면, 〈표 3-4〉의 정책 P에서 평당 토지가격이 10%까지 상승하게 될 때 사업의 순편익은 0이 된다. 따라서 토지가격의 상승률에 따른 결정규칙은 다음과 같이 나타낼 수 있다.

$$\text{토지가격 상승률} \begin{Bmatrix} > \\ = \\ < \end{Bmatrix} 10\% \leftrightarrow \text{정책 } P \begin{Bmatrix} \text{기각} \\ \cdot \\ \text{집행} \end{Bmatrix}.$$

같은 방법으로 인건비와 공사비의 경우도 정책의 결정규칙은 다음과 같다.

$$\text{인건비 상승률} \begin{Bmatrix} > \\ = \\ < \end{Bmatrix} 9.59\% \leftrightarrow \text{정책 } P \begin{Bmatrix} \text{기각} \\ \cdot \\ \text{집행} \end{Bmatrix}.$$

$$\text{공사비 상승률} \begin{Bmatrix} > \\ = \\ < \end{Bmatrix} 4.67\% \leftrightarrow \text{정책 } P \begin{Bmatrix} \text{기각} \\ \cdot \\ \text{집행} \end{Bmatrix}.$$

민감도 분석을 위해서는 정책 전반에 걸친 분석체계와 분석과정이 우선적으로 결정되어야 한다. 왜냐하면 민감도 분석은 기본적으로 정책에 대한 비용 - 편익 분석의 결과를 바탕으로 이루어지기 때문이다. 따라서 실제적 민감도 분석은 정책에 대한 비용 - 편익의 분석결과가 제시되는 분석의 마지막 단계, 즉 결정 및 선택 단계에서 이루어진다. 그리고 민감도 분석은 결정된 분석의 틀과 과정을 바탕으로 기존의 파라미터를 변화시킨 파라미터로 대체함으로써 이루어진다. 민감도 분석으로부터 알 수 있는 것은 바로 정책의 경제성에 가장 큰 영향을 미치는 핵심 파라미터(key parameter)의 도출이라고 할 수 있다.

(6) 수집될 자료 결정

분석에 필요한 자료의 선정과 수집은 분석자의 주요 책임 중의 하나이다. 여기서 자료의 선정은 앞에서 결정된 분석구조에 의해 필요한 자료를 결정하는 것이다. 이때 분석자는 분석에 필요한 자료가 타 기관에 의해 조사되어 있는지 아니면 새롭게 조사되어야 할 자료인지를 확인해야 한다. 전자의 경우는 이용될 자료의 명칭과 조사기관 그리고 자료의 특징 등을 명시해야 한다.

여기서 분석자가 유의해야 할 것은 동일한 성격의 자료라 하여도 조사기관에 따라 서로 다를 수 있는 가능성이다. 그러므로 분석자는 어느 기관에서 조사한 자료를 우선 사용할 것인지 아니면 각 기관에서 조사된 자료의 산술 또는 가중평균을 계산하여 분석에 사용한다는 식의 자료 처리방법을 제시해야 한다. 그리고 자료를 새롭게 조사해야 할 경우는 수집대상과 범위 그리고 조사기간 등을 포함한 조사계획을 수립하여야 한다.

3) 제 3단계: 자료수집 단계

분석체계 수립 단계에서 정책분석을 위한 항목들이 결정되면 다음 단계는 분석을 위한 실제 자료를 수집하는 단계이다. 자료수집에 관한 구체적 내용은 앞의 분석체계의 수립 단계에서 모두 이루어지기 때문에 이 단계에서는 앞에서 제시된 방법에 따라 자료를 수집하는 단계이다. 단지 이 단계에서 분석자가 해야 할 가장 기본적인 것은 자료의 구조(format) 결정이다. 자료의 구조는 새로운 자료가 지속적으로 축적될 수 있도록 구성해야 하며, 자료의 어떠한 부분도 쉽게 접근할 수 있도록 설계해야 한다.

그리고 자료의 수집에서 분석자가 유의해야 할 것은 분석에 이용될 자료는 가급적 1차 자료(primary data)이어야 한다는 것이다. 왜냐하면 2차 자료(secondary data)는 1차 자료를 인위적으로 재구성한 것이기 때문에 재구성 과정에서 뜻하지 않는 오류(예를 들면 자료를 재입력하는 과정에서 입력자의 실수로 인해 자료가 잘못 입력되는 오류)가 발생할 가능성이 내포되어 있다. 이는 바로 2차 자료의 사용은 분석결과의 정확성을 떨어뜨릴 가능성이 있음을 가리킨다. 그러므로 이러한 오류의 가능성을 최소화하고 분석의 정확성을 높이기 위해서는 가급적 2차 자료보다는 1차 자료를 분석에 이용하여야 한다.

4) 제 4단계: 분석실시 단계

분석실시 단계에서는 정책의 효과를 비용과 편익으로 구분하고 각 효과를 실질적으로 측정하는 단계이다. 모든 측정값들은 정확하게 계산되어야 하며 측정값에 신뢰성의 문제가 발생할 때 분석자는 문제의 원인 등에 대해 설명하여야 한다. 그리고 정책효과 중 계량화할 수 없는 효과에 대해 분석자는 최소한 정성적(qualitative) 수준에서 그의 효과를 나타내야 한다.

5) 제 5단계: 선택 및 결정 단계

선택 및 결정 단계는 정책결정자가 분석자의 분석결과를 토대로 최종적으로 대안을 선택하는 단계이다. 만일 제시된 대안이 단일 대안인 경우 분석된 결과 편익이 비용보다 크면 그 대안은 정책으로 받아들여지는 것이며, 반대로 편익이 비용보다 작으면 정책선택에서 기각되는 것이다. 그리고 여러 대안이 제시된 경우는 대안 중 사회에 최대의 편익을 제공하는 대안이 선택되어야 한다(이 경우 최적대안 선택방법에 대해서는 제 4장과 제 5장에서 자세히 설명된다). 따라서 선택 및 결정 단계에서 분석자는 정책결정자가 올바른 정책결정을 내릴 수 있도록 정책대안들의 결과를 구체적이면서도 복잡하지 않게 제시해야 한다.

대안들의 결과를 제시할 때는 계량화 가능효과뿐만 아니라 계량화 불능효과에 대해서도 자세히 제시해야 한다. 왜냐하면 앞서 설명하였듯이 계량화 불능효과도 정책의 주요 효과가 될 수 있기 때문이다. 이 단계에서는 분석결과를 효과적으로 제시할 수 있는 결과요약표의 구성이 무엇보다 중요하다.

결과요약표의 구성은 정책의 성격에 따라 변할 수 있으나 표 구성의 기본은 간결하면서도 정책의 모든 효과를 종합적으로 제시할 수 있어야 한다는 것이다. 여기서는 미국 내 필라델피아의 CCCC 사업(1976)에서 제시된 분석결과의 요약표를 소개하도록 한다(여기서 말하는 CCCC는 Central City Commuter Connection의 약자이다).

정책결과의 요약표에 대한 설명에 앞서 CCCC 사업의 개요를 설명하면 다음과 같다. 1970년대 필라델피아 내에는 두 개의 광역 전철망이 있었다. 하나는 Reading 회사가 운영하는 노선으로 그 노선은 도시 북측의 여객 교통을 담당하였으며, 다른 하나는 도시 남측의 여객 교통을 담당하는 Penn Central 회사의 노선이었다. (그림 3-5)에 보이듯이 두 노선은 도심에서 서로 연결되지 않았기 때문에 전철 이용자들에게 번거로움과 불편을 제공하고 있었다. 왜냐하면 전철을 이용하여 도시 북측에서 남측 또는 남측에서 북측으로 이동할 때 전철 이용자는 도심에서 1.7mile(2.72km) 이상을 이동해서 갈아타야 하기 때문이었다. 이러한 번거로움과 불편 때문에 자연히 통행자들은 전철보다는 자동차를 교통수단으로 선택하게 되었으며, 그 결과 전철의 교통분담률은 낮았다. 그리고 이는 바로 한정된 도로에 교통량을 증가시켜 결국 도시 내 도로의 혼잡으로 나타났다.

|그림 3-5| 필라델피아의 CCCC 사업

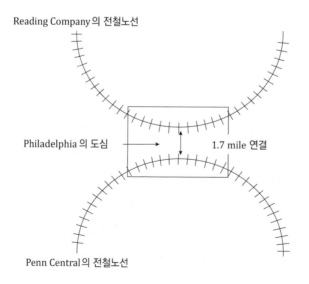

이러한 배경 아래 CCCC 사업은 두 지역 전철노선을 도심에서 연결시키는 사업이었다. 이 사업에 대한 비용과 편익 분석결과는 〈표 3-6〉에 요약된 바와 같다. 우선 표의 구성을 보면 표는 6개의 행과 5개의 열로 구성되어 있다.

첫째 행은 각 열의 명칭을, 그리고 둘째 행은 정책으로 인한 시장재 효과 중 다양하게 가치화된 편익 항목을 나타낸다. 셋째 행과 넷째 행 그리고 다섯째 행은 금전적으로 가치화된 사업의 총 편익과 비용 그리고 이 둘로부터 계산되는 사업의 편익 - 비용비를 각각 나타낸다. 마지막 행은 시장재 효과를 제외한 기타 효과를 나타낸다. 그리고 결과요약표의 첫째 열은 정책의 구체적인 효과 항목들을 제시하는 열이며, 둘째 열은 각 효과를 계량적으로 나타내는 열이고, 셋째 열과 넷째 열은 항목화된 정책효과가 사회에 긍정적인 효과를 제공하는지 아니면 부정적인 효과를 제공하는지를 표시하는 열이다. 그리고 마지막 열은 항목화된 효과의 특징을 설명하는 열이다.

〈표 3-6〉에 보이듯이 정책의 효과는 크게 시장재 효과와 기타 효과로 구분되었다. 여기서 기타 효과는 앞에서 설명한 계량화 불능효과와 가치화 불능효과를 포함하고 있다. 우선 시장재 효과 중 편익은 CCCC 사업으로 인해 누가 무엇을 얼마만큼 얻는가를 구체적인 금전의 가치로 제시하고 있다. 즉, CCCC 사업으로 인해 발생하는 편익을 전철운행자의 편익, 전철이용자의 편익, 도로이용자의 편익 그리고 도로관리자의 편익으로 구분하여 계산한 결과 CCCC 사업은 사회에 368.8백만 달러의 총편익을 제공하는 것으로 분석되었다. 반면 사업에 투입된 비용은 175.7백만 달러로 계산되어 결국 이 사업은 편익이 비용에 비해 2.1배 더 발생하는 것으로 나타났다.

CCCC 사업의 편익과 비용에 직접적으로 고려되지 않은 효과들을 기타 효과로 제시하였다. 기타 효과로는 전철운행자의 수익증가와 지역 및 도시에서 발생하는 편익, 개발편익 그리고 환경편익으로 구분하였다. 여기서 전철운행자의 수익이나 개발편익에 대해서는 사업의 효과를 구체적으로 계산하였지만 그 효과는 사업의 실제적인 편익으로 계산하지 않았다. 왜냐하면 전철회사의 수익증가는 바로 택시나 버스회사의 수익감소를 가져오며, 도심에서의 고용증대, 소득 및 재산세 등과 같은 세입 증대는 바로 다른 지역의 소득 및 재산세 등의 세입 감소로 이루어지는 이전소득의 성격을 가지고 있기 때문이다.

CCCC 사업이 지역/도시에 미치는 편익은 실질적으로 계량화 작업이 어려운 항목들이므로 여기서는 단지 그 효과가 사회적으로 부정적인지 아니면 긍정적인지만을 표시하였다. 마지막으로 환경편익에 해당하는 항목들의 효과들에 대해서는 계량적 분석결과의 제시와 함께 그것이 사회에 긍정적 또는 부정적 효과를 미치는지에 대해서만 표시하였다.

〈표 3-6〉과 같은 정책의 결과요약표로부터 정책결정자는 제시된 대안의 결과에 대해 정확한 이해를 할 수 있으며, 그에 따라 올바른 대안을 정책으로 선택할 수 있다.

|표 3-6| 필라델피아 CCCC사업의 결과 요약표

효과	금액 (백만 달러)	긍정적 효과	부정적 효과	비고
I. 시장재 효과				
1. 전철회사				
운행비용 절감	34.0	O		
2. 전철이용자				
통행시간 절감	93.4	O		
자동차 유지비 절감	47.4	O		
자동차 소유비용 절감	13.0	O		
자동차 보험 혜택	5.9	O		
도심 주차료 절감	55.6	O		
사고비용 절감	14.9	O		
3. 도로이용자				
통행시간 절감(자동차)	73.8	O		
통행시간 절감(화물자동차)	13.7	O		
자동차 운행비용 절감	8.0	O		
사고비용 절감	7.3	O		
4. 도로관리자				
관리비용 절감	1.8	O		
총편익(B)	368.8			
총비용(C)	175.7			
편익-비용비(B/C)	2.1			

계속

효과	금액 (백만 달러)	긍정적 효과	부정적 효과	비고
II. 기타효과				
1. 전철회사				
수익증가	–	O	O	이전소득
2. 지역/도시				
타 투자정책의 집행 용이성	–	O	O	이전소득
도로건설비용의 절감	–	O		
전철이용자의 안락감 증대	–	O		
원활한 교통체계 운용	–	O		
3. 개발편익				
고용증대(명)	20,000~22,000	O	O	이전소득
재산세 수입증대	57.3	O	O	이전소득
소득세 수입증대	12.5	O	O	이전소득
기타 수입증대	62.9	O	O	이전소득
4. 환경편익				
대기오염	reduced	O		
교통 에너지 수요	31% 감소	O		
수질오염	–	neutral		
소음 및 진동	–	neutral		

4. 요약

공공정책의 효과는 경제적 효과, 사회적 효과 그리고 환경적 효과 등 사회의 모든 면에서 광범위하게 나타난다. 따라서 이러한 정책의 효과를 분석하기 위해서는 분석자의 논리적 분석과정 전개가 가장 중요하다. 왜냐하면 정책분석이란 바로 상식을 체계화하는 과정으로 정의되기 때문이다.

이 장에서는 정책분석의 전반적인 과정과 그의 구조에 관해 설명하였다. 기본적 정책분석방법으로 벤저민 프랭클린이 제시한 신중 대수학 또는 도덕 대수학의 방법을 소개하였으며, 그의 방법을 좀 더 구체화하고 일반화시켜 정책분석의 5단계 과정에 대해 설명하였다. 분석의 5단계 과정이란 정책정의, 분석체계 수립, 자료수집, 분석실시, 그리고 선택 및 결정 단계를 말한다. 이 장에서는 각 단계에서 분석자가 고려해야 될 내용에 대해 설명하였다.

제 4 장

결과분석법

결과분석법

1. 서론

정책의 효과는 종국적으로 편익과 비용으로 요약되며, 대안별로 비용과 편익이 서로 다르게 측정된다. 다시 말해 대안 중에는 적은 비용을 투입하여 많은 편익을 얻는 대안이 있는 반면 그렇지 못한 대안도 있기 때문에 각 정책대안에 투입되는 비용과 그로부터 발생하는 편익의 관계를 일반화시키기는 어렵다.

분석자는 제시된 대안 중 어느 대안이 사회복지를 극대화시킬 수 있는 최적의 대안인가를 선택해야 한다. 분석자에게는 각 대안들의 편익과 비용을 정확하게 측정하는 것도 중요하지만 대안들의 분석결과를 가지고 최적의 대안을 선정하는 것도 동일하게 중요하다. 왜냐하면 만일 이 단계에서 최적의 대안이 선택되지 않는다면 각 정책대안에 대한 비용 – 편익 분석 자체가 무의미해지기 때문이다.

분석자가 정책대안들의 결과를 비교하여 최종 정책을 선택하는 데 널리 사용되는 경제성 평가지표로는 편익 – 비용비(benefit-cost ratio), 순편익(net benefit) 그리고 내부수익률(internal rate of return) 등이 있다. 이 장에서는 이러한 지표들을 이용하여 분석자가 제시된 대안 중 어느 대안이 가장 적절한 것인가를 선택하는 방법에 대해 설명한다. 여기서 각 대안들의 총편익(B)과 총비용(C)은 식 (4.1)과 같이 계산되며, 각각의 항목들은 모두 적절하게 측정되었다고 가정한다.

$$B = \sum_i B_i, \quad C = \sum_j C_j. \tag{4.1}$$

B_i는 i 항목의 편익을, 그리고 C_j는 j 항목의 비용을 말한다.

2. 편익 - 비용비와 순편익

편익 - 비용비는 정책의 총편익을 정책에 투입된 총비용으로 나눈 값, 즉 단위비용당 발생된 편익을 의미한다. 정책대안의 편익 - 비용비가 1보다 크면 그 대안은 비용에 비해 더 큰 편익이, 그리고 편익-비용비가 1보다 작은 대안은 비용에 비해 낮은 편익이 발생함을 가리킨다. 그러므로 전자의 경우는 정책으로 의미가 있으며, 후자의 경우는 자원의 비효율적인 활용이므로 정책선택 대상에서 제외되어야 한다. 그리고 편익 - 비용비가 1인 대안은 사회의 복지수준에 아무런 영향을 미치지 못함을 가리킨다. 요약하면, 편익 - 비용비에 의한 정책선택의 규칙은 식 (4.2)와 같이 표현할 수 있다.

$$B/C \begin{Bmatrix} > \\ = \\ < \end{Bmatrix} 1 \Leftrightarrow \begin{Bmatrix} 정책선택 \\ ? \\ 정책기각 \end{Bmatrix}. \tag{4.2}$$

편익 - 비용비와 함께 대안들을 비교하여 정책으로 선택하는 데 자주 사용되는 평가지표는 순편익(net benefit, NB)이다. 이는 정책의 총편익과 총비용의 규모를 식 (4.3)과 같이 단순 비교하여 계산하는 것이다.

$$NB = B - C. \tag{4.3}$$

순편익이 0보다 크면 그 정책대안은 사회에 순편익을 발생시키므로 정책의 가치가 있음을, 반대로 0보다 작으면 정책대안은 사회에 편익보다는 비용을 더 발생시키므로 정책으로 가치가 없음을 나타낸다. 그리고 순편익이 0이면 대안이 정책으로 집행되었을 때 사회 전체의 복지변화는 없음을 의미한다. 따라서 순편익에 의한 정책선택의 규칙도 앞의 편익 - 비용비의 경우와 마찬가지로 식 (4.4)와 같이 표현될 수 있다.

$$B - C \begin{Bmatrix} > \\ = \\ < \end{Bmatrix} 0 \Leftrightarrow \begin{Bmatrix} 정책선택 \\ ? \\ 정책기각 \end{Bmatrix}. \qquad (4.4)$$

편익 - 비용비와 순편익을 비교하면, 전자는 정책에 투입되는 비용의 효율성을 의미하는 데 반해, 후자는 비용에 대한 편익의 규모를 나타내는 것이라 할 수 있다. 그러나 식 (4.4)에서 총비용을 우변으로 이항한 다음, 양변을 총비용으로 나누면 그 결과는 식 (4.2)와 같아짐을 알 수 있다. 따라서 편익 - 비용비와 순편익은 서로 별개의 개념이 아니라 서로 동일시될 수 있는 개념이다. 그러면 이 두 기준에 의해 대안의 선택은 어떻게 이루어지는지 살펴보자. 여기서는 제시된 정책대안이 오직 하나인 경우와 여러 가지인 경우로 구분하여 설명한다.

1) 단일 대안이 제시된 경우

정책의 목표를 달성하기 위해 제시된 대안이 오직 하나인 경우 선택규칙은 매우 간단하다. 왜냐하면 그 선택은 바로 예(yes) 또는 아니오(no)로 요약될 수 있기 때문이다. 즉, 비용의 효율성 정도나 순편익의 규모에 관계없이 정책결정자는 대안의 편익 - 비용비가 1보다 크거나 순편익이 0보다 크면 정책으로 선택하고, 그렇지 않을 때는 기각시키면 된다. 예를 들어, 어느 정책대안 A의 총편익과 총비용이 〈표 4-1〉에 보이듯이 각각 1,500백만 원과 1,000백만 원으로 분석되었다고 하자. 표에 제시된 분석결과를 편익 - 비용비와 순편익으로 나타내면 〈표 4-2〉와 같다.

| 표 4-1 | 정책의 편익과 비용표

(단위: 백만 원)

제시된 대안	편익(B)	비용(C)
A	1,500	1,000

| 표 4-2 | 각 대안별 편익-비용비와 순편익

구분	편익과 비용 비교	비고
B/C	1.5	정책으로 선택
NB	500백만 원	정책으로 선택

〈표 4-2〉는 대안 A가 정책으로 선택되면 그 정책은 투입되는 비용의 1.5배의 편익을 사회에 제공하며, 증가된 사회복지는 500백만 원임을 나타낸다. 따라서 제시된 대안은 편익 - 비용비와 순편익으로 볼 때 정책으로 의미를 가지므로 선택되어야 한다. 이와 같이 단일의 대안이 제시되었을 때 편익 - 비용비와 순편익에 의한 결과는 항상 동일하다.

2) 여러 대안이 제시된 경우

정책의 목표를 달성하기 위해 여러 대안이 제시되는 경우는 앞에서 설명한 단일 대안의 경우보다 선택규칙이 복잡해진다. 왜냐하면 이용되는 경제성 평가지표에 따라 대안들의 우선순위가 달라질 수 있기 때문이다. 그러면 여러 대안이 제시된 경우 정책선택은 어떻게 이루어지는지 예를 들어 설명해 보자. 어떤 정책의 목표를 달성하기 위해 4가지 대안이 제시되었으며 각각에 대한 분석결과는 〈표 4-3〉과 같이 요약되었다고 하자.

| 표 4-3 | 각 정책대안별 편익과 비용 결과표

(단위: 백만 원)

구분	편익(B)	비용(C)
대안 #1	140	100
대안 #2	190	180
대안 #3	160	140
대안 #4	150	120

| 표 4-4 | 각 대안별 편익-비용비와 순편익

구분	B/C	NB(백만 원)
대안 #1	1.40	40
대안 #2	1.06	10
대안 #3	1.14	20
대안 #4	1.25	30

각 대안들의 우선순위를 결정하기 위해 대안들의 편익 – 비용비와 순편익을 계산하면 〈표 4-4〉와 같다. 계산된 대안별 편익 – 비용비와 순편익의 결과를 바탕으로 대안들의 우선순위를 결정하면 다음과 같다.

- B/C에 의한 순위: 대안 #1 > 대안 #4 > 대안 #3 > 대안 #2.
- NB에 의한 순위: 대안 #1 > 대안 #4 > 대안 #3 > 대안 #2.

이와 같이 정책대안들의 순위결정에서 편익 – 비용비나 순편익은 분석자에게 일관성 있는 결과를 제시한다. 이러한 경우 분석자의 선택은 분명해진다. 하지만 여기서의 문제는 이러한 일관성 있는 대안들의 우선순위 결정은 일반적이지 않다는 데 있다. 다시 말해서 대안들의 우선순위 결정에 있어서 일관성 있는 경우도 있고, 그렇지 못한 경우도 있다는 것이다. 예를 들어 설명하면 어떠한 정책의 목표를 추구하기 위해 4가지 대안이 제시되었으며, 각 대안별 편익과 비용은 〈표 4-5〉와 같이 측정되었다고 하자.

| 표 4-5 | 각 정책대안별 편익과 비용 결과표

(단위: 백만 원)

구분	편익(B)	비용(C)
대안 #1	320	240
대안 #2	240	175
대안 #3	140	100
대안 #4	260	187

| 표 4-6 | 각 대안별 편익-비용비와 순편익

구분	B/C	NB(백만 원)
대안 #1	1.33	80
대안 #2	1.37	65
대안 #3	1.40	40
대안 #4	1.39	73

〈표 4-5〉에서 제시된 분석결과를 이용하여 각 대안별 편익 – 비용비와 순편익을 계산하면 〈표 4-6〉과 같다. 계산된 결과를 바탕으로 대안들의 우선순위를 편익 – 비용비와 순편익에 의해 결정하면 다음과 같다.

- B/C에 의한 순위: 대안 #3 > 대안 #4 > 대안 #2 > 대안 #1.
- NB에 의한 순위: 대안 #1 > 대안 #4 > 대안 #2 > 대안 #3.

편익 – 비용비에 의한 순위결정에서 대안 #3은 가장 우선적으로 선택되어야 할 정책대안으로, 그리고 대안 #1은 우선순위에서 가장 낮은 정책대안으로 나타난다. 그러나 순편익을 기준한 대안들의 우선순위는 편익 – 비용비와는 반대로 나타난다. 다시 말해서 대안 #3의 경우는 비용의 효율성 관점에서 볼 때 가장 우수한 정책대안이지만 그것이 정책으로 집행되었을 때 사회에 제공하는 편익의 규모는 가장 작다. 반면, 대안 #1은 비용의 효율성이 가장 낮으나 사회에 제공하는 순편익의 규모는 가장 크다. 이와 같은 경우 선택기준에 따라 대안들의 우선순위가 변하기 때문에 일관성 있는 결과를 기대하기 어렵다. 따라서 분석자는 정책대안 선택에 있어 혼동에 빠지게 된다(이러한 결과에 대한 원인과 대처방법에 대해서는 제 5장에서 자세히 설명된다).

정책대안들의 우선순위 결정에서 어느 기준이 더 적절한가를 가리키는 특별한 이론은 없지만 필라델피아 CCCC 사업(1976)에서 사용한 점층 편익 – 비용비 방법 (incremental benefit-cost ratio method)은 분석자들에게 기준선택에 대한 방향을 제시한다. 이 방법은 한 번에 두 대안씩 묶어서 한 대안에서 다른 대안으로 변경되었을 때 발생하는 편익과 비용의 변화를 바탕으로 대안들의 우선순위를 결정하는 방법이다.

여기서 말하는 점층 편익 – 비용비란 대안 변경에 따른 비용의 한계 편익을 가리킨다. 점층 편익 - 비용비 방법을 이용하여 대안들의 우선순위를 결정하기 위해 분석자가 가장 먼저 해야 할 일이 있다. 그것은 대안들을 비용의 규모에 따라 가장 적은 비용이 투입되는 대안부터 가장 많은 비용이 투입되는 대안까지 오름차순으로 정리하는 것이다. 그리고 처음 두 대안을 선택하여 비용의 변화와 편익의 변화를 계산하고, 그 결과로부터 두 대안의 순위를 결정한다. 이러한 과정을 계속하였을 때 모든 대안들의 순위가 결정된다.

점층 편익 - 비용비를 좀 더 구체적으로 설명하면 다음과 같다. 대안 a와 대안 b가 투입되는 비용의 규모에 따라 정리되었다고 하자. 대안들은 비용의 관점에서 오름차순으로 배열한다고 하였으므로 대안 b의 비용(C^b)은 대안 a의 비용(C^a)보다 크다. 여기서 정책이 대안 a에서 대안 b로 변경된다면 비용은 추가적으로 더 발생하게 된다. 추가되는 비용이란 바로 두 대안 간의 비용의 차이이다.

또한 비용의 변화와 함께 편익에도 변화가 발생한다. 편익의 변화도 비용과 마찬가지로 두 대안의 편익 차이이다. 만일 추가적으로 발생되는 편익이 추가되는 비용보다 큰 경우 대안 a에서 대안 b로의 변경은 사회에 더 많은 편익을 발생시킬 것이다. 그러므로 이러한 경우 대안 b는 대안 a보다 우수한 대안이라고 할 수 있다. 반대인 경우는 대안 a가 대안 b보다 우수하다고 할 수 있다. 그리고 변화되는 비용과 편익이 동일한 경우 두 대안은 서로 동일한 효과를 사회에 제공하므로 두 대안의 우선순위는 동일하다고 할 수 있다. 이와 같은 대안 비교를 통한 순위결정은 식 (4.5)와 같이 표현된다.

$$\frac{\triangle B^{b-a}}{\triangle C^{b-a}} = \frac{B^b - B^a}{C^b - C^a} \begin{Bmatrix} > \\ = \\ < \end{Bmatrix} 1 \Leftrightarrow 대안 b \begin{Bmatrix} > \\ = \\ < \end{Bmatrix} 대안 a, \tag{4.5}$$

단, $C^b > C^a$.

〈표 4-6〉에서 제시된 대안들의 편익과 비용을 바탕으로 점층 편익 - 비용비 방법을 이용하여 대안들의 우선순위를 결정해 보자. 앞서 설명하였듯이 우선 분석자는 비용을 기준하여 대안들을 〈표 4-7〉과 같이 오름차순으로 재배열해야 한다. 비용을 기준으로 대안들이 정리되었으면 앞에서 설명하였듯이 가장 적은 비용이 투입되는 두 대안부터 비교를 시작한다. 비교를 통한 우선순위의 결정과정은 다음과 같다.

| 표 4-7 | 각 정책대안별 편익과 비용 결과표(재배열)

(단위: 백만 원)

구분	편익(B)	비용(C)
대안 #3	140	100
대안 #2	240	175
대안 #4	260	187
대안 #1	320	240

(1) 대안 #3과 대안 #2의 비교

먼저 대안 #3과 대안 #2를 선택하여 식 (4.5)를 적용하여 계산하면 점층 편익 -
비용비는 1보다 크다.

$$\frac{\triangle B^{2-3}}{\triangle C^{2-3}} = \frac{240-140}{175-100} = \frac{100}{75} > 1,$$

$$\therefore 대안 \#2 > 대안 \#3.$$

즉, 대안 #3에서 대안 #2로 정책이 변경된다면 이로 인해 추가로 소요되는 비용
은 75백만 원인 반면, 추가로 발생하는 편익은 100백만 원이다. 따라서 정책이 대안
#3에서 대안 #2로 변경되었을 때 사회는 25백만 원의 순편익을 더 얻게 된다. 그러
므로 대안 #2는 대안 #3에 우선한다고 할 수 있다. 대안 #2가 대안 #3보다 우선한
다고 결정되었기 때문에 다음 단계로는 대안 #2와 대안 #4를 비교해야 한다.

(2) 대안 #2와 대안 #4의 비교

두 대안의 결과를 식 (4.5)에 적용하면 대안 #2에서 대안 #4로 정책이 변경되었
을 때 비용의 한계편익, 다시 말해 점층 편익 - 비용비는 1보다 크게 나타므로 대안
#4는 대안 #2보다 우선한다고 할 수 있다.

$$\frac{\triangle B^{4-2}}{\triangle C^{4-2}} = \frac{260-240}{187-175} = \frac{20}{12} > 1,$$

$$\therefore 대안 \#4 > 대안 \#2.$$

마지막 단계로는 대안 #4와 대안 #1의 비교이다.

(3) 대안 #4와 대안 #1의 비교

두 대안의 비교는 위와 동일한 방법으로 대안 #4에서 대안 #1로 정책이 변경되었을 경우 비용의 한계편익은 1보다 크다. 따라서 대안 #1은 대안 #4보다 우수한 대안이라고 할 수 있다.

$$\frac{\triangle B^{1-4}}{\triangle C^{1-4}} = \frac{320-260}{240-187} = \frac{60}{53} > 1,$$

$$\therefore \ 대안 \ \#1 \ > \ 대안 \ \#4.$$

(4) 대안들의 순위결정

각 대안들의 비교 결과를 종합하면 대안들의 우선순위는 다음과 같이 결정된다.

대안 #1 > 대안 #4 > 대안 #2 > 대안 #3.

점층 편익 – 비용비는 대안들의 비교를 어느 한 대안에서 다른 대안으로 변경할 때 그 변경에 따른 비용의 변화와 편익의 변화를 기준으로 이루어지므로 앞에서 설명한 편익 – 비용비나 순편익보다는 좀 더 상세하고 정확한 대안선택방법이라 할 수 있다. 여기서 독자들은 점층 편익 – 비용법에 의한 대안들의 우선순위와 순편익에 의한 대안들의 우선순위가 동일하다는 사실에 주목하여야 한다.

이와 같은 사실은 특별한 경우에 한해 성립되는 것이 아니라 〈표 4-8〉에서 제시되었듯이 항상 성립되는 결과이다. 이는 순편익에 의한 대안들의 비교는 대안들의 순편익 규모를 단순히 비교하는 의미 이외에도 정책이 한 대안에서 다른 대안으로 변경될 때 발생하는 비용의 한계편익도 포함되었음을 가리킨다. 따라서 제시된 대안들 중 최적의 대안을 선택하기 위한 경제성 평가지표는 편익 – 비용비보다는 순편익에 의한 방법이 더 적절한 방법이라 할 수 있다.

| 표 4-8 | 점층 편익·비용비와 순편익과의 관계

점층 편익 – 비용비를 이용하여 제시된 두 대안(대안 a와 대안 b)의 우선순위 결정은 다음과 같은 조건에 의해 이루어진다.

$$\frac{\triangle B^{b-a}}{\triangle C^{b-a}} = \frac{B^b - B^a}{C^b - C^a} \begin{Bmatrix} > \\ = \\ < \end{Bmatrix} 1.$$

$C^b - C^a > 0$이므로 좌변의 분모를 우변으로 이동하면,

$$B^b - B^a \begin{Bmatrix} > \\ = \\ < \end{Bmatrix} C^b - C^a.$$

다시 같은 대안별로 편익과 비용을 묶어주면,

$$B^b - C^b \begin{Bmatrix} > \\ = \\ < \end{Bmatrix} B^a - C^a.$$

이는 식 (4.3)에 의해 다음과 같이 표현된다.

$$NB^b \begin{Bmatrix} > \\ = \\ < \end{Bmatrix} NB^a \Leftrightarrow \frac{\triangle B^{b-a}}{\triangle C^{b-a}} = \frac{B^b - B^a}{C^b - C^a} \begin{Bmatrix} > \\ = \\ < \end{Bmatrix} 1.$$

따라서 순편익에 의해 결정되는 대안들의 우선순위는 점층 편익 – 비용비에 의한 결과와 동일하다.

3. 순현재가치법

공공 투자정책으로 인한 편익과 비용의 발생은 시간을 두고 발생한다. 초기에는 주로 비용이 발생하지만 투입되는 비용의 규모는 시간이 지남에 따라 감소되고 대신 편익의 규모는 증가한다. 이와 같이 시간대별로 발생하는 정책의 편익과 비용은 〈표 4-9〉와 같이 나타낼 수 있다.

〈표 4-9〉에서 행(row)은 항목들의 시간대별 효과를 그리고 열(column)은 특정 시

점에서 발생하는 항목별 효과를 가리킨다. 따라서 행의 합은 정책으로 인한 항목의 총 효과를 그리고 열의 합은 특정시점에서 발생하는 편익과 비용을 말한다. 그러므로 앞에서 제시된 식 (4.1)은 〈표 4-9〉에서 마지막 열의 편익과 비용을 표시한 것이다. 여기서의 문제는 시간대별로 측정된 항목들의 효과 계산에 있다. 즉, 정책으로 인한 항목 i또는 j의 효과는 식 (4.6)과 같이 시간에 관계없이 시간대별로 측정된 값들을 단순 합산하여 나타낼 수 있는가 하는 것이다.

|표 4-9| 시간대별 정책의 편익과 비용

항목 \ 시간		0	1	⋯	t	⋯	T	계
편익	1							B_1
	⋮							⋮
	i				B_{it}			B_i
	⋮							⋮
	n							B_n
비용	1							C_1
	⋮							⋮
	j				C_{jt}			C_j
	⋮							⋮
	m							C_m
계		NB_0	NB_1	⋯	NB_t	⋯	NB_T	

주: $B_{it}=$ t시간대에 발생한 항목 i의 편익,
    $C_{jt}=$ t시간대에 발생한 항목 j의 비용,
    $NB_t =$ t시간대의 순편익, $NB_t = \sum_i B_{it} - \sum_j C_{jt}.$

$$B_i \begin{Bmatrix} = \\ \neq \end{Bmatrix} B_{i0} + B_{i1} + \cdots + B_{it} + \cdots + B_{iT}, \tag{4.6}$$

$$C_i \begin{Bmatrix} = \\ \neq \end{Bmatrix} C_{j0} + C_{j1} + \cdots + C_{jt} + \cdots + C_{jT}.$$

이 장은 정책대안들의 총편익과 총비용이 적절하게 계산되었다는 가정과 함께 시작한다. 여기서 적절하게 계산되었다는 것은 시간대별로 달리 발생하는 편익과 비용의 계산에서 시간의 투자가치가 고려되었음을 의미한다. 시간의 투자가치에 대해 독자들의 이해를 돕기 위해 일반적 사실을 생각해 보자. 만일 현재 시점에서 1,000만 원의 1년 후 가치는 원금 1,000만 원과 그의 이자를 합한 금액이 될 것이다(물론 여기서는 1,000만 원을 1년 동안 땅속에 묻어 두는 어리석은 사람은 없다고 가정한다). 따라서 1년 후의 총금액은 이자율에 따라 차이는 있겠지만 분명 1,000만 원보다는 큰 금액이 될 것이다.

만일 1년 후 어떤 금액이 1,000만 원이라면 이 금액의 현재가치는 1,000만 원보다 작은 금액이 되어야 한다. 왜냐하면 1년 후의 1,000만 원이란 현시점부터 1년 동안 발생한 이자 금액이 포함되어 있는 금액이기 때문이다. 이와 같이 어떠한 금액의 가치는 시간에 따라 증가한다. 이는 시간의 투자가치가 존재함을 가리킨다. 그러므로 정책으로 인한 효과가 시간대별로 달리 발생하는 경우 정책의 각 효과들은 식 (4.7)과 같이 시간을 고려함 없이 측정된 값들을 단순히 합산하여 나타낼 수 없는 것이다.

$$B_i \neq B_{i0} + B_{i1} + \cdots + B_{it} + \cdots + B_{iT}, \tag{4.7}$$

$$C_j \neq C_{j0} + C_{j1} + \cdots + C_{jt} + \cdots + C_{jT}.$$

이 절에서는 시간대별로 달리 발생하는 편익과 비용에 대해 대안들을 평가하는 방법으로 현재가치법과 내부수익률법을 설명한다.

1) 현재가치법이란?

공공 투자정책의 효과는 시간대별로 서로 다르게 발생하기 때문에 분석자는 정책평가를 위해 어느 한 시점을 평가의 기준 시점으로 정해야 한다. 기준 시점의 설정은 현재와 정책의 종료시점으로 정하는 방법이 있다. 전자의 경우 발생하는 모든 항목의 편익이나 비용의 가치는 현재 시점으로 전환되기 때문에 이 방법을 후방접근법(backward approach) 또는 현재가치법(present value method)이라 한다. 반면, 후자의 경우 발생하는 편익과 비용은 모두 분석자가 설정한 마지막 시점으로 전환되기 때문에 이 방법을 전방접근법(forward approach)이라 한다. 공공 투자정책의 비용 – 편익 분석에서는 현재가치법을 주로 사용한다.

|표 4-10| 기준 시점설정에 따른 접근법의 구분

구분　시간	0	⋯	t	⋯	T
전방접근법	0 ⋯⋯⋯⋯⋯⋯⋯⋯⋯⋯⋯⋯⋯⋯⋯⋯⋯⋯⋯⋯⋯⟩				
후방접근법	⟨ ⋯⋯⋯⋯⋯⋯⋯⋯⋯⋯⋯⋯⋯⋯⋯⋯⋯⋯⋯⋯ 0				

시간의 투자가치를 연 r%라고 할 때 현재금액 V의 시간에 따른 변화는 다음과 같이 나타낼 수 있다.

현재가치:　　　　　　$V = V_0$,

1년 후의 가치:　　　$V_1 = (1+r)\,V_0$,

2년 후의 가치:　　　$V_2 = (1+r)\,V_1 = (1+r)^2 V_0$,　　　　　　　　(4.8)

⋯⋯⋯⋯⋯⋯⋯⋯⋯⋯⋯⋯⋯

$n-1$년 후의 가치:　$V_{n-1} = (1+r)\,V_{n-2} = (1+r)^{n-1} V_0$,

n년 후의 가치:　　$V_n = (1+r)\,V_{n-1} = (1+r)^n V_0$.

위의 식으로부터 현재가치와 장래가치의 일반적인 관계는 식 (4.9)로 나타낼 수 있다. 여기서 시간의 투자가치는 바로 장래의 가치를 현재의 가치로 전환할 때 할인하는 할인율(discount rate)과 동일하다.

$$V_0 = \frac{V_n}{(1+r)^n}.\qquad\qquad\qquad(4.9)$$

현재가치와 장래가치와의 관계를 그림으로 나타내면 (그림 4-1)과 같다. 그림에서 곡선은 V_0의 가치가 시간에 따라 어떻게 변하는 지를 그리고 n년 후의 가치 V_n이 어떻게 V_0로 할인되는지를 나타낸다.

곡선상에 있는 모든 점들의 현재가치가 V_0이기 때문에 곡선상에서의 이동은 실질적으로 가치의 변화에 아무런 영향을 주지 않는다. 이러한 곡선을 무차별가치곡선(indifference curve of a value)이라고 부르기로 한다. (그림 4-1)에서 Y축상의 모든 점들이 현재가치를 나타내기 때문에 무차별가치곡선은 Y축상의 각 점에 대해 존재한다.

그러므로 무차별가치곡선은 (그림 4-2)와 같이 무수히 많이 존재한다.

|그림 4-1| 무차별가치곡선

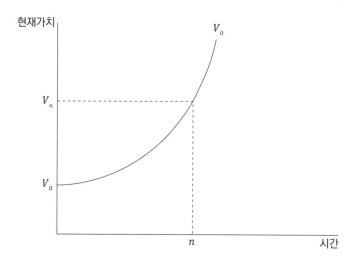

|그림 4-2| 다양한 무차별가치곡선

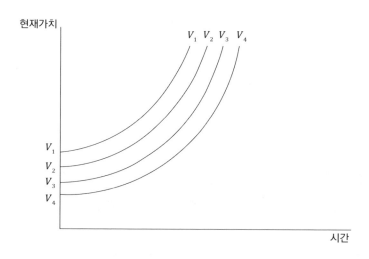

　　무차별가치곡선의 기울기는 할인율에 따라 정해진다. 높은 할인율의 경우 장래의 가치는 큰 폭으로 할인되어 현재가치로 전환되기 때문에 무차별가치곡선의 기울기는 (그림 4-3)의 (a)와 같이 급하게 나타난다. 반면 할인율이 낮은 경우 장래의 가치가 현재의 가치로 전환될 때 할인되는 폭이 작게 되어 무차별가치곡선의 기울기는 (그림 4-3)의 (b)와 같이 완만하게 나타난다.

|그림 4-3| 무차별가치곡선의 기울기

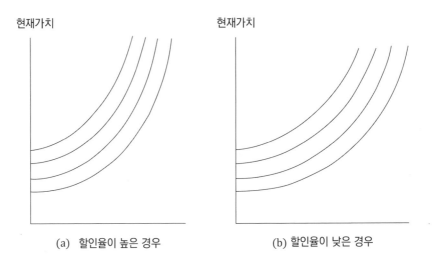

(a) 할인율이 높은 경우   (b) 할인율이 낮은 경우

〈표 4-11〉은 장래가치가 할인율에 따라 현재가치로 전환되는 예를 보이고 있다. 표에서 알 수 있는 것은 높은 할인율은 장래가치를 크게 할인하며 낮은 할인율은 장래의 가치를 작게 할인한다는 것이다. 예를 들어, 〈표 4-11〉에서 25년 후 100의 가치를 현재가치로 전환할 때, 할인율이 5%인 경우는 29.53이지만, 할인율이 20%일 때는 그의 현재가치는 1.05임을 알 수 있다. 이와 같이 할인율은 정책의 편익과 비용의 규모를 결정하는 데 큰 영향을 준다.

|표 4-11| 할인율과 할인폭

할인율 연도	r=5%일 때 현재가치	r=10%일 때 현재가치	r=15%일 때 현재가치	r=20%일 때 현재가치
V_5=100	78.35	62.09	49.72	40.19
V_{10}=100	61.39	38.55	24.72	16.15
V_{15}=100	48.10	23.94	12.29	6.49
V_{20}=100	37.69	14.86	6.11	2.61
V_{25}=100	29.53	9.23	3.04	1.05

주: V_n=n연도의 가치

요약하면, 시간은 투자가치를 가지고 있기 때문에 식 (4.7)의 정확한 표현은 식 (4.10)과 같다.

$$B_i = \frac{B_{i0}}{(1+r)^0} + \frac{B_{i1}}{(1+r)^1} + \cdots + \frac{B_{iT}}{(1+r)^T}, \qquad (4.10)$$

$$= \sum_{t=0}^{T} \frac{B_{it}}{(1+r)^t},$$

$$C_j = \frac{C_{j0}}{(1+r)^0} + \frac{C_{j1}}{(1+r)^1} + \cdots + \frac{C_{jT}}{(1+r)^T},$$

$$= \sum_{t=0}^{T} \frac{C_{jt}}{(1+r)^t}.$$

그러면 현재가치법으로 정책대안들을 평가하는 방법을 예를 들어 설명해 보자. 어느 정책대안의 효과를 분석한 결과는 〈표 4-12〉와 같다고 하자. 할인율이 연 10%라면 이 대안은 정책으로 선택되어야 하는지 아니면 기각되어야 하는지를 결정해 보자.

| 표 4-12 | 대안의 편익과 비용

(단위: 백만 원)

구분 \ 연도	0	1	2	3
편익	0	0	15	30
비용	20	10	2	1

식 (4.10)을 적용하여 대안의 현재가치 기준의 총편익과 총비용을 구하면 다음과 같다. 제시된 대안의 편익 - 비용비는 1.11이며 순편익은 3.44백만 원이다. 그러므로 그 대안은 정책으로 의미가 있으므로 선택되어야 한다.

$$B = \frac{0}{(1+0.1)^0} + \frac{0}{(1+0.1)^1} + \frac{15}{(1+0.1)^2} + \frac{30}{(1+0.1)^3},$$

$$= 34.94 \text{백만 원},$$

$$C = \frac{20}{(1+0.1)^0} + \frac{10}{(1+0.1)^1} + \frac{2}{(1+0.1)^2} + \frac{1}{(1+0.1)^3},$$

$$= 31.50 \text{백만 원}.$$

여러 대안이 제시된 경우도 위와 같은 방법으로 우선순위를 결정할 수 있다. 예를 들어 어떠한 정책의 목표를 달성하기 위하여 3가지 대안이 제시되었으며, 각 대안의 시간대별 편익과 비용은 〈표 4-13〉과 같다고 하자. 편의상 음수는 비용을 그리고 양수는 편익을 가리키는 것으로 한다. 그리고 할인율은 연 10%이다. 〈표 4-13〉에 제시된 자료를 현재가치로 전환하여 결정된 대안들의 우선순위는 〈표 4-14〉에 요약되었다. 대안 #1은 편익 - 비용비 측면이나 순편익 측면에서 가장 우수한 대안이므로 정책으로 가장 우선적으로 결정되어야 하며, 대안 #2는 가장 마지막으로 선택되어야 한다.

|표 4-13| 각 대안별 편익과 비용

(단위: 백만 원)

구분 \ 연도	0	1	2	3
대안 #1	-20	10	8	14
대안 #2	-40	5	30	2
대안 #3	-30	0	0	45

|표 4-14| 각 대안들의 우선순위 결정

구분	편익 (백만 원)	비용 (백만 원)	편익 - 비용비	순편익 (백만 원)	우선순위
대안 #1	26.22	20	1.31	6.22	1순위
대안 #2	30.84	40	0.77	-9.16	3순위
대안 #3	33.81	30	1.13	3.81	2순위

2) 할인율에 따른 대안들의 우선순위

할인율이 변하면 정책으로 선택되는 대안도 달라질 수 있다. 예를 들어, 두 대안이 제시된 경우를 생각해 보자. 한 대안은 편익이 장기적으로 발생하며, 다른 대안의 편익은 정책 초기에 나타난다고 하자. 이러한 경우 어느 대안이 정책으로 선택되어야 하는가? 이 질문에 대한 올바른 해답은 할인율에 따라 대안의 선택이 달라진다는 것이다. 만일 할인율이 주어지지 않았다면 분석자는 적용할 할인율의 범위에 따라 대안들의 우선순위를 제시해야 한다. 두 대안의 시간대별 발생하는 편익과 비용이 구체적으로 〈표 4-15〉와 같다고 한다면 이때 할인율에 따른 두 대안의 우선순위를 결정해 보자.

| 표 4-15 | 측정된 대안들의 편익과 비용

(단위: 백만 원)

구분 \ 연도	0	1	2
대안 #1	−100	0	260
대안 #2	−100	220	0

이 경우 할인율이 정해져 있지 않았기 때문에 대안들의 현재가치 순편익은 다음과 같이 표현된다.

$$PVNB_1 = -100 + \frac{260}{(1+r)^2}, \quad PVNB_2 = -100 + \frac{220}{(1+r)},$$

$PVNB_i$: 대안 i의 현재가치 순편익.

대안별 현재가치의 순편익은 할인율에 따라 변하기 때문에 대안들의 우선순위는 결국 할인율에 의해 결정된다. 만일 할인율이 5%로 결정된 경우 두 대안의 현재가치 순편익은 아래와 같으므로 대안 #1이 정책으로 선택되어야 한다.

대안 #1의 순편익: 135.83백만 원,
대안 #2의 순편익: 109.52백만 원.

만일 할인율이 20%로 결정된 경우 두 대안의 현재가치 순편익은 다음과 같으므로 대안 #2가 정책으로 결정되어야 한다.

대안 #1의 순편익: 80.56백만 원,
대안 #2의 순편익: 83.33백만 원.

위와 같이 할인율에 따라 대안 선택이 변하기 때문에 분석자는 할인율에 따른 대안 선택의 범위를 분명하게 명시해야 한다. 이를 위해서는 우선 두 대안의 현재가치 순편익을 동일하게 만드는 할인율($\bar{r}$)부터 찾아야 한다.

$$PVNB_1 = PVNB_2.$$

(그림 4-4)에 보이듯이 두 대안들의 현재가치 순편익을 동일하게 만드는 할인율 ($\bar{r}$) 은 0.18이다. 또한 할인율에 따른 대안들의 우선순위는 〈표 4-16〉과 같다.

|**그림 4-4**| 할인율에 따른 현재가치의 순편익(두 대안이 제시된 경우)

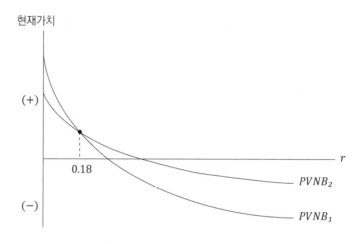

|**표 4-16**| 할인율에 따른 대안 우선순위(두 대안인 경우)

할인율(r)의 범위	대안 우선순위
$r < \bar{r}$	대안 #1 > 대안 #2
$r = \bar{r}$	대안 #1 = 대안 #2
$r > \bar{r}$	대안 #1 < 대안 #2

두 개 이상의 대안이 제시된 경우도 할인율에 따라 변하는 대안들의 순편익을 기준으로 대안들의 우선순위를 결정할 수 있다. 만일 대안들의 순편익이 (그림 4-5)와 같이 제시되었다면 대안들의 우선순위는 할인율의 범위에 따라 〈표 4-17〉과 같이 결정된다.

|그림 4-5| 할인율에 따른 현재가치 순편익(세 대안이 제시된 경우)

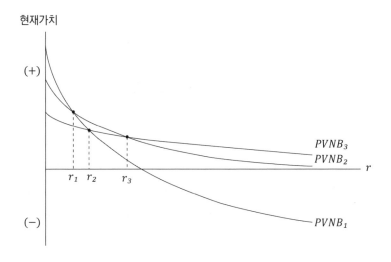

|표 4-17| 할인율에 따른 대안 우선순위(세 대안인 경우)

할인율(r)의 범위	선택 규칙
$r < r_1$	대안 #1 > 대안 #2 > 대안 #3
$r = r_1$	대안 #1 = 대안 #2 > 대안 #3
$r_1 < r < r_2$	대안 #2 > 대안 #1 > 대안 #3
$r = r_2$	대안 #2 > 대안 #1 = 대안 #3
$r_2 < r < r_3$	대안 #2 > 대안 #3 > 대안 #1
$r = r_3$	대안 #2 = 대안 #3 > 대안 #1
$r > r_3$	대안 #3 > 대안 #2 > 대안 #1

3) 최적시기 선택법

시간에 따라 재화의 가치가 성장하는 경우 생산자에게 최대의 순편익을 가져오는 시기를 선택하는 방법에 대해 살펴보자. 여기서 말하는 재화는 초기에 일정한 비용을 투입한 후 시간이 흐름에 따라 그의 가치가 계속 성장하는 특징을 갖는다. 이러한 특징을 갖는 재화로는 나무나 포도주 등이 있다. 나무의 경우는 초기에 씨앗을 구입하여 땅에 심은 후 적당한 온도와 수분이 주어지면 나무는 성장하게 되고, 그에 따라 그의 가치도 증가하게 된다. 그리고 창고에 보관되는 포도주의 경우도 마찬가지로 시간이 흐름에 따라 포도주의 향기는 변하게 되고, 그 변화되는 향기에 따라 포도주의 가치는 높아지게 된다.

이러한 가치의 성장은 (그림 4-6)과 같이 나타낼 수 있다. 즉, 그림에서 비용(OC)은 초기에 씨앗 또는 포도 등의 원료 구입에 따른 비용을 나타내며, 시간이 흐름에 따라 성장하는 재화의 가치는 성장곡선 GG'으로 표현된다. 성장곡선에서도 나타나듯이 재화의 가치는 비용 투입 후 급격하게 나타나지 않으며 일정기간이 흐른 후부터 나타나기 시작한다. 왜냐하면 땅에 심어진 씨앗이 나무로서 가치를 갖기 위해서는 얼마간의 기간이 필요하기 때문이다(이는 포도주의 경우도 마찬가지이다). 그리고 여기서는 (그림 4-6)과 같이 재화의 성장이 초기에는 체증적으로 성장하고 어느 시점 후(t)부터는 체감적으로 성장하는 것으로 가정한다.

|그림 4-6| 가치성장곡선

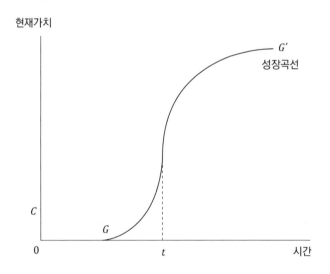

(그림 4-6)과 같은 재화의 성장곡선에 직면한 생산자의 관심은 바로 어느 시기에 재화를 처분할 것인가에 있다. 여기서 처분이란 나무의 경우 나무를 벌목하여 시장에 파는 것을 그리고 포도주의 경우는 창고에 보관 중인 포도주를 판매하는 것이다. 생산자의 이러한 처분시기의 선택은 생산자가 재화의 처분으로 인해 얻게 될 현재가

치 순편익의 규모에 기초한다.

생산자가 재화를 처분하였을 때 그가 얻게 될 현재가치 순편익은 다음과 같이 계산된다. 성장곡선의 모든 점들은 시간에 따른 재화의 가치를 가리키므로 각 점들은 현재가치로 전환될 수 있다. 그리고 전환된 가치는 곧 생산자가 얻을 편익의 현재가치와 동일하기 때문에 순편익은 바로 전환된 현재가치의 편익에 비용(OC)을 감하여 계산된다. 생산자는 성장곡선 상의 모든 점 중에서 최대의 순편익을 얻을 수 있는 점을 재화의 처분시기로 선택한다. 생산자의 이러한 시기선택을 식으로 표현하면 다음과 같다.

$$\underset{t}{Max}.\ PVNB = PVG_t - OC, \qquad\qquad (4.11)$$

PVG_t: t시점의 재화가치를 현재 시점으로 전환한 가치.

생산자의 선택조건은 (그림 4-7)에서 도출될 수 있다. 그림에서는 3개의 무차별가치곡선이 제시되어 있다. 이 중 가장 높은 수준의 무차별가치곡선 V_1은 성장곡선과 만나는 부분이 없다. 이는 재화의 성장이 이러한 가치를 달성할 수 없음을 가리키므로 V_1곡선과 생산자의 재화 처분시기 선택과는 아무런 상관이 없다.

|그림 4-7| 최적처분시기 선택

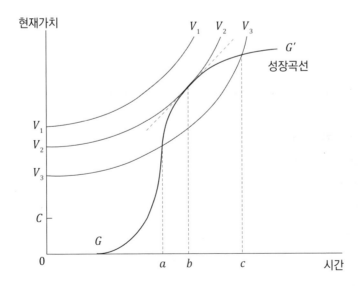

그러면 무차별가치곡선 V_2와 V_3가 성장곡선과 만나는 세 가지 점 a, b, c를 생각해 보자. 우선 각 점에서 성장곡선의 기울기와 무차별가치곡선의 기울기를 비교해 보자. a점에서는 성장곡선의 기울기가 무차별가치곡선의 기울기보다 더 크다. 이는 재화가치의 성장률이 시간의 투자가치보다 큼을 의미하기 때문에 이 점은 실질적으로 순편익이 증가하는 시기를 가리킨다.

c점을 생각해 보자. c점의 경우는 a점과 반대로 성장곡선의 기울기가 무차별가치곡선의 기울기보다 작다. 이때는 재화의 성장률이 시간의 투자가치보다 낮기 때문에 재화의 현재가치는 실질적으로 감소되는 시기이다. 그러면 어느 시기에 생산자는 재화를 처분해야 하는가? 이에 대한 처분시기의 선택 조건은 (그림 4-7)에서 보이듯이 성장곡선의 기울기와 무차별가치곡선의 기울기가 같아지는 점이다. 이 점에서 재화의 가치성장률이 시간의 투자가치와 동일하여, 이때 생산자는 최대의 순편익을 얻는다. 그림에서 이와 같은 조건을 만족하는 점은 바로 b점이다. 따라서 생산자의 선택은 b점에서 이루어진다.

재화처분의 최적시기 선택에 대해 예를 들어 설명해 보자. 어느 재화는 시간에 따라 그의 가치가 〈표 4-18〉과 같이 성장한다고 한다. 그러면 생산자는 어느 시기에 재화를 처분할 것인지 결정해 보자. 여기서 할인율은 연 10%이다.

|표 4-18| 시간대별 재화의 성장

(단위: 백만 원)

연도 구분	0	1	2	3	4	5	6	7
가치성장	-20	0	10	40	60	80	85	90

표에 제시된 재화의 가치성장으로부터 각 연도별 재화의 성장률과 현재가치의 순편익은 〈표 4-19〉에 제시되어 있다. 재화가치는 비용투입 2년 후인 3년째부터 나타난다. 초기에는 연 300%의 높은 가치성장률을 보이지만 그 성장률은 계속 낮아진다. 재화가치의 성장률과 시간의 투자가치가 동일한 시점이 생산자에게 최대의 순편익을 제공하는 시기이므로 생산자는 재화의 가치성장률과 시간의 투자가치(10%)를 비교하여 재화의 처분시기를 선택한다. 〈표 4-19〉에서 보면 재화의 성장률과 시간의 투자가치가 동일해지는 시기는 5년과 6년 사이임을 알 수 있다. 따라서 생산자의 재화처

분 시기는 5년과 6년 사이로 선택되어야 한다.

이를 다시 시간대별 순편익의 변화로 보면 현재가치의 순편익은 5년을 기준으로 증가에서 감소로 변한다. 즉, 생산자가 5년째에 재화를 처분하면 그가 얻을 순편익은 재화의 가치 80백만 원을 현재가치로 전환한 후 비용 20백만 원을 감한 29.67백만 원이 된다. 반면 생산자가 6년 또는 7년째에 재화를 처분한다면 그때의 순편익은 각각 27.98백만 원 그리고 26.18백만 원이다. 그러므로 생산자가 최대의 순편익을 얻을 수 있는 재화 처분시기는 5~6년 사이이다.

| 표 4-19 | 시간대별 재화의 성장률과 순편익

(단위: 백만 원, %)

구분 \ 연도	0	1	2	3	4	5	6	7
성장률	0	0	⋯	300.00	50.00	33.33	6.25	5.83
순편익	-20	-20	-11.74	10.05	20.98	29.67	27.98	26.18

4. 내부수익률

1) 내부수익률이란?

내부수익률(internal rate of return, IRR)은 현재가치법과 마찬가지로 시간대별로 편익과 비용이 발생하는 정책을 평가하는 데 널리 사용되는 방법이다. 여기서 내부수익률이란 현재가치의 편익과 비용을 서로 동일하게 만드는 일종의 할인율을 의미한다. 이를 식으로 표현하면 식 (4.12)와 같다.

$$\sum_t \frac{B_t}{(1+\lambda)^t} = \sum_t \frac{C_t}{(1+\lambda)^t},$$

(4.12)

λ: 내부수익률.

예를 들어, 어느 두 대안의 편익과 비용을 측정하여 순편익을 산정한 결과가 〈표 4-20〉과 같다면 이들의 내부수익률은 아래와 같이 계산된다.

|표 4-20| 대안별 순편익

(단위: 백만 원)

연도	0	1
대안 #1	-20	30
대안 #2	-30	40

대안 #1의 내부수익률: 0.50,

대안 #2의 내부수익률: 0.33.

그러면 여기서 계산된 내부수익률은 대안평가에서 어떠한 의미를 갖는가? 내부수익률이란 앞에서 언급하였듯이 비용을 장차 발생되는 편익과 동일하게 만드는 할인율이기 때문에 내부수익률은 바로 비용의 평균 연 수익률로 해석할 수 있다. 그러므로 내부수익률이 높으면 높을수록 그 대안은 우수한 대안으로 평가받는다. 〈표 4-20〉에 제시된 두 대안의 경우 대안 #1이 대안 #2보다 내부수익률이 높으므로 대안 #1이 우수한 대안으로 평가된다. 이를 일반적으로 나타내면 다음과 같다.

$$\lambda_i \begin{Bmatrix} > \\ = \\ < \end{Bmatrix} \lambda_j \Leftrightarrow 정책\, i \begin{Bmatrix} > \\ = \\ < \end{Bmatrix} 정책\, j,$$

$$\lambda_{i(j)} = 정책\, i(j)의 \; 내부수익률.$$

내부수익률에 의한 기본적 대안 평가는 대안들의 내부수익률과 할인율, 즉 시간의 투자가치와 비교를 통해 이루어진다. 다시 말해, 대안의 내부수익률이 할인율보다 높다면 비용의 수익률이 할인율보다 높다는 것을 의미하므로 그 대안은 실질적으로 가치(편익)를 증가시키는 정책대안으로 볼 수 있다. 이와 반대로 대안의 내부수익률이 할인율보다 낮으면 이는 투자된 비용의 수익률이 할인율보다 작음을 의미하므로 실질적 가치를 감소시키는 정책으로 볼 수 있다.

$$\lambda \begin{Bmatrix} > \\ = \\ < \end{Bmatrix} r \iff 정책 \begin{Bmatrix} 결정 \\ \cdot \\ 기각 \end{Bmatrix}.$$

2) 내부수익률에 의한 최적시기 선택법

생산자의 최적시기 선택은 내부수익률에 의해서도 이루어질 수 있다. 왜냐하면 내부수익률도 시간개념이 포함되어 있기 때문이다. 그리고 무차별가치곡선은 내부수익률에 의해서도 표현될 수 있다.

이 책에서는 내부수익률에 의해 장래의 가치가 동일한 비용으로 전환되는 무차별 가치곡선을 무차별 내부수익률곡선이라 부르기로 한다. 내부수익률이 높을수록 무차별 내부수익률곡선의 기울기는 급하게 되며, 반대로 내부수익률이 낮을수록 무차별 내부수익률곡선의 기울기는 완만하게 된다. 여기서도 (그림 4-6)과 같이 재화의 특성은 초기에 비용이 투입되고 시간이 감에 따라 그 재화의 가치가 성장하는 것으로 전제한다. 다만 내부수익률은 장차 발생할 편익을 비용과 동일하게 만드는 할인율이기 때문에 무차별 내부수익률곡선은 (그림 4-8)에서와 같이 OC로부터 시작된다.

│그림 4-8│ 내부수익률에 의한 최적시기 산정

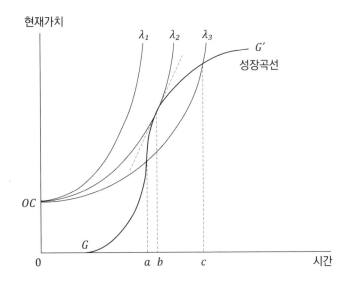

생산자는 최대의 순편익을 얻을 수 있는 시점을 재화의 처분시기로 선택한다. 여기서 최대의 순편익을 제공하는 시기 선택은 바로 성장곡선상의 점 중에서 가장 높은 무차별 내부수익률곡선과 만나는 점이다. (그림 4-8)에서는 3개의 무차별 내부수익률곡선이 제시되었다. 이 중에서 내부수익률이 가장 높은 무차별 내부수익률곡선(λ_1)은 재화의 성장곡선과 만나지 않는다. 이는 재화의 성장이 이러한 가치를 달성할 수 없음을 가리킨다. 그림에서 성장곡선이 λ_2와 λ_3의 무차별 내부수익률곡선과 만나는 3점 중 가장 높은 무차별 내부수익률곡선과 만나는 점은 바로 b점이다. 그러므로 생산자는 재화의 처분시기를 b점으로 선택할 것이다. 이러한 생산자의 시기선택 조건은 바로 성장곡선의 기울기와 무차별 내부수익률곡선의 기울기가 동일해야 한다는 것이다.

3) 내부수익률법의 모순

내부수익률법은 대안들의 평가와 우선순위 결정 그리고 최적시기 선택 등에 유용하게 사용될 수 있는 수단이다. 그러나 여기서의 문제는 현재가치법과의 충돌여부이다. 다시 말해, 내부수익률법과 현재가치법이 서로 동일한 결과를 제시한다면 분석자에게는 아무런 문제가 발생하지 않는다. 문제는 두 방법의 결과가 분석자에게 서로 다른 결과를 제시할 때 발생한다.

분석자는 어느 수단을 이용하는 것이 대안들을 평가하고 최적시기를 결정하는 데 더 적절한가를 결정해야 한다. 현재가치법과 내부수익률법 사이의 우위성(superiority) 판단에 대한 설명은 다음과 같다.

정책기간이 〈표 4-20〉과 같이 2년인 경우 정책의 경제성은 단일의 내부수익률로 나타나게 되지만 정책기간이 n년이라고 한다면 내부수익률은 이론적으로 최대 $(n-1)$개가 될 수 있다. 그러나 연도별로 발생하는 정책의 비용과 편익 규모에 따라 정책기간이 n년이라고 하여도 내부수익률은 단일의 내부수익률이 존재할 수도 있다.

정책의 경제성이 단일의 내부수익률로 계산되는 경우 내부수익률은 문제가 없다고 할 수 있다. 그러나 문제는 정책의 내부수익률이 다수로 발생할 경우이다. 다음과 같은 경우를 생각해 보자. 어느 정책대안 A의 효과는 〈표 4-21〉에 제시된 바와 같다고 한다. 이때의 내부수익률을 구해보자.

| **표 4-21** | 대안 A의 시간대별 순편익 |

(단위: 백만 원)

연도	0	1	2
대안 A	-100	440	-400

식 (4.12)에 의해 계산한 대안 A의 내부수익률은 λ_1=0.28과 λ_2=2.12이다. 여기서 분석자는 두 내부수익률 중 하나를 선택해야 한다. 내부수익률이란 앞에서 언급하였듯이 비용의 평균 연 수익률을 의미한다. 이러한 의미를 고려해 볼 때 위에서 계산한 두 내부수익률 중 λ_2=0.28이 보다 현실적이라 할 수 있다. 왜냐하면 λ_2=2.12는 표에 제시된 현금 흐름표를 고려해 볼 때 상식적으로 너무 높은 비용의 평균 연 수익률을 가리키기 때문이다. 따라서 이러한 경우 분석자는 대안 A의 내부수익률을 0.28로 결정할 수 있다. 그러나 이러한 분석자의 선택을 정당화할 이론적 근거는 없다고 할 수 있다. 또 다른 예를 살펴보자. 어느 대안 B의 정책효과가 〈표 4-22〉와 같이 제시되었을 경우 내부수익률을 계산해 보자.

| **표 4-22** | 대안 B의 시간대별 순편익 |

(단위: 백만 원)

연도	0	1	2
대안 B	-100	440	-105

식 (4.12)에 의해 계산하면 대안 B의 내부수익률은 λ_1=3.03과 λ_2=-0.63이다. 대안 B의 경우 계산된 내부수익률을 가지고 대안을 평가하기란 매우 어렵다. 왜냐하면 현금흐름을 고려해 볼 때 λ_1=3.03은 너무 높은 반면 λ_2=-0.63(손실률 63%)도 현실적으로 맞지 않기 때문이다. 따라서 계산된 두 내부수익률은 서로 상반되는 값을 제시하고 있다. 이러한 경우 내부수익률은 대안평가에 적절한 수단이 아님을 알 수 있다.

또한 내부수익률의 가장 큰 결점은 식 (4.12)에서도 알 수 있듯이 평가기간에 따라 내부수익률의 수가 달라질 수 있다는 것이다. 그리고 계산된 내부수익률 중 정책대안의 경제성을 가장 적절하게 나타내기 위해 어느 것이 선택되어야 하는지에 대해 이론적 설명도 불가능하다.

(그림 4-9)에서 보이듯이 다수의 내부수익률이 존재하는 경우 내부수익률법은 정책의 경제성을 평가하는 데 있어 분석가에게 선택의 혼란을 제공한다. 결론적으로 내부수익률법과 현재가치법을 비교해 볼 때 그들의 사용범위는 매우 유사하나 내부수익률법보다는 현재가치법에 의한 대안의 평가가 더 적절한 방법이다.

|그림 4-9| 기간에 따른 내부수익률의 수

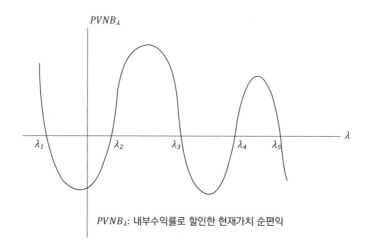

$PVNB_\lambda$: 내부수익률로 할인한 현재가치 순편익

5. 요약

이 장에서는 정책대안들의 효과가 시간대별로 나타날 때 대안들을 평가하고 우선순위를 결정하는 방법에 대해 두 부분으로 구분하여 설명하였다. 첫 번째 부분은 시간대별로 발생하는 다양한 편익과 비용은 모두 적절하게 계산되었다는 가정을 가지고 대안들을 평가하는 방법에 대해 설명하였다. 이때 설명된 대안들의 평가지표는 편익 - 비용비, 순편익, 그리고 점층 편익 - 비용비이다. 그리고 대안들을 평가하는 데 있어서 순편익이 편익 - 비용비보다 더 적절한 지표임을 설명하였다.

두 번째 부분은 대안들의 편익과 비용이 시간대별로 구체적으로 제시되었을 경우 대안들을 평가하는 방법으로 현재가치법과 내부수익률법을 설명하였다. 현재가치법의 경우 시간의 투자가치를 중심으로 장래의 모든 가치를 현재가치로 전환하여 대안들을 평가하고 우선순위를 결정하는 방법이다. 그리고 내부수익률법은 장래에 발생하는 편익과 정책에 투입되는 모든 비용을 동일하게 만드는 할인율을 도출하여 정책대안들의 경제성을 평가하고 대안들의 우선순위를 결정하는 방법이다. 현재가치법과 내부수익률법을 서로 비교해 볼 때 그들의 사용범위는 유사하나 내부수익률방법보다는 현재가치법에 의한 정책대안의 평가가 더 적절한 방법임을 설명하였다.

제 5 장

할인율의 선택과 표준화법

할인율의 선택과 표준화법

1. 서론

공공 투자정책의 가장 기본적인 특징은 정책의 결과가 비용투입과 함께 순간적으로 나타나지 않는다는 것이다. 정책 초기에 비용이 투자되며 그에 따른 편익은 시간을 두고 서서히 발생하게 된다. 이러한 특징은 민간부문의 사업에서도 나타나지만 투자기간과 편익이 발생하는 기간을 비교해 보면 공공부문의 경우가 더 장기적이라 할 수 있다. 이와 같이 정책에 투입되는 비용과 그에 따른 편익의 발생시점이 서로 다르기 때문에 이들을 같은 가치로 비교하기 위해 분석자는 분석의 기준 시점을 결정해야 한다.

분석의 기준 시점을 결정하는 데는 앞 장에서 설명하였듯이 후방접근법과 전방접근법이 있다. 전방접근법이란 분석의 기준 시점을 정책효과의 종료시점으로 정하는 방법이며, 반대로 후방접근법이란 현재를 기준 시점으로 정하는 방법이다. 어느 접근법을 분석자가 이용하든 이를 위해서는 시간의 투자가치가 가장 우선적으로 결정되어야 한다.

후방접근법의 경우는 장래에 발생하는 가치를 현재부터 장래까지 시간의 투자가치만큼으로 할인하고 전방접근법의 경우는 장래에 발생하는 가치를 선정된 기준 시점까지 시간의 투자가치만큼으로 할증시킨다. 따라서 후방접근법의 경우 시간의 투자가치는 할인율로 나타나며, 전방접근법의 경우는 할증률로 나타난다. 그러나 할인율이나 할증률 모두 시간의 투자가치를 나타내므로 이 둘의 차이는 사실 없다.

할인율의 결정이 정책분석에서 갖는 의미는 매우 크다. 특히 다양한 대안이 제시되는 경우에는 더욱 그렇다. 왜냐하면 분석자가 선택하는 할인율에 따라 정책대안들의 우선순위는 앞 장의 〈표 4-16〉과 〈표 4-17〉에서 보였듯이 달라지기 때문이다. 그러면 분석자가 공공정책분석 시 선택해야 할 할인율은 무엇인가? 이것이 바로 이 장에서 다루어지는 중심 주제 중 하나이다.

공공정책의 대상은 사회 내 어느 특정인이나 특정 계층이 아니라 사회 전체가 대상이 된다. 따라서 공공정책의 비용과 편익을 분석할 때 사용되는 할인율은 사회 전체의 시간의 투자가치를 반영해야 한다. 이는 바로 사회 내 모든 구성원들이 동의할 수 있는 사회적 할인율을 정책분석에서 사용해야 함을 의미한다. 이러한 이유 때문에 공공정책에서 사용되는 할인율을 사회적 할인율(social discount rate)이라고 한다.

공공정책분석에 적용되는 사회적 할인율을 결정하는 데 있어 문제는 바로 사회 내 각 개인들 모두가 공감할 수 있는 할인율을 찾기 어렵다는 데 있다. 왜냐하면 각 개인들이 갖는 시간의 투자가치는 각각 다르기 때문이다. 기본적으로 개인이 갖는 시간의 투자가치는 개인의 선호도에 따라 달라진다. 예를 들어 현재의 가치를 장래의 가치보다 더 중요시 여기는 사람이 있는 반면 현재의 가치보다 장래의 가치를 더 중시하는 사람도 있다. 이러한 개인들의 선호도 차이는 개인이 갖는 시간의 투자가치, 즉 할인율이 개인마다 다름을 의미한다.

할인율이 높은 사람은 미래의 가치를 크게 할인하여 현재가치로 전환하므로 그에게 있어 미래가치는 현재 기준으로 볼 때 매우 작아진다. 따라서 높은 할인율을 가진 사람은 현재가치를 미래가치보다 더 중요시 여기게 된다. 반대로 할인율이 낮은 사람은 미래가치를 낮게 할인하기 때문에 미래가치는 그에게 작은 현재가치가 되지 않는다. 그러므로 할인율이 낮은 사람은 미래의 가치를 중요시하게 된다.

앞서 언급하였듯이 사회는 매우 다양한 선호도를 가진 개인들로 구성되어 있으며, 시간의 투자가치도 개인마다 다르다. 사회 구성원들이 가지고 있는 시간의 투자가치가 서로 다르다는 것은 바로 그들의 할인율이 서로 다르다는 것을 의미하며, 이는 사회 내 모든 사람들이 공감할 수 있는 할인율의 도출이 매우 어려움을 가리킨다.

이 장은 크게 두 부분으로 구분된다. 첫 번째 부분은 할인율의 종류와 개념 그리고 공공 투자분석에서 분석자가 사용할 수 있는 할인율에 대해 설명한다. 두 번째 부분은 제시된 대안들에 대해 일관성 있는 대안의 우선순위를 결정하는 방법에 대해 설명한다.

분석자가 대안들의 효과를 정확하게 측정하였으며, 적절한 사회적 할인율을 선택하였다 할지라도 분석결과들을 비교하는 방법에 따라 정책의 우선순위는 달라질 수 있다. 이러한 예는 제 4장에서 설명하였듯이 분석자가 분석된 정책효과를 가지고 비용-편익비 또는 순편익 그리고 내부수익률 등을 이용하여 대안들의 정책우선순위를 결정할 때 종종 발생하는 것이다.

분석자가 대안들을 비교하는 지표에 따라 대안들의 우선순위가 바뀐다면 대안의 효과를 분석하는 의미는 크게 감소된다. 왜냐하면 지표에 따라 최적대안이 변한다면 내용적인 면에서 대안별 효과분석의 정확성과 종합성의 의미는 크게 낮아지기 때문이다. 대안들의 우선순위 결정에서 가장 중요한 것은 바로 결과의 일관성 유지이다. 다시 말해 어느 기준으로 보아도 제시된 대안들의 우선순위는 변하지 말아야 한다. 다양한 정책대안들의 효과가 적절하게 분석된 경우 분석자가 일관성 있는 정책의 우선순위를 결정하기 위해 사용할 수 있는 방법이 바로 표준화법(normalization method)이다. 이 장의 두 번째 부분에서는 표준화법에 대해 상세한 설명이 주어진다.

2. 할인율의 종류

사회 전체의 시간 투자가치를 대표할 수 있는 단일의 할인율이 존재한다면 정책을 분석하는 분석자에게는 매우 다행스러운 일일 것이다. 그러나 불행히도 그러한 사회적 할인율은 존재하지 않는다. 이론적으로 사회적 할인율은 동일한 할인율을 가지고 있는 사람들의 구성 비율을 알 수만 있다면 다음과 같이 계산할 수 있을 것이다.

$$r^s = \sum_i r_i \cdot p_i, \tag{5.1}$$

r^s: 사회적 할인율,

r_i: 사회 구성원 i의 할인율,

p_i: 사회 구성원 i가 사회에서 차지하는 비율, $\sum_i p_i = 1.$

위의 식 (5.1)과 같은 방법으로 사회적 할인율을 계산하기 위해서는 사회 구성원들의 할인율을 모두 알아야 하며, 또한 사회 구성원 중 동일한 할인율을 가지고 있는 구성원들을 식별하여 구성 비율을 계산해야 한다. 그러나 여기서의 문제는 사회 구성원 모두의 할인율을 구하는 것과 동일한 할인율을 가진 구성원들을 구분한다는 것이 거의 불가능하다는 것이다. 이는 분석자가 공공정책의 분석에서 사용할 사회적 할인율을 계산할 수 없음을 의미한다.

그러면 사회적 할인율을 대신할 할인율은 무엇인가? 이에 대한 뚜렷한 해답은 없다. 그 이유는 바로 사회적 할인율을 대신할 할인율이 너무 많이 존재하기 때문이다. 따라서 사회적 할인율의 문제는 사회적 할인율을 계산하기는 불가능하나 이를 대신할 할인율은 다양하게 존재한다는 것으로 요약된다. 이와 같은 사회적 할인율의 문제는 분석자에게 선택의 문제를 제기한다.

공공정책 분석에 사용할 할인율의 선택은 바로 정책에 투입되는 비용이 민간부문에 단기적으로 미치는 영향으로부터 도출될 수 있다. 정책 투입비용은 일반적으로 민간부문에서 납부하는 세금을 통하여 조달되므로 세금은 소비자의 가처분소득과 민간부문의 투자규모를 위축시킨다. 그 결과 단기적으로 정책은 민간기업들의 투자규모를 축소시키고, 소비자의 가처분소득을 저하시킴으로써 소비자들의 효용을 떨어뜨린다.

반면 공공정책은 장기적으로 생산자와 소비자의 수익과 효용을 증가시킨다. 왜냐하면 공공정책으로 인해 공급되는 공공재는 생산요소의 생산성 향상에 큰 영향을 미치기 때문이다(Munnel, 1990; Aschauer, 1989; Kim, 1992; 이종건, 1996). 즉, 공공정책으로 인해 공공재가 민간부문에 공급되고, 그 결과 생산요소의 생산성 향상으로 인해 생산과 수익규모가 높아지고 결과적으로 민간소득수준이 높아진다.

요약하자면 정책에 조달되는 세금은 바로 현재의 투자규모와 개인의 소비량을 감소시키는 대신 장래 요소들의 생산성을 향상시킴으로써 생산자에게는 높은 수익을 그리고 개인에게는 높은 소득과 향상된 복지수준을 제공한다. 이는 바로 정책분석에 사용할 할인율이 이러한 측면들을 고려하여 결정되어야 함을 가리킨다. 이러한 특징을 나타낼 수 있는 할인율을 바로 사회적 할인율이라 할 수 있다. 일반적으로 비용-편익 분석에서 사회적 할인율을 대신할 수 있는 할인율로는 시장이자율, 투자의 한계생산, 정부의 할인율, 기업의 할인율, 개인의 효용할인율과 개인의 사회할인율 그리고 피구(Pigou)의 할인율 등이 있다. 각각에 대한 설명은 다음과 같다.

1) 시장이자율

시장이자율이란 어떤 개인이나 기업이 타인이나 타기업으로부터 돈을 빌려올 때 원금에 대해 지불할 이자를 계산하는 데 적용되는 이자율이다. 그러나 현실적으로 이러한 개념의 시장이자율은 단 하나의 이자율이 존재하는 것이 아니라 정부가 제시하는 이자율부터 민간부문에서 성행하는 사채이자율에 이르기까지 매우 다양하다. 일반적으로 정부가 제시하는 이자율이 가장 낮은 반면 사채의 이자율이 가장 높다.

또한 시장이자율은 일반적으로 돈을 빌리는 사람이나 기업의 신용도에 따라 달라진다. 예를 들면, 신용도가 좋은 사람이나 안정된 직장을 가지고 있는 사람들에게 제시되는 이자율은 그렇지 못한 사람들에 비해 낮다. 기업의 경우도 마찬가지이다. 즉, 은행이 재무구조가 안정된 기업에게 제시하는 이자율은 낮은 데 비해 부도의 가능성이 있는 기업에게 빌려주는 이자율은 높다. 이와 같이 시장이자율이란 돈을 빌리는 주체들의 신용도와 재무구조의 안정성에 따라 매우 다양한 이자율이 존재한다. 따라서 시장이자율로 할인율을 정한다고 할 때, 적절한 할인율의 선택은 바로 분석자의 판단에 의한다.

2) 투자의 한계생산

투자의 한계생산이란 투자로 인해 새롭게 창출되는 수익을 가리킨다. 이를 식으로 나타내면 다음과 같다.

$$r = \frac{\partial Y}{\partial I}, \tag{5.2}$$

r: 투자의 한계생산,
Y: 부가가치액,
I: 투자액.

예를 들면 1,000만 원이 투자됨으로 인해 비용을 제외한 연 100만 원의 순이익이 창출되었다면 이때 투자의 한계생산은 10%라고 할 수 있다. 따라서 분석자가 투자의 한계가치를 할인율로 선택한 경우 시간의 투자가치는 연 10%가 된다.

3) 정부의 할인율

정부의 할인율이란 정부가 주택채권이나 상수도채권 등과 같이 채권 발행을 통해 민간으로부터 돈을 빌려올 때 제시하는 이자율이다. 일반적으로 정부의 이자율은 시장이자율에 비해 낮은데, 그 이유는 바로 정부의 도산 가능성이 거의 없기 때문이다. 여기서 말하는 정부의 도산이란 바로 그 국가가 외국의 침략이나 기타 천재지변으로 인해 없어짐을 가리킨다. 오늘날 정부의 이러한 도산 가능성은 거의 없다고 할 수 있다. 이를 바꾸어 말하자면 정부의 신용도는 사회 내 어느 경제 주체들의 신용도보다도 높다고 할 수 있다.

4) 기업의 할인율

기업의 할인율이란 기업이 민간으로부터 돈을 빌려올 때 제시하는 이자율이며, 또한 기업이 고려 중인 사업(project)의 경제성을 평가할 때 사용하는 할인율이다. 그러한 기업의 할인율은 정부의 할인율에 비해 통상적으로 높다. 왜냐하면 기업의 도산 가능성은 정부에 비해 높기 때문이다. 따라서 기업이 증권 발생을 통해 민간의 투자를 유도하기 위해서는 도산의 위험성에 따른 할증금, 즉 이른바 프리미엄(premium)이 투자자들에게 제공되어야 한다. 그렇지 않으면 민간 투자자들은 투자의 위험이 전혀 따르지 않는 정부부문을 선택할 것이다.

예를 들면, 정부가 연 2%의 이자율을 제공한다면 기업은 이보다 높은 5%를 제공할 때 기업은 잠재적 투자자들을 유인하는 데 있어 경쟁력을 갖게 된다. 그리고 이때 기업의 도산 가능성에도 불구하고 기업에 투자한 투자자들에게 제공되는 프리미엄은 3%가 된다. 이 경우 5%가 기업이 생각하는 시간의 투자가치이며 바로 기업의 할인율이 되는 것이다. 이를 세금 전 할인율이라고 한다. 기업이 순이익을 창출하였을 때에는 그에 따른 세금을 국가에 납부하게 된다(이를 우리나라에서는 법인세라 한다). 만일 국가의 법인세가 50%라면 세금 후 기업의 할인율은 10%가 된다. 기업의 세금 후 할인율을 식으로 나타내면 다음과 같다.

$$r^C = \frac{(r^G + p)}{1 - tax}, \tag{5.3}$$

r^C: 기업의 세금 후 할인율,

r^G: 정부의 할인율,

p: 도산 위험성에 따른 할증금,

tax: 수익에 대한 세율.

5) 개인의 효용할인율

개인의 효용할인율이란 바로 개인이 갖는 두 기간의 한계대체율(inter-temporal marginal rate of substitution)에 기초한 시간의 투자가치를 말한다. 여기서 두 기간의 한계대체율이란 바로 장래에 얻게 될 소비를 위해 소비자가 기꺼이 현재의 소비를 포기하려는 양을 가리킨다. 개인의 효용할인율을 예를 들어 설명하면 다음과 같다.

현재 M_0의 소득을 가지고 있는 소비자가 그 소득을 현재와 장래의 두 기간 사이에 어떻게 지출하는지 살펴보자. 여기서 현재의 재화소비량을 C_0라 하고 장래의 재화소비량을 C_1이라 한다. 이 경우 소비자가 선택할 수 있는 C_0와 C_1의 배합은 매우 다양하겠지만 그중 소비자의 최종 선택은 제 2장에서 설명하였듯이 그의 효용함수에 나타나는 선호도와 주어진 소득수준, 그리고 재화의 가격에 의해 결정된다. 그러면 소비자가 선택하는 점은 어떠한 특징을 갖는지 알아보자. 설명을 위해 소비자의 효용은 다음과 같다고 하자.

$$U = U(C_0, C_1). \tag{5.4}$$

|그림 5-1| 소비자의 두 기간 무차별곡선

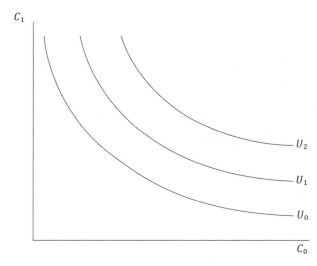

소비자의 효용은 두 기간의 소비량으로 결정되며, 소비자에게 동일한 만족을 제공하는 C_0와 C_1의 배합을 잇는 선이 바로 소비자의 두 기간 무차별곡선(inter-temporal indifference curve)이다. 여기서 이 무차별곡선은 (그림 5-1)에서 보이듯이 원점에 대해 볼록하며, 앞의 제 2장에서 설명한 두 재화의 경우와 동일한 특성을 갖는다. 시간은 투자가치가 있으므로 현재 주어진 소비자의 소득 M_0는 장래에는 할인율(r)만큼 할증한 금액 M_1이 될 것이다.

$$M_1 = (1+r)M_0. \qquad\qquad (5.5)$$

따라서 소비자의 소득은 그림에서 직선으로 나타난다. 이 직선은 소비자가 현재와 장래 사이에 선택할 수 있는 C_0와 C_1의 모든 배합을 가리키는 예산선이다. 여기서 소비되는 재화의 가격은 1이며 시간에 따라 변하지 않는 것으로 가정한다. 이와 같은 소비자의 시장이자율과 소득수준이 주어졌으므로 소비자의 선택은 도출될 수 있다. 기본적으로 소비자는 효용극대자이기 때문에 그의 선택은 주어진 예산하에서 효용을 극대화시키는 점에서 이루어진다. 이러한 소비자의 선택은 (그림 5-2)에서 보이듯이 바로 두 기간의 한계대체율과 예산선의 기울기가 같아지는 점에서 이루어진다.

$$MRS^{INT} = \frac{M_1}{M_0} = 1+r, \qquad\qquad (5.6)$$

MRS^{INT}: 두 기간의 한계대체율.

위의 식으로부터 시간의 투자가치는 바로 소비자가 장래의 소비를 위해 기꺼이 현재의 소비를 포기하려는 양, 즉 두 기간의 한계대체율로부터 계산될 수 있다. 이것이 바로 개인의 효용할인율이다. 예를 들어 어느 소비자가 갖는 두 기간의 한계대체율이 1.15라면 이는 내년의 소비 115원을 위해 올해 100원의 소비를 기꺼이 포기하려는 소비자의 심리를 의미한다. 따라서 내년 소비 100원을 제시한다면 그 소비자는 그러한 제의를 기각하고 현재 100원만큼의 소비를 할 것이다. 반면 내년의 115원만큼의 소비를 제시한다면 그 제안에 대해 소비자는 기꺼이 받아들일 것이다. 이 경우 소비자의 효용할인율은 바로 연 15%이며, 이것이 바로 소비자가 갖는 시간의 투자가치가 된다.

|그림 5-2| 소비자의 최적선택

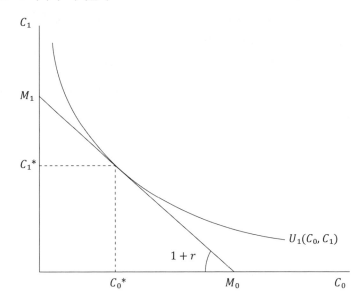

조삼모사(朝三暮四): 누가 더 어리석은 자인가?

중국 송나라에 저공(狙公)이라는 사람은 많은 원숭이를 기르고 있었다. 많은 원숭이를 기르다 보니
먹이를 주는 것이 어려워지자, 그는 먹이를 줄일 생각으로 원숭이들에게 도토리를 아침에 3개, 저
녁에 4개를 주겠다고 말했다. 그러자 원숭이들은 모두 화를 냈다고 한다. 그래서 저공은 말을 바
꾸어 아침에 4개 저녁에 3개를 주겠다고 하였더니 원숭이들은 모두 기뻐하였다고 한다. 조삼모사
의 고사성어는 부분적 차이만 알고 전체적으로 동일한 결과를 보지 못하는 어리석은 자를 이르는
말이며, 또한 간사한 잔꾀로 남을 속여 희롱함을 이르는 말이다. 그러면 여기서 시간의 투자가치
에 대해 잘 이해하고 있는 독자들은 조삼모사의 고사성어에 등장하는 원숭이들을 어떻게 보아야
하는가? 진정 원숭이들은 어리석은 자들인가? 이에 대해 살펴보자.

원숭이들이 어리석은지 아니면 지혜로운지를 판단하기 위해서는 주인이 제안한 2가지 도토리 배급
방법의 결과를 생각해야 한다. 만일 2가지 배급방법이 원숭이들에게 동일한 효과를 준다면 원숭이
들은 전해져 내려오는 바와 같이 부분적 차이에만 집착하는 어리석은 자임에 틀림없다. 왜냐하면
어떠한 배급방법이건 결과는 서로 동일하기 때문이다. 그러나 주인의 도토리 배급방법에 따라서
원숭이들의 만족(즉, 효용)이 다르다면 원숭이들에 대한 평가는 다시 이루어져야 한다. 다시 말해
이 경우 원숭이들은 어리석은 자가 아닐 수 있다는 것이다. 이를 설명하기 위해 우선 주인이 원숭
이들에게 제안한 도토리 배급방법을 다음과 같이 구분해 보자.

- 배급방법 #1: 도토리를 아침에 3개 그리고 저녁에 4개를 배급하는 방법.
- 배급방법 #2: 도토리를 아침에 4개 그리고 저녁에 3개를 배급하는 방법.

그리고 원숭이들이 도토리 소비로부터 얻는 효용은 다음과 같이 표현된다고 가정해 보자.

$$U = aX,$$
U: 원숭이의 효용, X: 도토리의 개수, a: 도토리의 한계효용.

아침과 저녁 사이 시간의 투자가치를 원숭이들의 효용 할인율 r이라고 한다면 주인의 도토리 배급방법에 따른 원숭이들의 총효용은 다음과 같이 계산된다.

- 주인의 배급방법 #1을 실시할 경우 원숭이들의 총효용: $U^{\#1} = 3a + \dfrac{4a}{(1+r)}$.

- 주인의 배급방법 #2을 실시할 경우 원숭이들의 총효용: $U^{\#2} = 4a + \dfrac{3a}{(1+r)}$.

도토리 소비로부터 원숭이들이 얻는 총효용은 배급방법 #1보다는 배급방법 #2에서 더 크다(즉, $U^{\#2} > U^{\#1}$). 그러므로 원숭이들은 주인의 도토리의 배급방법 #1을 거부하고 배급방법 #2를 기쁘게 받아들인 것은 효용 극대자로 극히 당연한 것이라 할 수 있다. 오히려 이러한 원숭이들의 합리적 반응을 어리석은 자의 반응으로 간주한 주인이 더 어리석은 자일지 모른다.

6) 개인의 사회할인율

앞에서 설명한 개인의 효용할인율은 개인이 갖는 두 기간 소비의 한계대체율에 의해 정해지지만 개인의 사회할인율은 개인이 갖는 선호도와 관계없이 사회의 경제전망에 대한 개인의 판단에 의해 정해진다. 이러한 차이를 예를 들어 설명해 보자. 높은 할인율을 갖고 있는 개인은 장래에 발생하는 편익을 현재가치로 전환할 때 장래의 편익을 크게 할인시킨다. 따라서 높은 할인율을 가지고 있는 개인은 그의 효용을 극대화하기 위해 장래보다는 현재의 소비에 주력할 것이다.

반대로 낮은 할인율을 가지고 있는 개인이 장래에 발생하는 편익을 현재가치로 전환할 때 장래의 가치는 크게 할인되지 않는다. 이러한 개인은 그의 효용을 극대화하기 위해 장래의 가치를 현재가치만큼 중요시하게 되므로 그는 현재의 소비에만 주력하지 않을 것이다.

할인율이 높은 개인은 현재의 소비에 주력할 것이기 때문에 미래에 대한 준비가 소홀한 반면 할인율이 낮은 개인은 미래의 가치를 생각하기 때문에 항상 미래에 대한 준비를 하게 된다. 이는 이야기 속에 나오는 개미와 베짱이의 경우와 같다고 할 수 있다. 즉, 겨울의 풍족한 소비를 위해 여름에 열심히 일하는 개미는 낮은 할인율을 가졌다고 할 수 있으며, 겨울을 준비하지 않고 오로지 여름 한철 소비에 전념하는 베짱이는 분명 높은 할인율을 가졌다고 할 수 있다.

이를 그림으로 나타내면 (그림 5-3)과 같게 된다. 그림에서 x축은 시간을, 그리고 y축은 시간에 따른 개인의 소비량을 가리킨다.

그림에서는 3가지의 개인 소비를 나타내는 선이 있다. 각 선은 개인의 선호도에 의해 정해지는 소비곡선이다. AD는 초기의 높은 소비가 장래의 낮은 소비로 나타나기 때문에 이러한 선은 바로 높은 할인율을 가지고 있는 개인의 소비곡선을 가리킨다고 하겠다. 반면 AB는 초기의 낮은 소비가 장래의 높은 소비를 보장하므로 이러한 선은 낮은 할인율을 가지고 있는 개인의 소비곡선을 가리킨다. 그리고 AC는 중간 수준의 할인율을 갖고 있는 개인의 소비곡선을 가리킨다.

|그림 5-3| 개인의 할인율에 따른 소비곡선의 유형

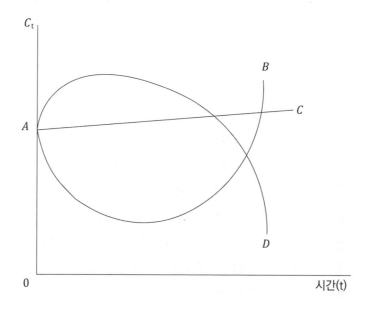

비록 (그림 5-3)에서와 같이 개인이 갖는 할인율의 특성에 의해 개인의 소비유형이 결정된다고 하여도 그러한 특징은 사회의 경제성장에 대한 예측에 따라 달라질 수 있다. 예를 들면 높은 할인율을 갖고 있는 개인이라 하여도 5년 후 자신이 속해 있는 사회의 경제상태가 크게 악화되어 그의 소득이 불투명해질 것이 예상된다면 그의 소비형태에 어떠한 변화가 있을 것이다. 즉, 그 개인은 5년 후의 경제악화를 대비하기 위해 현재의 소비를 줄이고 저축을 통하여 장래를 준비할 것이다. 이 경우 소비자는 그의 높은 할인율에도 불구하고 불투명한 장래에 대비하기 위해 현재의 소비를 줄이게 되는 것이다. 반대로 낮은 할인율을 가진 개인은 앞서 언급하였듯이 장래의 소비를 위해 현재의 소비를 줄인다.

그러나 그 개인이 속한 사회는 모든 산업이 호황을 맞이하여 앞으로 계속적 경제성장이 예상된다고 하자. 그리고 이러한 경제성장으로 인해 그의 소득도 지속적으로 향상될 것으로 전망된다면 비록 그 개인이 낮은 할인율을 가지고 있다 할지라도 그는 현재 소비를 증가시킬 것이다. 왜냐하면 그의 장래 소비는 보장되었다고 볼 수 있기 때문이다. 이와 같이 개인의 할인율이란 바로 개인의 선호도에 의해 정해진다기보다는 개인이 갖는 사회적 할인율에 의해 결정된다. 이는 바로 개인이 갖고 있는 경제전망을 바탕으로 시간의 투자가치를 나타내는 할인율이 결정되어야 함을 가리킨다.

7) 피구의 할인율

후생경제학자인 피구(Pigou)는 개인들이 미래에 대한 잘못된 통찰력을 가지고 있기 때문에 미래를 위해 충분히 대비를 하지 않으려는 경향이 있음을 지적한다. 다시 말해서 현 세대는 자신들을 매우 중요하게 생각하는 대신 앞으로 다가올 세대에 대해서는 소홀하게 생각한다는 것이다. 이러한 경향으로 인해 모든 의사결정은 현세대만을 위한 결정으로 일관하게 된다. 왜냐하면 앞으로 다가올 세대는 현재 이루어지는 의사결정과정에도 직접 참여할 수 없기 때문이다.

여기서 피구는 현 세대 위주의 의사결정을 막고 앞으로 다가올 세대를 위한 정책결정을 유도하는 정부의 역할을 강조한다. 이러한 주장은 정부가 미래 세대를 대변하는 대변자로서의 역할을 수행해야 함을 가리킨다. 피구의 이러한 주장을 공공정책 분석에서 선택해야 할 할인율의 관점에서 보면 할인율은 현 세대들이 적절하다고 생각하는 할인율보다 낮은 할인율로 결정되어야 함을 의미한다.

3. 할인율의 선택

앞에서 여러 번에 걸쳐 설명되었듯이 공공 투자정책은 초기에 많은 비용이 투입되며, 정책으로 인한 편익은 장기적으로 시간을 두고 서서히 발생하는 특징을 갖는다. 만일 이러한 특징을 갖는 정책의 분석에서 낮은 할인율이 적용된다면 장래에 발생하는 편익은 크게 할인되지 않고 현재가치로 전환되기 때문에 그 정책은 경제성이 있는 정책으로 받아들여질 가능성이 높다. 그러나 반대로 높은 할인율이 선택된다면 장래의 편익은 현재가치로 전환되면서 크게 할인되어 편익규모는 작아지고 결과적으로 그 정책은 경제성이 낮은 것으로 평가되어 기각될 가능성이 높게 된다.

이와 같이 정책분석에서 할인율의 선택은 매우 중요한 것이다. 그러나 앞 절에서 설명하였듯이 정책분석에서 사용할 수 있는 할인율은 다양하다. 따라서 문제는 다양하게 제시되는 할인율 중 분석자가 어느 할인율을 선택해야 하는가에 있다. 이에 대한 이론은 다양하지만 이 책에서는 가장 기본적으로 공공정책에서 사용해야 하는 할인율이란 시장에서 이루어지는 이자율보다 낮아야 함을 Sassone과 Schaffer(1978)가 제시한 간단한 모형을 수정하여 설명하도록 한다.

1) 낮은 할인율 적용에 대한 주장

공공정책분석에서 낮은 할인율을 사용해야만 한다는 주장은 개인으로서의 선호도와 사회집단의 구성원으로서 개인 선호도 사이에는 차이가 있음을 바탕으로 한다. 이에 대한 설명은 다음과 같다. 우선 설명에 앞서 모형에 나타나는 변수들은 다음과 같이 정의된다.

C_0: 개인의 현재 소비량,

C_1: 개인의 장래 소비량,

C_p: 현세대의 소비량,

U: 개인의 효용함수,

k: 현재와 미래 사이의 한계전환율(marginal rate of transformation, 예를 들면 현재 I_0 의 투자가치는 미래에 $k I_0$의 가치로 나타난다),

α, β: 양의 상수.

개인의 효용은 개인의 현재와 미래의 소비량과 현세대의 소비량에 의해 결정된다.

$$U = U(c_0, c_p - c_0, c_1).$$
(5.7)

위의 식을 전미분하면 개인의 효용변화(dU)는 현재와 미래 그리고 현세대의 소비량의 변화에 의해 결정됨을 알 수 있다.

$$dU = \frac{\partial U}{\partial c_0} dc_0 + \frac{\partial U}{\partial (c_p - c_0)} d(c_p - c_0) + \frac{\partial U}{\partial c_1} dc_1.$$
(5.8)

설명의 편의상 편미분값 $\frac{\partial U}{\partial X}$, 즉 x요소의 한계효용값은 다음과 같은 상수로 가정한다.

$$\frac{\partial U}{\partial c_0} = 1, \ \frac{\partial U}{\partial (c_p - c_0)} = \alpha, \ \frac{\partial U}{\partial c_1} = \beta.$$
(5.9)

위와 같이 가정된 상수를 이용하면 식 (5.8)은 다음과 같이 표현된다.

$$dU = dc_0 + \alpha d(c_p - c_0) + \beta dc_1.$$
(5.10)

여기서 개인이 다가올 장래 세대를 위하여 1원의 투자를 고려하고 있다고 하자. 그의 투자결정은 바로 dU에 의한다. 즉, 1원의 투자로 인해 그의 효용이 감소되면 ($dU < 0$) 그는 투자를 결코 하지 않을 것이고, 반대로 투자로 인해 그의 효용이 증가된다면($dU \geq 0$) 그는 투자할 것이다. 이를 좀 더 구체적으로 설명하면 개인의 1원 투자는 그 자신에게 비용과 편익을 동시에 발생시킨다. 비용은 투자로 인해 현재의 소비가 1원만큼 감소되는 것을 가리키므로 이 비용은 $dc_0 = -1$로 표현된다. 그리고 편익은 현재의 투자로 인해 미래의 소비가 k만큼 증가함을 의미하므로 이러한 편익은 $dc_1 = k$로 표현된다. 따라서 개인의 1원 투자에 따른 효용의 변화는 다음과 같이 표현된다.

$$dU^{INV} = -1 + \beta k. \tag{5.11}$$

식에서 dU^{INV}는 개인의 1원 투자로 인한 효용의 변화분을 가리킨다. 여기서 위첨자 INV는 1원의 투자결정이 오로지 개인적 측면(individual aspect)에서 이루어지는 경우를 말한다. 개인의 투자결정은 앞서 언급하였듯이 효용의 변화가 양(positive)일 때만 이루어진다. 따라서 dU^{INV}가 0보다 크기 위해서는 다음과 같이 βk가 1과 같거나 커야한다.

$$dU^{INV} \geq 0, \ \ \text{if} \ \ \beta k \geq 1. \tag{5.12}$$

여기서 β와 k에 대해 적절한 수를 생각해 보자. 일반적으로 β는 미래 소비변화에 따른 효용의 변화, 즉 미래 소비의 한계효용이기 때문에 그 값은 1보다 낮은 값을 가질 것이다. 왜냐하면 $\frac{\partial U}{\partial c_0} = 1$이기 때문이다. Sasson과 Schaffer(1978)에 의하면 값은 0.03에서 0.05 정도로 보고 있다. 반면 k의 경우는 1.5 또는 2 등으로 최소 1보다 큰 수로 나타난다. 그러므로 어떠한 경우이건 βk의 값이 1보다 클 가능성은 희박하다고 할 수 있으므로 dU^{INV}는 0보다 작게 된다. 이는 1원의 투자로 인해 개인들의 효용은 증가하지 않고 오히려 감소됨을 가리킨다. 따라서 개인들은 기본적으로 미래를 위해 투자하지 않는다고 할 수 있다. 그러면 개인의 선택을 개인 자신만의 관점에서가 아니라 집단적 관점에서 살펴보자. 여기서 말하는 집단적 관점에서의 선택이란 바로 개인이 사회 전체를 생각하는 관점에서 내리는 투자결정을 의미한다. 물론 개인의 투자결정은 1원 투자로 인한 효용의 변화에 의해 정해지므로 dU가 0보다 크면 투자할 것이고 그렇지 않으면 투자하지 않을 것이다.

집단의 결정은 모든 사람이 참여하는 투표에 의해 이루어진다. 그리고 투표의 결과가 나타나면 그 결과가 개인의 의사와 다르다고 하여도 그것은 개인이 속한 사회의 중론이기 때문에 개인은 다수의 결정에 따라야 한다. 그러면 개인이 집단의 측면을 고려할 때 그 개인은 장래를 위하여 투자할 것인지 아니면 하지 않을 것인지 알아보자.

이를 위해 우선 사회를 구성하는 사람의 수를 N이라고 하자. 여기서도 조건은 앞의 경우와 같다. 즉, 개인은 미래의 편익을 위하여 현재의 소비를 1원 만큼 포기하고 투자해야 한다는 것이다. 이를 식으로 표현하면 다음과 같다.

$$dc_0 = -1, \; dc_P = -N, \; dc_1 = kN. \tag{5.13}$$

그러면 집단적 측면에서 개인의 효용변화는 다음과 같이 표현된다.

$$dU^{COL} = -1 - \alpha(N-1) + \beta kN. \tag{5.14}$$

식에서 dU^{COL} 은 집단적 관점에서 개인이 1원을 투자했을 때 개인효용의 변화분이며, 위첨자 COL 은 집단적 측면(collective aspect)에서 개인이 내리는 투자결정의 경우를 가리킨다. 위의 식을 정리하면 개인의 효용이 증가하기 위한 조건은 $N(\beta k - \alpha)$ 가 $1 - \alpha$ 보다 크거나 같아야 한다는 것이다.

$$dU^{COL} \geq 0, \; \text{if } N(\beta k - \alpha) \geq 1 - \alpha. \tag{5.15}$$

식에서 α 와 β 의 크기는 서로 같다고 가정하면 조건절의 우변은 1과 거의 같은 값을 가질 것이다. 여기서 N 은 1,000명, 10,000명 또는 그 이상의 규모를 가리키는 수이다. 따라서 조건절의 좌변은 항상 우변보다 크다고 할 수 있으며, 이는 바로 개인의 투자가 개인의 효용을 향상시킴을 가리킨다. 요약하면, 집단적 관점에서 내리는 개인의 선택은 개인들의 효용을 증가시키기 때문에 개인들은 미래에 대해 투자하는 경향이 있다고 할 수 있다.

위의 설명은 미래를 위한 개인들의 투자결정은 그것이 순전한 개인의 선택인지 아니면 집단적 입장에서 취하는 개인의 선택인지에 따라 다르게 나타남을 보이고 있다. 그러나 여기서 어느 선택이 더 바람직한 것인가에 대해서는 아직 설명되지 않았다. 이에 대한 해답은 위에서 제시된 두 식 (5.10)과 (5.14)를 단순 비교함으로 알 수 있다. 앞서 설명하였듯이 dU^{INV} 는 0보다 작으므로 두 식의 단순 비교는 다음과 같이 되어야 한다.

$$dU^{COL} + dU^{INV} \begin{pmatrix} > \\ = \\ < \end{pmatrix} 0. \tag{5.16}$$

위의 식에서 좌변이 0보다 크면 집단의 입장에서의 투자로 인해 향상되는 효용이 개인 자신만을 생각한 경우 효용의 감소보다 큼을 가리킨다. 반대로 좌변이 0보다 작으면 집단의 입장에서의 개인 투자로 인해 증가하는 효용이 개인 자신만을 생각하고 투자하였을 경우 감소되는 효용보다 작음을 가리킨다. 그리고 좌변이 0과 같으면 이는 개인 입장에서의 투자와 집단 입장에서의 투자로 인한 효용의 증가와 감소는 서로 같음을 의미한다. 식 (5.16)을 정리하면 다음과 같다.

$$\frac{(N-1)(\beta k - \alpha)}{2(1-\beta k)} \begin{pmatrix} > \\ = \\ < \end{pmatrix} 1. \tag{5.17}$$

위의 식에서 각 계수들의 크기, 즉 $\alpha \approx \beta$, $k > 1$, $N = 1,000$을 고려한다면 좌변은 항상 1보다 크다. 이는 집단의 입장에서 내린 개인의 투자결정이 궁극적으로 개인의 효용을 향상시킴을 가리킨다.

$$dU^{COL} + dU^{INV} > 0. \tag{5.18}$$

위의 식은 개인이 자신들만을 생각할 때는 미래에 대해 투자를 하지 않지만 사회 전체를 고려할 때는 미래에 대해 투자하게 됨을 의미한다. 위에서 설명하였듯이 개인이 이기적 관점에서 투자하지 않음과 집단적 측면에서 투자하는 경향이 공공투자정책 분석에서 사용할 할인율을 선택하는 데 어떠한 의미를 갖는가? 시장이자율은 자금에 대한 수요와 공급곡선에 의해 결정된다. 일반적으로 말해 이자율이란 현재가치를 미래가치와 교환하는 할인율이다. 그리고 여기서 말하는 시장의 이자율이란 바로 개인의 이기적인 입장에서 미래가치와 현재가치를 교환하는 할인율이라 할수 있다.

만일 시장의 이자율이 오로지 개인적인 측면에서 미래에 적용되는 할인율이라면 이할인율은 개인이 집단적인 측면에서 미래에 적용하는 할인율보다 높다고 할 수 있다. 왜냐하면 개인의 입장에서 미래를 위해 투자하지 않음은 바로 개인의 높은 할인율로 인해 미래의 가치가 작은 현재가치로 전환되기 때문이며, 집단적 측면에서 미래를 위해 투자함은 낮은 할인율로 인해 미래의 가치가 현재에도 높게 인식되기 때문이다.

따라서 정책분석에서 미래의 가치가 현재 가치로 전환될 때 그의 가치는 크게 할인되지 말아야 한다. 이는 사회적 할인율로서 정책분석에 이용되는 할인율은 시장할인율보다 낮아야 함을 의미한다.

2) 공공투자 정책에서 적용되는 할인율

공공정책 분석에 이용되는 할인율이 시장의 이자율보다 낮다면 구체적으로 어느 정도인가. 이에 대한 구체적 해답은 제시하기가 어렵다. 왜냐하면 앞서 언급하였듯이 사회 내 모든 구성원들이 공감할 수 있는 사회적 할인율을 계산한다는 것 자체가 무리이기 때문이다. 사회적 할인율과 관련해서 많은 연구와 주장이 있지만 분석자가 공공정책 분석에서 적용할 수 있는 정확한 할인율은 제시되지 않고 있는 실정이다. 예를 들면 우리나라의 경우 구본영(1981)은 공공투자 사업에서 사용할 수 있는 할인율의 범위를 12~14%로 제시하였지만 이 할인율의 범위는 이론적 근거에서 측정되었다기보다는 경제학자의 경험에 의한 것이라 하겠다.

반면 최근 기획재정부(2023)의 예비타당성 조사 수행 총괄지침에서는 사회적 할인율을 연 4.5%로 규정하고 있다(단, 30년 이상 소요되는 공공사업의 경우 적용되는 사회적 할인율을 연 3.5%로 규정하고 있다). 또한 ADB(Asia Development Bank)에서는 사회적 할인율을 해당 국가의 GNP 성장률에 따라 달리 적용하고 있다(원제무, 1996). 좀 더 구체적으로 말해 ADB에서는 GNP 성장률이 6% 미만인 국가의 사회적 할인율은 8%로 그리고 GNP 성장률이 6% 이상인 국가의 사회적 할인율은 12%로 전제하여 사용하고 있다. 요약하자면 사회적 할인율은 사회의 경제상황이나 수준 또는 구성원들의 시간 선호도에 따라 달라지지만 이러한 모든 요소들을 고려하여 사회적 할인율을 결정한다는 것은 거의 불가능하다. 따라서 분석자는 사회의 다양한 면을 고려하여 정책에 적용할 사회적 할인율을 결정해야 한다.

4. 할인율과 인플레이션

재화의 가격은 거리를 가리키는 킬로미터(km)나 무게를 나타내는 톤(ton)과 같이 시간에 따라 절대 불변하는 것이 아니라 경제 환경에 따라 변화를 거듭하는 특징을 갖는다. 재화의 가격 수준이 전체적으로 상승하는 현상을 인플레이션(inflation)이라고 하며 가격이 하락하는 현상을 디플레이션(deflation)이라고 한다. 시간에 따른 가격 변화가 고려되었을 때 재화의 가치는 명목가치(nominal value)와 실질가치(real value)로 구분된다.

명목가치란 화폐의 액면으로만 나타내는 경상가치를 말하며, 실질가치란 가격의 변화를 고려한 구매력 기반의 가치를 말한다. 예를 들어 1,000원짜리 화폐의 명목가치는 경제환경의 변화 없이 일정하게 1,000원이다. 그러나 물가가 상승하면 그의 실질가치는 1,000원 이하로 떨어지겠고 반대로 물가가 하락하면 그의 실질가치는 1,000원 이상의 가치로 상승하게 된다. 따라서 실질가치는 일반 물가의 변화 방향과 반대로 변한다.

좀 더 구체적으로 설명하자면 작년의 1,000원으로 재화를 100단위 구입할 수 있었다고 하자. 만약 올해의 재화가격이 작년에 비해 상승하였다면 올해의 1,000원으로는 당연히 100단위의 재화를 구입하지 못할 것이다. 그러므로 이 경우 1,000원의 실질가치는 감소된 것이다. 반대로 가격이 하락한 경우는 소득향상효과를 소비자에게 제공한다고 할 수 있으므로 소비자는 1,000원으로 재화 100단위 이상을 구입할 수 있게 된다. 이는 바로 1,000원의 실질가치가 상승하였음을 가리킨다. 이와 같이 실질가치란 가격의 변화가 고려된 가치를 말하며, 이는 언급하였듯이 바로 소비자의 구매력에 기초한 가치라고 할 수 있다. 물가는 하락하기보다는 시간이 지남에 따라 상승하는 것이 일반적이므로 여기서는 인플레이션을 중심으로 설명한다.

만일 재화의 가격이 시간에 따라 전혀 변하지 않는다면 명목가치와 실질가치는 동일해지고, 가치의 이러한 구분은 아무런 의미를 갖지 못하게 된다. 그러나 현실적으로 가격 변화는 계속되는 것이므로 재화의 시간대별 명목가치를 동일한 가치 수준에서 서로 비교하기 위해서는 시간대별 명목가치는 기준 시점의 실질가치로 전환되어야 한다. 그리고 명목가치를 기준 시점의 실질가치로 전환하기 위해서는 가격의 변화를 가리키는 물가지수, 예를 들면 도매물가지수, 소비자물가지수 그리고 GNP 디플레이터(deflator) 등을 이용한다. 명목가치는 다음과 같은 식에 의해 실질가치로 전환된다.

$$V_t^R = \frac{V_T^N}{1 + D_{T-t}},$$ (5.19)

V_t^R: 기준연도인 t년의 가격으로 표시된 실질가치,

V_T^N: T연도의 명목가치,

D_{T-t}: $T-t$년의 두 기간 사이의 물가상승률.

명목가치와 실질가치를 고려하여 본다면 초기에 비용이 투입되어 장기적으로 편익을 발생시키는 정책의 분석에서는 이 둘의 구분은 매우 중요할 수 있다. 왜냐하면 시간대별로 발생하는 비용과 편익은 동일한 가치 수준에서 비교되어야 하기 때문이다. 그러나 문헌을 보면 명목가치와 실질가치에 대한 구분은 정책분석분야의 연구에서는 크게 고려되지 않는 경향이 크다(Gramlich, 1981).

결론부터 말하자면 이러한 경향은 명목가치와 실질가치를 구분하여 분석된 정책의 결과가 서로 동일함에 기인한다. 이에 대한 설명을 사회의 모든 재화의 가격이 연 k%씩 증가하는 경우로 설명해 보자. 우선 분석자가 정책에 투입되는 비용과 편익을 분석 시점을 기준하여 시간대별 순편익을 다음과 같이 측정한 경우를 살펴보자.

0차 연도: $NB_0 = (B_0 - C_0)$,

1차 연도: $NB_1 = (B_1 - C_1)$,

2차 연도: $NB_2 = (B_2 - C_2)$,

……………………………

n차 연도: $NB_n = (B_n - C_n)$.

위와 같은 경우 정책분석은 실질가치를 기준으로 이루어진 경우이다. 따라서 분석된 정책의 연도별 순편익을 현재가치 순편익으로 표현하면 다음과 같다. 이때 사회적 할인율은 r%이다.

$$PVNB^R = (B_0 - C_0) + \frac{(B_1 - C_1)}{(1+r)} + \frac{(B_2 - C_2)}{(1+r)^2} + \dots + \frac{(B_n - C_n)}{(1+r)^n},$$ (5.20)

$PVNB^R$: 실질가치를 기준으로 계산된 정책의 현재가치 순편익.

다음으로는 모든 재화의 가격이 $k\%$ 증가한다고 하였으므로 정책의 연도별 순편익을 연도별 명목가치로 표현하면 다음과 같다.

0차 연도: $NB_0 = (B_0 - C_0)$,

1차 연도: $NB_1 = (B_1 - C_1)(1+k)$,

2차 연도: $NB_2 = (B_2 - C_2)(1+k)^2$,

....

n차 연도: $NB_n = (B_n - C_n)(1+k)^n$.

위의 연도별 순편익을 같은 가치로 비교하기 위해서는 명목가치를 실질가치로 전환해야 한다. 이때 장래의 명목가치를 현재를 기준으로 한 실질가치로 전환할 때에는 주어진 물가상승률 $k\%$를 이용하며 현재부터 장래 기간만큼의 가격상승분으로 명목가치를 할인해 주어야 한다. 따라서 물가상승을 고려한 경우 정책의 현재가치 순편익은 다음과 같이 표현된다.

$$PVNB^N = (B_0 - C_0) + \frac{(B_1 - C_1)(1+k)}{(1+r)(1+k)} + \frac{(B_2 - C_2)(1+k)^2}{(1+r)^2(1+k)^2} +$$
$$\cdots + \frac{(B_n - C_n)(1+k)^n}{(1+r)^n(1+k)^n}. \tag{5.21}$$

$PVNB^N$: 명목가치를 기준으로 계산된 정책의 현재가치 순편익.

위의 식에서 보면 $(1+k)$항은 모든 항에서 분모와 분자에 공히 있으므로 약분하면 정책의 결과는 실질가치 기준으로 계산한 현재가치 순편익과 동일하게 나타난다. 즉, 실질가치 기준으로 계산한 결과나 명목가치를 기준으로 계산한 결과는 서로 동일하다. 따라서 정책분석에서 명목가치 기준으로 하든 실질가치를 기준으로 하든, 정책의 결과에는 아무런 변화가 없다.

$$PVNB = PVNB^R = PVNB^N. \tag{5.22}$$

식 (5.22)와 같은 결과로 인해 정책의 비용 - 편익 분석에서는 인플레이션과 같은 가격변화가 구체적으로 고려되지 않는다. 여기서 분석자가 주의해야 할 것이 있는데 이는 바로 일관성 유지이다. 가치평가의 기준이 명목가치이면 정책의 모든 비용과 편익은 명목가치로, 그리고 실질가치가 기준이면 모든 비용과 편익은 기준 연도의 실질가치로 나타내어야 한다. 만일 이러한 일관성이 유지되지 않는다면 정책분석결과의 정확성은 떨어지게 된다.

여기서 일관성이 유지되지 않는 경우는 다음과 같이 2가지 경우로 요약할 수 있다. 첫 번째는 식 (5.20)에서 연도별로 측정된 실질가치의 순편익을 물가상승률로 할인하여 정책의 효과를 계산하는 경우이다. 그리고 두 번째 경우는 식 (5.21)에서 연도별 순편익으로 나타낸 명목가치를 실질가치로 전환하는 데 물가상승률을 이용하지 않고 정책의 순편익을 계산하는 경우이다. 먼저 실질가치로 측정된 연도별 순편익을 물가상승률로 할인하는 경우를 식으로 나타내면 다음과 같다.

$$PVNB^{SM} = (B_0 - C_0) + \frac{(B_1 - C_1)}{(1+r)(1+k)} + \frac{(B_2 - C_2)}{(1+r)^2(1+k)^2} +$$

$$\cdots + \frac{(B_n - C_n)}{(1+r)^n(1+k)^n}, \tag{5.23}$$

$PVNB^{SM}$: 실질가치를 물가상승률로 할인한 경우 정책의 현재가치 순편익.

이 경우는 실질가치를 이중으로 할인하게 되므로 결국 정책효과는 실제의 효과보다 과소하게 계산된다.

$$PVNB^{SM} < PVNB. \tag{5.24}$$

두 번째 경우 정책의 현재가치 순편익을 계산하는 데 명목가치를 실질가치로 전환하는 과정에서 물가상승률을 고려하지 않고 계산하는 경우이다. 이를 식으로 나타내면 다음과 같다.

$$PVNB^{EX} = (B_0 - C_0) + \frac{(B_1 - C_1)(1+k)}{(1+r)} + \frac{(B_2 - C_2)(1+k)^2}{(1+r)^2} +$$

$$\cdots + \frac{(B_n - C_n)(1+k)^n}{(1+r)^n}, \tag{5.25}$$

$PVNB^{EX}$: 명목가치를 물가상승률로 할인하지 않는 경우 정책의 현재가치 순편익.

이 경우는 명목가치로 그대로 순편익에 반영되어 정책의 효과는 실제의 효과보다 과도하게 계산된다.

$$PVNB^{EX} > PVNB. \tag{5.26}$$

따라서 정확한 분석결과를 위해서 분석자는 일관성을 유지해야 한다. 다시 말해 실질가치 기준이면 모든 비용과 편익을 실질가치로 그리고 명목가치 기준이라면 모든 비용과 편익을 명목가치로 일관성 있게 나타내야 한다.

5. 표준화법

앞에서는 할인율의 선택에 대해 설명하였으며 여기서는 대안들의 비교방법에 대해 설명한다. 모든 대안들의 효과가 정확하게 측정되었으며, 적절한 사회적 할인율이 선택되었다고 할지라도 최종 단계에서 분석자가 어떠한 방법으로 대안들을 비교하느냐에 따라 우선순위는 변할 수 있다. 이는 비교방법에 따라 일관성 없는 대안들의 우선순위의 결과가 발생할 수 있음을 의미한다. 예를 들어 살펴보자. 어떠한 정책의 목표를 달성하기 위해 3가지의 대안이 제시되었고 각 대안들의 분석된 효과는 〈표 5-1〉과 같다고 하자. 표에서 음의 수는 비용을 의미한다.

| 표 5-1 | 대안들의 분석결과표($r=0.1$)

대안	0	1	2	3
#1	-30	15	25	0
#2	-100	0	0	170
#3	-100	250	-144	0

| 표 5-2 | 대안들의 경제성 분석표(r=0.1)

대안	C	B	NB	B/C	λ
#1	-30	34.30	4.30	1.14	0.20
#2	-100	127.72	27.72	1.28	0.19
#3	-219.01	227.27	8.26	1.04	0.60

〈표 5-1〉에 제시된 분석결과를 바탕으로 대안들의 경제성을 순편익(NB)과 편익 - 비용비(B/C) 그리고 내부수익률(λ)로 나타내면 〈표 5-2〉와 같다. 여기서 적용된 사회적 할인율은 0.1이며, 대안들의 내부수익률 중 음의 내부수익률은 제외시켰다.

〈표 5-2〉에 제시된 순편익과 편익 - 비용비 그리고 내부수익률을 이용하여 대안들의 우선순위를 정하면 다음과 같다.

순편익: #2 > #3 > #1.
편익 - 비용비: #2 > #1 > #3.
내부수익률: #3 > #1 > #2.

이와 같이 대안들의 순위결정은 대안들의 비교방법에 따라 다르게 나타난다. 이는 어느 대안도 최적의 정책대안이 될 수 있는 동시에 최악의 대안이 될 수도 있음을 가리킨다. 경제성 분석의 목적은 바로 제시된 대안 중 사회에 최대의 편익을 제공하는 대안을 최종 정책으로 선택하려는 것이다. 그러나 대안들의 비교방법에 따라 대안들의 우선순위가 변한다면 최적대안 선택을 위한 대안들의 정확한 분석은 당연히 의미가 약해진다.

대안들의 우선순위 결정에 있어 일관성 없는 결과는 Mishan(1976)이 지적한 3가지의 조건이 충족되지 않았을 때 발생한다. 여기서 말하는 충족되어야 할 3가지 조건은 다음과 같다.

• 재투자 기회의 고려
• 대안들의 동일한 비용
• 대안들의 동일한 사업기간

대안들의 우선순위를 결정하는 데 있어 위와 같은 조건이 충족되지 않는다면 대안들의 일관성 있는 순위결정은 기대하기 어렵다. 이를 바꾸어 말하자면 위의 3가지 조건만 충족된다면 일관성 있는 대안들의 순위결정은 가능함을 의미한다. 이것이 바로 표준화법(normalization method)의 기본 개념이다. 표준화법은 대안들의 분석결과를 비교할 때 앞서 언급한 3가지 조건을 충족시켜 일관성 있는 우선순위의 결과를 도출하는 방법이다. 표준화법에 대해 재투자의 고려, 대안들의 비용 동일화 그리고 대안들의 사업기간 동일화로 구분하여 설명한다. 각각에 대한 설명은 다음과 같다.

1) 재투자의 고려

편의상 두 대안이 제시된 경우로 설명한다. 분석결과가 〈표 5-3〉과 같이 요약되었다면 일관성 있는 순위는 어떻게 결정되는지 살펴보자.

〈표 5-3〉에서 보이듯이 대안들의 비교방법에 따라 우선순위 결정에 상충이 일어나고 있다. 순편익과 편익-비용비로 기준할 때 대안 A가 우수한 것으로 나타나지만, 내부수익률을 가지고 볼 때 대안 B가 우수한 것으로 나타난다. 이러한 결과의 상충은 위에서 제시한 3가지의 조건 중 재투자 기회의 고려 조건이 만족하지 못함에 기인한다. 여기서 말하는 재투자란 정책으로 발생하는 편익을 재투자하는 것이다.

|표 5-3| 대안들의 분석결과표($r=0.1$)

대안	0	1	2	C	B	NB	B/C	λ
A	−100	15	130	100	121.07	21.07	1.21	0.218
B	−100	120	10	100	117.36	17.36	1.17	0.278

여기서 표준화법은 후방접근법이 아니라 전방접근법에 의해 이루어진다는 것이다. 따라서 표준화법에서 모든 비용과 편익은 정책의 종료시점으로 전환하여야 한다. 각 대안들의 편익을 정책의 종료시점인 $t=2$로 이동시켜 보자. 그러면 전방접근법에 적용할 할인율은 무엇인가. 앞의 제 4장에서 설명하였듯이 내부수익률은 정책에 투입된 비용의 평균수익률이며, 장래의 편익을 비용과 같게 하는 할인율이다. 그러므로 대안의 내부수익률을 이용하여 편익을 기준 시점 $t=2$로 이동시켜 보자. 그러면 대안 A는 $t=2$에서 총 편익이 148.27이 된다. 이 편익은 $15(1+\lambda)+130$으로부터 계산된

것이다. 그러므로 이때의 내부수익률은 아래와 같이 0.218이 된다.

$$100 = \frac{148.27}{(1+\lambda)^2}, \ \lambda = 0.218.$$

　　그러나 여기서의 문제는 바로 t=1시점에서 15라는 가치가 t=2시점에서 과연 18.27(=15×(1+0.218))이 될 것인가 하는 것이다. 사회적 할인율이 이미 10%로 주어 졌기 때문에 t=1에서 발생하는 15의 가치가 다른 사업으로 재투자하였을 때 t=2에서 나타나는 가치는 바로 16.5(=15×(1+0.1))가 된다. 이는 앞 장에서 제시된 식 (4.12)에 의해 계산되는 내부수익률은 재투자의 경우를 전혀 고려하지 않은 불분명한 할인율이 라 할 수 있다. 따라서 〈표 5-3〉에서 대안 A의 편익흐름을 전방접근법으로 정확하게 나타내면, -100, 0, 148.27이 아니라 바로 -100, 0, 146.5가 된다. 여기서 t=2의 총편 익 146.5는 15(1+r)+130으로부터 계산된 것이다. 재투자를 고려하였을 때 대안 A의 내부수익률은 다음과 같이 0.210이 된다.

$$100 = \frac{146.5}{(1+\lambda^R)^2}, \ \lambda^R = 0.210.$$

　　여기서 λ^R 은 재투자를 고려한 내부수익률(reinvestment-corrected IRR)이라고 한다. 이해를 위해 대안 B의 경우 재투자가 고려된 내부수익률을 계산해 보자. 대안 B도 대안 A의 경우와 마찬가지로 편익의 흐름을 내부수익률을 이용하여 t=2시점으로 이 동시켜 보면, 마지막 연도에서 총편익은 163.36이 된다. 이때 최종 연도에서 대안 B 의 총편익은 120(1+λ)+10으로부터 계산된 것이다. 따라서 이 경우도 내부수익률은 총편익을 비용과 동일하게 만드는 할인율, 즉 내부수익률은 0.278이 된다.

$$100 = \frac{163.36}{(1+\lambda)^2}, \ \lambda = 0.278.$$

　　그러나 여기서도 대안 B의 t=1에서 발생하는 120을 재투자할 때 t=2에서 그의 가 치는 153.36이 아니라 132.78이다. 왜냐하면 사회적 할인율이 10%로 주어졌기 때문 이다. 재투자를 고려하였을 경우 대안 B의 총편익은 t=2에서 142가 된다. 따라서 총 편익을 비용과 같게 하는 할인율, 즉 재투자를 고려한 내부수익률은 0.192가 된다.

$$100 = \frac{142}{(1+\lambda^R)^2}, \lambda^R = 0.192.$$

〈표 5-3〉을 정책의 종료시점인 $t=2$의 기준으로 하여 다시 작성하면 〈표 5-4〉와 같다(표에서 아래첨자 f는 정책의 종료시점을 가리킨다). 따라서 〈표 5-4〉에서 NB_f와 B_f/C_f는 정책의 종료시점에서 본 순편익과 편익 - 비용비를 의미한다.

|표 5-4| 표준화법에 의한 대안들의 결과분석표($r=0.1$)

대안	0	1	2	C_f	B_f	NB_f	B_f/C_f	λ^R
A	-100	0	146.5	121	146.5	25.5	1.21	0.210
B	-100	0	142.0	121	142.0	21.0	1.17	0.192

재투자를 고려한 내부수익률은 초기 연도의 비용과 최종 연도의 편익으로부터 계산되며, 순편익과 편익 - 비용비의 경우 비용과 편익은 분석의 기준연도인 최종 연도 시점을 기준으로 계산된다. 〈표 5-4〉에 나타난 결과를 바탕으로 대안들의 우선순위를 결정하면 다음과 같다.

순편익: 대안 A > 대안 B.
편익 - 비용비: 대안 A > 대안 B.
내부수익률: 대안 A > 대안 B.

이와 같이 재투자의 기회를 고려하고 사업기간과 비용을 동일하게 하였을 때, 어떠한 경제성 지표를 이용하건 일관성 있는 대안들의 우선순위는 도출된다.

2) 대안들의 비용 동일화

어느 두 대안을 분석한 결과가 〈표 5-5〉와 같다면 두 대안의 우선순위는 어떻게 결정되는지 살펴보자. 표에서 보이듯이 대안들의 우선순위는 결과의 비교방법에 따라 상충이 일어나고 있다. 즉, 순편익과 내부수익률로 기준할 때 대안 A는 대안 B보다 우수한 것으로 나타나지만, 편익 - 비용비를 가지고 볼 때 대안 B는 대안 A보다 우수한 것으로 나타난다. 이러한 상충은 Mishan이 지적한 3가지의 조건 중 재투자 기회의 고려조건과 동일한 비용조건이 충족되지 않아서 나타나는 결과이다.

|표 5-5| 대안들의 분석결과표($r=0.1$)

대안	0	1	2	C	B	NB	BC	λ
A	-100	60	65	100	108.26	8.26	1.08	0.160
B	-30	10	30	30	33.88	3.88	1.13	0.180

두 대안 A와 B에 투입되는 비용이 서로 다르기 때문에 일관성 있는 결과 도출을 위해서는 두 대안의 비용을 동일하게 해주어야 한다. 대안 B의 투입비용을 100으로 산정해야 한다(물론 대안 A의 비용을 대안 B의 비용으로 맞추는 경우도 생각해 볼 수 있으나 어느 경우이건 계산과정은 동일하며, 결과도 동일하다. 그러므로 여기서는 대안 A의 비용을 기준하여 설명한다). 이 경우 대안 B의 비용을 100으로 산정할 때 편익은 어떻게 계산되는가.

이에 대한 방법은 2가지로 요약할 수 있다. 첫째는 대안 B가 중복해서 투자되는 경우로 가정하고 편익을 계산하는 방법이며, 둘째는 대안 B에 30을 투자하고 나머지 70은 다른 사업에 재투자하는 경우로 가정하고 편익을 계산하는 방법이 있다. 전자의 경우 비용 100은 대안 B를 3과 1/3만큼 중복투자할 수 있는 비용이므로 비용 100에 따른 대안 B의 편익은 중복투자되는 만큼 증가하는 것으로 가정하고 계산된다. 그러나 이러한 가정은 비현실적이라고 할 수 있다.

예를 들면 대안 B는 교통사고를 방지하고 원활한 교통소통을 위해 일정 구간 내 하나의 교통 신호등을 설치하는 사업이라고 하고 신호등 설치에 투입되는 비용은 30이라고 하자. 그러면 대안 B의 비용을 대안 A와 동일한 비용 100으로 맞추기 위해서는 대안 B는 원래의 비용에 3과 1/3배, 즉 신호등을 3과 1/3개 설치하는 경우로 가정하여야 한다. 이와 같은 경우 편익의 규모가 원래의 편익보다 동일한 비율인 3과 1/3배 증가한다고 말하기는 어려울 것이다. 왜냐하면 과도하게 신호등이 배치되었을 때는 오히려 원활한 교통 흐름을 저해하여 편익의 효과는 떨어질 수 있기 때문이다.

따라서 비용을 동일화시키는 과정에서 대안의 중복투자의 가정은 일반적이라 할 수 없다. 그러므로 두 번째 방법, 즉 대안 B에 투입되는 비용 100중 30은 대안에 투입되며 나머지 70은 재투자하는 것으로 가정하고 편익을 계산하는 것이 안전하다. 표준화법에서는 두 번째의 방법이 적용된다.

표준화법을 이용하면 일관성 있는 결과를 〈표 5-6〉과 같이 도출할 수 있다. 표준화법의 과정은 다음과 같다. 대안들의 비용을 동일화시키고 앞에서 설명한 두 번째 방법에 의해 대안들의 편익을 산정한 후 정책의 종료시점으로 이동시켜 재투자를 고려한 내부수익률을 계산한다. 그리고 초기에 발생하는 비용도 종료시점으로 이동시켜 순편익과 편익 - 비용비를 계산하면 결과는 〈표 5-6〉과 같이 된다.

| 표 5-6 | 표준화법에 의한 대안들의 결과분석표(r=0.1)

대안	0	1	2	C_f	B_f	NB_f	B_f/C_f	λ^R
A	-100	0	131.0	121	131.0	10	1.08	0.145
B	-100	0	125.7	121	125.7	4.7	1.04	0.121

〈표 5-5〉에 나타난 대안 B의 편익을 모두 정책의 종료시점으로 이동시켜 총편익을 계산하면 다음과 같다.

$$B_f = 70(1+r)^2 + 10(1+r) + 30.$$

표준화법에 의해 계산된 결과를 가지고 대안의 우선순위를 결정하면 다음과 같다.

순편익: 대안 A > 대안 B.
편익 - 비용비: 대안 A > 대안 B.
내부수익률: 대안 A > 대안 B.

이와 같이 표준화법에 의해 일관성 있는 대안들의 우선순위가 도출된다.

3) 대안들의 사업기간 동일화

어느 정책의 두 대안을 분석한 결과가 〈표 5-7〉과 같다면 두 대안의 우선순위는 어떻게 결정되는지 살펴보자. 표에서 보듯이 이 경우 대안들의 비교방법에 따라 우선순위는 일관성이 없게 나타난다. 이러한 경우는 앞에서 설명한 3가지 조건 중 재투자 기회의 고려 조건과 동일한 사업기간 조건이 충족되지 못하므로 나타나는 결과이다. 따라서 표준화방법에 의해 각 대안들의 결과를 조정하면 〈표 5-8〉과 같다.

|표 5-7| 대안들의 분석결과표($r=0.1$)

대안	0	1	2	C	B	N/B	B/C	λ
A	−100	0	150	100	123.97	23.97	1.24	0.225
B	−100	130	0	100	118.18	18.18	1.18	0.300

|표 5-8| 표준화법에 의한 대안들의 결과분석표($r=0.1$)

대안	0	1	2	C_f	B_f	NB_f	B_f/C_f	λ^R
A	−100	0	150	121	150	29	1.24	0.225
B	−100	0	143	121	143	22	1.18	0.196

〈표 5-8〉에 보이듯이 표준화법에 의한 결과를 바탕으로 대안들의 우선순위를 결정하면 다음과 같이 분석자가 대안들의 결과를 비교하는 방법에 관계없이 일관성 있는 결과를 도출할 수 있다.

순편익: 대안 A > 대안 B.
편익 - 비용비: 대안 A > 대안 B.
내부수익률: 대안 A > 대안 B.

앞에서 설명한 3가지 경우에서 보였듯이 표준화법은 대안들을 비교함에 있어 재투자 기회의 고려와 동일한 비용 그리고 동일한 사업기간의 조건을 모두 충족시키므로 어떠한 경우에도 일관성 있는 대안들의 우선순위를 결정하게 하는 방법이다. 참고로 앞의 〈표 5-1〉에 나타난 일관성 없는 우선순위는 앞에서 설명한 표준화법에 의해 일관성 있는 우선순위로 나타낼 수 있다. 계산은 독자가 직접 해보기 바라며 여기서는 〈표 5-9〉와 같이 결과만 제시하기로 한다.

|표 5-9| 표준화법에 의한 대안들의 결과분석표($r=0.1$)

대안	0	1	2	3	C_f	B_f	NB_f	B_f/C_f	λ^R
#1	-219.01	0	0	297.22	291.50	297.22	5.72	1.02	0.107
#2	-219.01	0	0	328.40	291.50	328.40	36.90	1.13	0.145
#3	-219.01	0	0	302.50	291.50	302.50	11.00	1.04	0.113

순편익:　　　#2 > #3 > #1.

편익 - 비용비: #2 > #3 > #1.

내부수익률:　#2 > #3 > #1.

6. 요약

일반적으로 계획이나 정책수립 과정을 보면 목표가 설정되고 그 목표를 달성하기 위해 다양한 대안들이 제시된다. 그리고 분석자는 제시된 다양한 대안을 분석하고 효과들을 측정하여 사회에 최대의 편익을 제공하는 대안들의 순위를 결정한다. 그러나 정책의 효과가 정확하게 측정되었다고 할지라도 정책대안들의 우선순위는 다르게 나타날 수 있다. 이러한 현상은 크게 2가지 요인에 의해 발생하게 된다. 2가지 요인이란 바로 분석자가 선택하는 할인율과 분석자가 제시된 대안들의 결과를 비교하는 방법이다. 이 장은 이 2가지 요인에 대해 설명하였다.

정책의 대상은 사회 내 어느 특정인이나 특정 계층이 아니라 사회 전체가 된다. 따라서 정책에서 비용과 편익을 분석할 때 사용되는 할인율은 사회 전체의 시간의 투자가치를 반영해야 한다. 이는 바로 사회 내 모든 구성원들이 동의할 수 있는 사회적 할인율을 정책분석에서 사용해야 함을 의미한다. 이러한 이유 때문에 공공정책에서 사용하는 할인율을 사회적 할인율(social discount rate)이라고 한다.

정책분석에 사용되는 사회적 할인율을 결정하는 데 있어 문제는 바로 사회 내 각 개인들 모두가 공감할 수 있는 할인율을 찾기 어렵다는 데 있다. 이 장에서는 사회적 할인율을 대신할 할인율에 대해 시장이자율, 투자의 한계생산, 정부의 할인율, 기업의 할인율, 개인의 효용할인율과 개인의 사회할인율 그리고 피구의 할인율에 대해 설명하였다. 또한 정책에서 분석자가 사용하는 할인율은 시장의 할인율보다 낮아야 함도 간단한 모형을 통해 설명하였다. 그리고 사회적 할인율은 국가마다 분석기관마다 다르기 때문에 분석자는 사회 내 다양한 측면을 고려하여 정책분석에서 적용할 사회적 할인율을 결정해야 함을 설명하였다.

분석자가 대안들의 효과를 정확하게 측정하였고, 적절한 사회적 할인율을 선택하였다 할지라도 분석결과들을 비교하는 방법에 따라 정책의 우선순위는 달라질 수 있다. 정책에서 중요한 것은 바로 결과의 일관성 유지이다. 즉, 어느 기준으로 보아도 제시된 대안들의 우선순위는 변하지 말아야 한다. 다양한 정책대안들의 결과가 적절하게 분석된 경우 분석자가 일관성 있는 정책의 우선순위를 결정하기 위해 사용할 수 있는 방법이 바로 표준화법이다. 이 장에서 설명한 표준화법은 대안들의 결과를 비교할 때 3가지의 조건, 재투자 기회의 고려와 동일한 비용 그리고 동일한 사업기간의 조건을 충족시켜주므로 일관성 있는 결과를 도출하는 방법이다.

제 6 장

정책비용과 편익의 가치화: 시장가격

정책비용과 편익의 가치화: 시장가격

1. 서론

정책에 대한 비용 – 편익 분석이란 고려중인 정책이 집행되었을 때 그 정책으로 인해 누가 무엇을 얼마만큼 얻고 잃었는가를 분석하는 것이다. 분석결과 얻은 자의 복지향상분이 잃은 자의 복지감소분보다 클 때 그 정책은 의미 있는 정책이라 하겠으며, 반대의 경우는 자원의 낭비를 초래하는 정책이라 하겠다.

이와 같이 비용 – 편익 분석이란 바로 고려중인 정책의 경제성을 평가하는 것이므로 분석된 결과는 매우 구체적이어야 한다. 정책의 효과는 크게 비용과 편익으로 구분된다. 비용은 대체적으로 건설비, 토지비, 인건비, 자재비 등과 같이 구체적인 금전의 가치로 나타나지만 편익은 일반적으로 '환경이 좋아졌다', '쾌적해졌다' 또는 '편해졌다' 등과 같이 개인의 주관적인 평가로 나타난다. 이러한 개인들의 주관적 평가를 어떻게 금전적 가치로 평가할 것인가가 정책분석에서 가장 어려운 부분이다. 따라서 이 장에서는 정책효과를 편익측정에 초점을 맞추어 설명하기로 한다.

정책의 평가를 위해서는 정책효과가 계량화되어야 하고 계량화된 효과는 금전적 가치로 가치화되어야 한다. 앞의 제 3장에서 설명하였듯이 분석자가 정책효과를 구체적으로 측정하기 위해서는 우선적으로 예상되는 정책효과를 항목화해야 하며, 다음으로 항목화된 정책효과들의 가치를 화폐단위로 측정해야 한다.

여기서 중요한 것은 정책효과를 나타낼 때 개념적 표현은 사용하지 말아야 한다는 것이다. 예를 들어 정책의 효과가 '대단히 크다', '그 효과는 중간 정도이다' 또는 '그 효과는 미미하다' 등의 개념적이며 모호한 표현은 정책분석에서 사용되지 말아야 한다. 일반적으로 정책효과의 가치화는 다음과 같은 두 가정에 기초하여 이루어진다.

- 가정 #1: 정책의 사회적 가치는 사회를 구성하는 모든 구성원들이 정책에 대해 갖는 가치의 합으로 나타난다. 이를 식으로 표현하면 다음과 같다.

$$V = \sum_j V_j, \tag{6.1}$$

  V : 정책의 사회적 가치,

  V_j : 정책에 대해 개인 j가 갖는 가치.

- 가정 #2: 개인이 갖는 정책의 가치는 바로 개인이 그 정책에 대해 기꺼이 지불하려는 가치와 같다.

정책은 사회의 특정 계층이나 특정인을 대상으로 수립되고 집행되는 것이 아니라 사회 전체의 복지를 극대화하기 위해 수립되고 집행된다. 정책의 효과를 가치화하여 구체적으로 평가하기 위해서는 기본적으로 개인이 정책효과에 대해 갖는 가치를 알아야 한다. 그리고 개인이 갖는 가치는 바로 개인이 정책효과에 대해 기꺼이 지불하려고 하는 금액과 동일하다.

요약하면 정책의 효과를 구체적 가치로 나타내기 위해서는 정책에 대한 개인들의 심리, 즉 개인이 정책효과에 대해 얼마만큼의 가치를 가지고 있는가를 알아야 한다. 이러한 개인들의 심리를 알아야만 정책효과의 가치화가 가능하게 되며 따라서 정확하고 올바른 정책분석이 되는 것이다. 이 장에서 다루어지는 가장 중심 주제는 정책효과를 개인의 기본 행태(behavior)에 바탕을 두어 가치화함으로써 정책이 사회에 미치는 영향을 측정하는 방법에 관한 것이다.

2. 편익과 시장가격

개인의 편익은 바로 개인의 증가된 만족이라 할 수 있다. 즉, 만족이 증가할 때 편익은 증가한다고 할 수 있으며, 불만족할 때 편익은 감소한다고 할 수 있다. 그러므로 정책의 편익은 바로 개인의 만족 변화분으로부터 계산되어야 한다. 그러면 개인은 언제 만족을 느끼는가? 개인의 만족은 예를 들면 관광지에서 수려한 경치를 바라볼 때, 맛있는 음식을 먹을 때, 재미있는 영화를 볼 때, 그리고 백화점이나 상점에서 물건을 구입할 때 등과 같이 다양한 형태의 소비행위로부터 발생하게 된다. 다시 말해 개인의 만족은 바로 개인이 무엇을 소비할 때 발생하게 된다.

따라서 정책의 편익은 정책으로 인한 개인 만족의 변화로부터, 그리고 개인 만족의 변화는 바로 소비의 변화로부터 측정되어야 한다. 이 절에서는 소비자이론을 중심으로 정책의 효과를 소비자의 만족으로부터 편익을 계산하는 것에 대해 설명한다. 개인의 만족을 경제학에서는 효용(utility)이라고 하므로 여기서는 효용으로 통일하여 부르기로 한다.

1) 수요곡선의 도출

시장가격이란 개인들이 갖는 한계효용인 동시에 사회의 한계편익을 가리킨다는 것은 일반적으로 잘 알려져 있는 바이다. 시장가격이 사회의 편익이나 비용을 가리키는 척도이기 때문에 시장가격은 정책분석에 매우 중요하게 사용될 수 있다.

재화의 시장가격이 존재하고 정책으로 인한 재화생산량 또는 소비량의 변화가 측정될 수 있다면 분석자는 의미 있는 정책분석을 수행할 수 있다. 그러면 시장에서 관찰되는 재화의 가격이 사회복지 수준을 측정하는 데 어떠한 의미를 갖는지 살펴보자.

이를 위해서는 우선 소비자의 선택에 대해 알아보아야 한다. 소비자의 선호도를 나타내는 무차별곡선과 소비자의 소득 그리고 두 재화의 가격이 주어졌을 때 소비자가 그의 효용을 극대화하기 위해 선택하는 점은 앞의 제 2장에서 설명하였듯이 소비자의 한계대체율과 재화의 가격비가 서로 같아지는 점이다.

$$\frac{P_x}{P_y} = MRS = \frac{\triangle Y}{\triangle X} = \frac{M_x}{M_y}. \tag{6.2}$$

여기서 $M_{x(y)}$는 재화 $x(y)$ 한 단위 소비에 따른 소비자 효용의 변화를 가리키는 한계효용이다. 위와 같이 소비자의 선택조건은 (그림 6-1)에서 보이듯이 A점에서 충족된다. 따라서 소비자는 그의 효용을 극대화시키기 위해 주어진 소득을 두 재화 x^*와 y^*만큼을 구입하는 데 지출한다.

|그림 6-1| 소비자의 선택

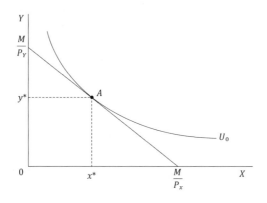

(그림 6-2)에서 두 재화의 가격 중 재화 x의 가격이 변할 때 소비자의 선택은 어떻게 변하는지 알아보자. 여기서 주어진 재화 x의 가격을 P_x^0라 하고 설명의 편의를 위해 가격변화는 다음과 같이 3가지 경우로 한정하기로 한다.

- 가격이 P_x^1로 상승한 경우: $P_x^0 < P_x^1$.
- 가격이 P_x^2로 하락한 경우: $P_x^0 > P_x^2$.
- 가격이 P_x^3로 더욱 하락한 경우: $P_x^0 > P_x^2 > P_x^3$.

|그림 6-2| 가격변화에 따른 소비자의 선택

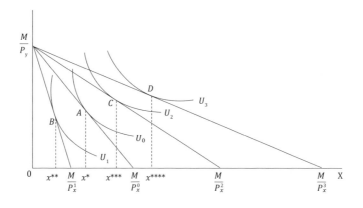

(그림 6-2)는 앞의 (그림 6-1)을 바탕으로 재화 x의 가격이 위와 같이 변하였을 때 예산선의 변화와 그에 따른 소비자의 선택을 보여주고 있다. (그림 6-2)에 나타난 가격변화에 따른 소비자의 선택을 재화 x중심으로 요약하면 〈표 6-1〉과 같다.

|표 6-1| 가격변화에 따른 소비자의 선택

가격	x 재화소비량	선택점
P_x^0	$x^*(P_x^0, P_y^0, M)$	A
P_x^1	$x^{**}(P_x^1, P_y^0, M)$	B
P_x^2	$x^{***}(P_x^2, P_y^0, M)$	C
P_x^3	$x^{****}(P_x^3, P_y^0, M)$	D

〈표 6-1〉에 제시된 소비자의 선택결과를 그림으로 표시하면 (그림 6-3)과 같다. 그림에서 x축은 재화 x의 소비량을, 그리고 y축은 재화 x의 가격을 가리킨다. 그림으로부터 재화의 가격이 높을 때 소비자의 소비량은 작아지고 가격이 낮을 때 소비자의 소비량은 많아짐을 알 수 있다. 이와 같이 재화의 가격이 변할 때 변화되는 소비자의 재화소비량을 나타내는 모든 점을 연결하면 그것이 바로 소비자가 갖는 재화의 수요곡선이 된다.

|그림 6-3| 가격변화에 따른 소비자의 소비량

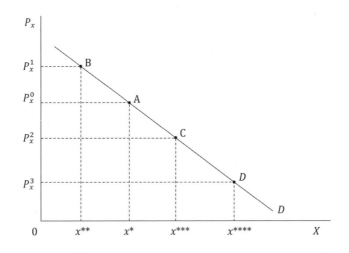

2) 수요곡선의 의미

앞에서 설명되었던 수요곡선의 도출과정을 간단히 요약하면 다음과 같다. 소비자의 효용 극대화조건으로부터 소비자의 선택을 살펴보았고 이를 바탕으로 가격변화에 따라 소비자가 선택하는 재화의 양을 통해 재화의 수요곡선이 도출되었다. 수요곡선을 통해 나타나는 가장 일반적 사실은 소비자의 심리적 행태이다. 즉, 소비자는 재화의 가격이 상승하면 소비를 줄이고 반대로 가격이 하락하면 소비를 증가시킨다는 것이다. 그러므로 재화의 수요곡선은 우하향(右下向)하는 특징이 있다.

여기서 소비자의 선택조건을 다시 생각해 보자. 재화가격의 변화에도 소비자의 선택조건 식 (6.2)는 항상 충족된다. (그림 6-2)에 나타난 각 점에서 소비자의 선택조건을 식으로 표현하면 다음과 같다.

$$\frac{P_x^0}{P_y} = MRS^A = \frac{M_x^A}{M_y^A}, \quad \frac{P_x^1}{P_y} = MRS^B = \frac{M_x^B}{M_y^B},$$

$$\frac{P_x^2}{P_y} = MRS^C = \frac{M_x^C}{M_y^C}, \quad \frac{P_x^3}{P_y} = MRS^D = \frac{M_x^D}{M_y^D}. \tag{6.3}$$

식 (6.3)에서 위첨자는 (그림 6-2)에서 소비자가 가격변화 시 선택하는 점을 가리킨다. 위의 식으로부터 알 수 있는 것은 바로 소비자가 선택하는 두 재화의 소비량은 두 재화의 단위 화폐당(예를 들면 1원 또는 1달러) 한계효용이 같아지는 점에서 결정된다는 사실이다.

$$\frac{M_x}{P_x} = \frac{M_y}{P_y} = k. \tag{6.4}$$

식 (6.4)에서 k는 바로 화폐 한 단위의 한계효용을 의미한다. 여기서 $k=1$이라고 가정한다면 식 (6.5)와 같이 재화의 가격은 곧 그 재화의 한계효용을 가리킨다. 따라서 식 (6.5)는 (그림 6-3)에 나타난 수요곡선이 (그림 6-4)와 동일하게 표현될 수 있음을 가리킨다. 이는 바로 재화 x의 한계효용이 재화 x의 수요곡선이 됨을 의미한다. 다시 말해서 P_x^0는 소비량 x^*에서 소비자가 한 단위 더 소비함으로써 변화되는 한계효용이며, P_x^1은 x^{**}에서 한 단위 소비로 인한 소비자의 한계효용을 가리킨다.

$$P_x^0 = M^A, \ P_x^1 = M^B,$$
$$P_x^2 = M^C, \ P_x^3 = M^D. \tag{6.5}$$

|그림 6-4| 수요곡선과 한계효용

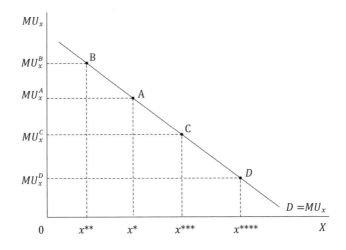

사회는 많은 개인으로 구성되어 있으므로 (그림 6-4)와 같이 나타나는 각 개인의 수요곡선을 모두 합하면 (그림 6-5)와 같이 재화에 대한 사회 전체의 수요곡선이 도출된다. 이때 사회의 전체 수요곡선은 개인의 수요곡선을 수평으로 합함으로서 구해지며 사회 전체의 수요곡선도 역시 우하향하는 특징을 갖는다.

재화의 가격이란 개인의 한계효용을 가리킴과 동시에 사회 전체의 한계효용 또는 한계편익을 가리킨다. 다시 말해 재화의 수요곡선이 도출된다면 정책으로 인한 재화의 가격변화가 사회에 미치는 편익이나 비용은 가치화될 수 있다. 이러한 가격의 기본 개념을 가지고 정책으로 인한 가격의 변화가 사회에 미치는 효과를 측정하는 방법에 대해 알아보자.

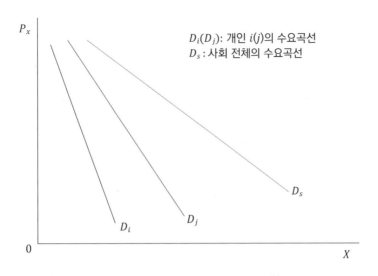

|그림 6-5| 재화의 사회 수요곡선

$D_i(D_j)$: 개인 $i(j)$의 수요곡선
D_s: 사회 전체의 수요곡선

3. 소비자 잉여

1) 소비자 잉여란?

　정책으로 인한 사회복지의 변화는 가격의 변화만 알고 있다면 수요곡선을 이용하여 정책의 효과에 대한 가치화가 가능하다. 따라서 정책효과를 가치화하는 데 있어 수요곡선의 도출은 필수적인 것이라 할 수 있다.

　소비자 잉여(consumer's surplus)란 바로 수요곡선을 이용하여 정책효과를 금전적 가치로 평가할 때 유용하게 사용되는 방법이다. 여기서 말하는 소비자 잉여란 소비자가 높은 가격을 지불하고라도 소비하고 싶어하는 재화를 그보다 낮은 가격에 구입하여 소비할 때 얻는 만족의 가치를 말한다. 따라서 여기서 잉여란 소비자가 어떠한 대가를 치르지 않고 얻는 효용의 금전적 가치이다.

어느 재화의 수요곡선이 (그림 6-6)과 같다고 하자. 만일 재화의 가격이 P_A라고 한다면 소비자의 소비량은 0이 된다. 그러나 그 가격이 P_A보다 조금 낮은 P_B인 경우 소비자의 소비량은 x_B가 될 것이며 그때 소비자의 한계효용은 식 (6.5)에서 설명하였듯이 P_B가 된다. 그리고 재화의 가격이 P_C라고 한다면 소비자는 재화의 소비를 x_C가 될 때까지 계속할 것이다. 왜냐하면 소비자는 x_B에서 x_C까지 재화를 소비할 때 변화되는 효용의 변화분이 그가 지불하는 비용(즉, 가격)에 비해 크다고 느끼기 때문이다.

|**그림 6-6**| 가격변화에 따른 소비자의 소비량

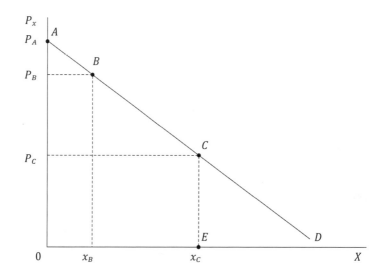

이와 같이 소비자는 그의 한계효용이 그가 지불하는 비용과 같아지는 점에서 소비량을 결정하게 된다. 소비자가 x_C를 소비하므로 얻는 총효용은 (그림 6-6)에서 A점에서부터 C점까지 수요곡선의 아래 부분의 면적이 된다.

$$U_T = OACE = P_C AC + OP_C CE, \tag{6.6}$$

U_T: 소비자의 총효용.

소비자가 x_C만큼 소비할 때 얻는 총효용은 소비자가 지불하는 총비용(즉, x의 소비량 $\times$ x의 가격)이 있기 때문에 무상으로 얻어지는 것은 아니다. 소비자의 소비량 x_C는 하늘에서 뚝 떨어진 것이 아니라 소비자가 비용을 지불하여 구입해야 하는 것이다. 따라서 소비자는 x_C에 대한 비용을 지불하였으므로 총효용 중 소비자가 지불한 비용을 감해 주어야만 진정한 소비자 잉여가 계산될 수 있다. 소비자가 비용을 지불하지 않고 얻은 잉여는 (그림 6-6)에서 삼각형에 해당하는 P_CAC의 면적이 된다.

$$CS = OACE - OP_CCE = P_CAC, \tag{6.7}$$

CS : 소비자 잉여,

$OACE$: 소비자의 총효용,

OP_CCE : 소비자가 지불한 총비용.

요약하자면 소비자 잉여는 재화의 일정량에 대해 소비자가 실제로 치르는 가치와 소비자가 주관적으로 느끼는 가치의 차액인 것이다. 앞서 여러 차례에 걸쳐 언급하였듯이 정책은 자원배분을 변화시켜 종국적으로 가격의 변화로 나타난다. 그리고 가격의 변화는 (그림 6-6)에서 알 수 있듯이 소비자의 잉여를 변화시킨다. 그러면 가격이 변할 때 소비자 잉여는 어떻게 변하며 또한 그 변화를 어떻게 측정할 것인가에 대해 살펴보자.

|그림 6-7| 정책으로 인한 소비자 잉여의 변화

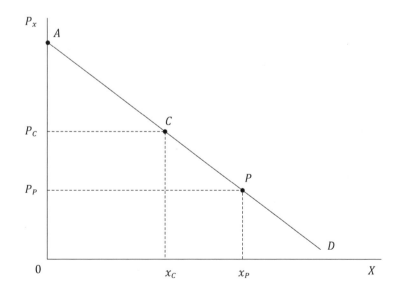

예를 들어 어느 정책으로 인해 재화의 가격이 P_C에서 P_P로 변하였다면 그 정책의 효과는 얼마인지 계산하여 보자. (그림 6-7)에서 보이듯이 정책은 가격을 하락시킴으로 소비자 잉여를 증가시킨다. 그림에서 정책 후 가격이 P_P로 감소되었을 때 소비자 잉여는 $P_P AP$의 면적이 된다. 그러나 이러한 소비자 잉여는 정책 전의 소비자 잉여 $P_C AC$를 포함하고 있으므로 기존의 소비자 잉여를 감해주면 정책으로 인한 소비자 잉여의 변화분이 계산되고, 이것이 바로 정책의 효과가 되는 것이다. 따라서 정책의 효과는 다음과 같이 소비자 잉여의 변화분($\triangle CS$)으로 가치화되는 것이다.

$$\triangle CS = CS_P - CS_O = P_P AP - P_C AC, \tag{6.8}$$

CS_P : 정책 후 소비자 잉여,

CS_O : 정책 전 소비자 잉여.

결론적으로 정책의 효과는 소비자 잉여에 의해 금전적 가치로 계산된다. 이와 같이 재화의 수요곡선이 도출되어 있다면 가격의 변화를 일으키는 정책의 효과를 가치화하는 데 있어 소비자 잉여는 매우 유용하게 사용될 수 있다. 소비자 잉여를 계산하는 데 있어 수요곡선이 직선으로 주어지는 경우 소비자 잉여는 그림에서 직접 면적을 계산할 수 있으나, (그림 6-8)과 같이 비선형으로 주어지는 경우에는 다음과 같은 공식을 이용하여 계산하여야 한다(적분법에 대한 설명은 생략함).

|그림 6-8| 소비자 잉여의 변화

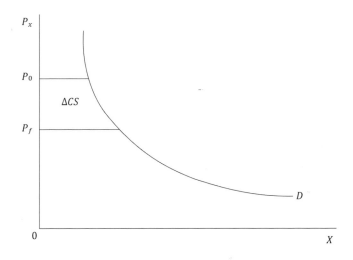

$$\triangle CS = \int_{P_f}^{P_0} D(P)dP = -\int_{P_0}^{P_f} D(P)dP.$$ (6.9)

여기서 P_0와 P_f 그리고 $D(P)$는 각각 정책 전 재화의 가격과 정책 후 재화의 가격 그리고 재화의 수요곡선을 의미한다.

2) 소비자 잉여를 이용한 정책분석

여기서는 이해를 돕기 위해 소비자 잉여를 이용한 3가지 경우의 정책분석을 중심으로 설명하기로 한다.

〈예 제〉

1. 주택이 현재 20,000호가 공급되어 있는 도시 '가'의 주택 수요는 다음과 같이 표현된다고 한다.

   $P = 200e^{-0.01Q}$,
   P: 주택가격(단위: 백만 원),
   Q: 주택 수요량(단위: 1,000호).

   여기서 도시 '가'의 계획가가 주택을 5,000호 더 공급하려는 계획을 수립 중에 있다. 계획이 집행되었을 때 그 계획이 도시에 미치는 편익을 계산해 보라.

   이 경우 가장 먼저 해야 할 것이 이 계획이 주택가격에 미치는 영향을 파악하는 것이다. 우선 정책 전의 가격은 주어진 수요함수로부터 163.75백만 원임을 알 수 있다.

   $P_0 = 200e^{-0.2}$ = 163.75백만 원.

계획이 집행된다면 도시 내 주택의 총 수는 25,000호가 될 것이기 때문에 주택의 가격은 163.75백만 원에서 155.76백만 원으로 낮아질 것이다.

$$P_f = 200e^{-0.25} = 155.76$$백만 원.

소비자 잉여를 계산하기에 앞서 주어진 수요곡선을 식 (6.9)에 맞게 수요되는 재화량을 가격의 함수형태로 전환해야 한다.

$$\ln P = \ln 200 - 0.01Q,$$
$$Q = 529.83 - 100 \ln P.$$

계획이 집행되었을 때 그의 효과는 주택수요함수와 가격의 변화를 가지고 소비자 잉여를 통하여 측정될 수 있다. 식 (6.9)를 이용하면 계획으로 인한 소비자 잉여의 변화는 179.58백만 원임을 알 수 있다.

$$\triangle CS = -\int_{163.75}^{155.76} (529.83 - 100 \ln P) dP,$$
$$= -\left[529.83P - 100(P \ln P - P) \right]_{163.75}^{155.76}$$
$$= 179.58$$백만 원.

따라서 계획가가 고려 중인 5,000호의 주택공급계획이 집행된다면 그 계획은 도시 '가'에 179.58백만 원의 편익을 제공한다고 하겠다.

2. 주민 10,000명으로 구성되어 있는 어느 도시 '나' 내 유원지가 있다. 각 주민들의 유원지 방문 횟수는 다음과 같은 수요함수에 의해 나타난다고 한다.

$$X = 100 - P,$$
X: 연간 유원지 방문횟수, P: 유원지 입장료.

현재 유원지의 입장료는 50원이다. 정부는 다목적댐 건설계획을 발표하였다. 다목적댐이 건설되면 주민들이 이용하는 유원지는 수몰되어 없어질 전망이다. 이러한 정부의 다목적댐 건설계획에 대해 도시 '나' 주민들의 반응은 어떠하겠는가?

주어진 조건에서 다목적댐의 건설로 인해 주민들이 방문하던 유원지가 수몰된다는 것은 바로 유원지로부터 주민들이 얻는 소비자 잉여가 없어짐을 의미한다. 유원지로부터 각 주민들이 얻었던 소비자의 잉여를 그림으로 나타내면 (그림 6-9)와 같다.

|그림 6-9| 유원지의 수요함수와 소비자 잉여

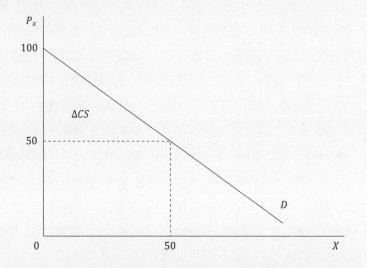

유원지가 수몰되므로 개인들이 누리고 있던 편익분 1,250원은 없어지게 되고, 도시 전체적으로는 12,500,000원의 편익이 감소되는 것이다.

$$\triangle CS = \int_{50}^{100} (100 - P)dP = 1{,}250원,$$

$$B = 1{,}250 \times 10{,}000 = 12{,}500{,}000원.$$

여기서 소비자 잉여에 10,000을 곱하는 이유는 바로 도시 '나'는 10,000 명으로 구성되었기 때문이다. 그리고 정책으로 인해 이러한 도시 편익의 손실은 해마다 계속되는 것이므로 다목적댐 건설로 인해 도시 전체의 편익감소는 다음과 같이 계산된다.

$$C = \sum_t \frac{-B}{(1+r)^t},$$

C: 정책으로 인한 총편익 손실,

$-B$: 일 년 동안 도시 전체의 편익손실,

r: 사회적 할인율.

3. 두 계층 R_1과 R_2로 구성되어 있는 도시 '다'가 있다. 여기서 계층 R_1은 연평균 3,000만 원의 고소득층을 그리고 계층 R_2은 연평균 1,000만 원의 저소득층을 가리킨다. 이 도시는 단핵 도시로 모든 상업 및 업무기능은 도심에 집중되어 있어 모든 사람들은 공히 도심으로 통근하고 있다. 두 계층은 통근하는 데 2가지의 교통수단, 즉 자동차 또는 대중교통수단인 지하철을 이용한다고 한다. 자동차 통행의 경우 두 계층이 지불하는 통행비용은 다르다. 왜냐하면 계층 R_1이 소유하고 있는 자동차는 계층 R_2에 비해 상대적으로 대형이며 고급자동차이기 때문이다. 구체적으로 말해 계층 R_1은 자동차 통행비용으로 0.9천 원을 지불하며, 계층 R_2은 0.6천 원의 통행당 비용을 지불한다. 그리고 지하철 이용 시 두 계층이 지불하는 통행당 비용은 모두 0.5천 원이다. 여기서 지하철의 통행수요는 계층별로 다음과 같이 표현된다고 한다.

$$X_{s,i} = (P_{s,i})^{-0.83}(P_{c,i})^{0.12}(0.025M_i),$$

$X_{s,i}$: 계층 i의 지하철 통행수요(단위: 백만 통행),

$P_{s,i}$: 계층 i이 지불하는 지하철 통행비용(단위: 천 원),

$P_{c,i}$: 계층 i이 지불하는 자동차 통행비용(단위: 천 원),

M_i: 계층 i의 연평균 소득(단위: 천 원),

R_i: 계층 i, $i = 1, 2$.

도시 '다'의 계획가가 대중교통수단의 통행비용을 0.5천 원에서 0.4천 원으로 낮출 것을 고려하고 있다. 만일 이러한 계획가의 의도가 정책으로 집행된다면 이 정책이 도시 전체에 미치는 편익은 얼마인가?

위의 예에서 정책으로 인해 변하는 가격은 지하철의 통행비용(즉, 지하철 요금)이다. 이러한 지하철 요금 변화가 사회 전체에 제공하는 편익규모는 계층별로 구분하여 계산되어져야 한다. 왜냐하면 지하철의 통행수요함수가 계층별로 다르게 주어졌기 때문이다. 수요함수와 가격의 변화가 구체적으로 제시되었기 때문에 정책으로 인한 편익은 소비자 잉여를 이용하여 계산될 수 있다. 소비자 잉여의 변화를 통해 계획가가 고려하는 정책이 계층 R_1에 제공하는 편익은 144.13십억 원이다. 그리고 정책으로 인한 계층 R_2의 편익도 같은 방법으로 계산하면 45.76십억 원이다. 따라서 현재 도시 '다'의 교통 계획가가 고려 중인 정책이 시행된다면 그 정책은 연간 총 189.89십억 원의 편익을 도시에 제공하게 된다.

$$\triangle CS_{R_1} = -\int_{0.5}^{0.4} (P_{P,1})^{-0.83} (0.9)^{0.12} (0.025 \times 30,000) dP_{P,1}$$

$$= 144.13십억 \ 원.$$

$$\triangle CS_{R_2} = -\int_{0.5}^{0.4} (P_{P,2})^{-0.83} (0.6)^{0.12} (0.025 \times 10,000) dP_{P,2}$$

$$= 45.76십억 \ 원.$$

$$\triangle CS = \triangle CS_{R_1} + \triangle CS_{R_2} = 189.89십억 \ 원.$$

여기서 단위가 십억 원이 되는 이유는 교통수요의 단위가 백만 통행이며 통행 당 비용의 단위가 천 원이기 때문이다. 이와 같은 정책의 편익은 시간에 따라 계속되는 것이므로 정책의 총편익은 다음과 같이 계산된다.

$$B_{total} = \sum \frac{\triangle CS}{(1+r)^t},$$

B_{total}: 정책의 총편익.

3) 가격변화의 진로 의존성(path dependency)

앞에서 설명한 소비자 잉여를 이용하여 정책효과를 측정하는 방법은 정책이 단 하나의 재화가격을 변화시키는 경우에만 적용 가능하다. 그러나 현실적으로 볼 때 정책으로 인한 어느 재화의 가격변화는 다른 재화의 가격변화에 영향을 미친다. 왜 냐하면 산업 간에는 연관관계가 존재하기 때문이다. 여기서 연관관계라 함은 산업 간 제품의 흐름으로 특징 지어진다. 산업 간 연관관계 때문에 한 산업의 가격변화는 다른 산업의 가격변화에 영향을 주게 된다.

가격의 변화폭은 산업 간 연관관계의 정도에 의해 결정된다. 산업 간 연관관계가 큰 산업제품의 가격변화는 다른 산업제품의 가격변화에 큰 영향을 미치고 반대로 연 관관계가 약한 산업제품가격의 변화는 다른 산업제품가격 변화에 미치는 영향이 약 하다고 할 수 있다. 예를 들면 원유값의 상승은 대체적으로 다른 산업제품의 가격변 화에 큰 영향을 미치는 데 반해 농산물의 가격변화가 산업 전체 가격변화에 미치는 영향은 작다. 왜냐하면 원유산업과 타 산업 간에는 높은 연관관계가 존재하는 데 비 해 농산물과 타 산업 간 연관관계는 상대적으로 낮기 때문이다.

산업 간 연관관계는 경제 내 거의 모든 부문에 존재하는 것이므로 경제 내 어느 재화의 가격변화로부터 완전히 무관한 재화는 없다고 해도 과언이 아니다. 이러한 산업 간 연관관계를 보면 정책이 어느 재화의 가격을 변화시킨다는 것은 바로 다른 산업제품의 가격에도 영향을 미친다는 것을 의미한다. 만일 산업 간 연관관계가 고 려된다면 정책으로 인한 가격의 변화를 측정할 때 소비자 잉여는 어떻게 사용될 수 있는지 살펴보자.

여기서는 두 재화의 경우로 설명을 간편화하기로 한다. 어느 정책이 두 재화의 가격을 동시에 변화시킨다면 분석자가 알 수 있는 것은 바로 정책 전 두 재화의 가 격 (P_1^0, P_2^0)과 정책 후 두 재화의 가격 (P_1^f, P_2^f)이다. 그러나 가격이 변해가는 진로 (path)는 매우 다양할 것이다. 그 다양한 진로는 (그림 6-10)과 같이 A에서 B로 가 는 데 있을 수 있는 모든 진로를 포함한다. 그중 여기서는 L_1과 L_2의 두 진로만 고 려해 보자. 각 진로에 대한 설명은 아래와 같다.

|그림 6-10| 두 재화의 가격변화 진로(path)

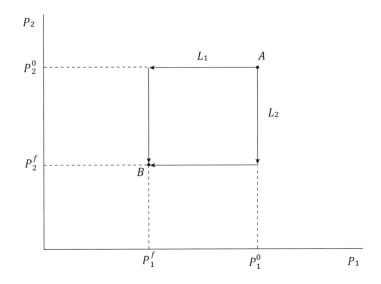

L_1: 가격변화는 우선 x_2 가격이 변하지 않는 상태에서 x_1의 가격이 변하고(P_1^0 → P_1^f), 다음으로 x_2의 가격이 변하는(P_2^0 → P_2^f) 진로.

L_2 : 가격변화는 우선 x_1 가격이 변하지 않는 상태에서 x_2의 가격이 변하고(P_2^0 → P_2^f), 다음으로 x_1의 가격이 변하는 (P_1^0 → P_1^f) 진로.

어느 한 재화의 가격감소는 소비자에게 실질적인 구매력을 증가시키므로 결국 가격의 하락은 소비자들의 소득을 증가시키는 효과라 할 수 있다. 따라서 소득의 향상효과는 (그림 6-11)과 같이 재화의 수요곡선을 수평 이동시킨다. 이 경우 정책으로 인한 가격변화를 소비자의 잉여를 이용하여 측정해 보자. 이때 소비자 잉여는 두 재화의 가격변화의 진로별로 계산되어야 한다. 각 진로에 따른 소비자 잉여의 변화를 계산하면 다음과 같다.

|그림 6-11| 수요함수의 변화에 따른 소비자 잉여의 변화

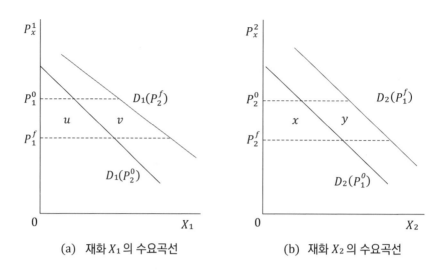

(a) 재화 X_1의 수요곡선　　　(b) 재화 X_2의 수요곡선

　　가격변화의 진로가 L_1인 경우 P_1가격의 변화가 먼저 고려된 후 다음으로 P_2의 가격변화가 고려되어 소비자 잉여가 계산된다. 따라서 정책의 효과를 가리키는 소비자 잉여의 변화는 수요함수 $D_1(P_2^0)$와 $D_2(P_1^f)$부터 계산된다. 구체적으로 말해 $D_1(P_2^0)$로부터 u가 그리고 $D_2(P_1^f)$로부터 $x+y$의 소비자 잉여 변화가 계산되어 정책의 총편익은 $u+x+y$가 된다.

$$\triangle CS_{L_1} = u + x + y, \tag{6.10}$$

$\triangle CS_{L_1}$: 가격변화의 진로가 L_1인 경우 소비자 잉여의 총변화.

　　그리고 L_2의 경우 소비자 잉여는 먼저 P_2가격의 변화가 고려된 후 다음으로 P_1의 가격 변화가 고려되어 계산된다. 따라서 소비자 잉여 계산에 이용되는 수요함수는 $D_1(P_2^f)$와 $D_2(P_1^0)$가 된다. 정책으로 인한 소비자 잉여의 변화는 $D_1(P_2^f)$으로부터 $u+v$가 그리고 $D_2(P_1^0)$로부터 x의 소비자 잉여의 변화가 계산되어 정책의 총편익은 $x+u+v$가 된다.

$$\triangle CS_{L_2} = x + u + v, \tag{6.11}$$

$\triangle CS_{L_2}$: 가격변화의 진로가 L_2인 경우 소비자 잉여의 총변화.

식 (6.10)과 식 (6.11)을 비교하면 정책으로 인해 두 재화의 가격이 변할 때 분석자가 선택하는 가격변화의 진로에 따라 소비자 잉여는 다르게 나타남을 알 수 있다.

위에서 설명한 소비자 잉여를 요약하면 다음과 같다. 소비자 잉여가 정책분석에서 갖는 가장 큰 의미는 실질적 자료에 의해 소비자가 주관적으로 느끼는 효용이 금전적인 가치로 측정된다는 것이다. 그러나 정책이 여러 재화의 가격을 변화시키는 경우 소비자 잉여는 여러 가지의 결과를 분석자에게 제시하는 단점을 아울러 가지고 있다.

4) 소비자 잉여의 표준계산법

정책이 여러 재화의 가격을 변화시키는 경우 소비자 잉여의 계산방법을 생각해 보자. 여기서는 독자의 이해를 돕기 위해 정책으로 인해 3가지 재화의 가격이 변하는 경우를 예로 설명하기로 한다. 재화의 수요곡선이 구해져 있고 정책으로 인한 가격변화가 (P_1^0, P_2^0, P_3^0)에서 (P_1^f, P_2^f, P_3^f)로 분석되었을 때 소비자 잉여의 변화를 계산하는 과정은 다음과 같다.

첫째, P_1의 변화만 고려하여 소비자 잉여의 변화를 계산하되 이때 P_2와 P_3는 정책 전의 가격(P_2^0, P_3^0)을 사용한다.

$$\triangle CS_1 = -\int_{P_1^0}^{P_1^f} x_1(P, P_2^0, P_3^0)dP. \tag{6.12}$$

둘째, P_2의 변화만 고려하여 소비자 잉여를 계산하되 P_1의 경우는 정책 후의 가격(P_1^f)을 그리고 P_3는 정책 전의 가격(P_3^0)을 사용한다.

$$\triangle CS_2 = -\int_{P_2^0}^{P_2^f} x_2(P_1^f, P, P_3^0)dP. \tag{6.13}$$

셋째, P_3의 변화만 고려하여 소비자 잉여를 계산하되, P_1과 P_2는 모두 정책 후의 가격 (P_1^f, P_2^f)을 사용한다.

$$\triangle CS_3 = -\int_{P_3^0}^{P_3^f} x_3(P_1^f, P_2^f, P)dP. \tag{6.14}$$

마지막으로 각 재화의 가격변화에 따른 소비자 잉여의 변화를 모두 합하면 정책의 총편익이 계산된다.

$$\triangle CS = \sum_i \triangle CS_i. \tag{6.15}$$

만일 정책이 n개의 재화가격을 변화시키는 경우 정책의 총편익의 계산은 다음과 같이 계산된다. 우선 위에서 설명한 방법으로 재화 1부터 재화 n까지 소비자 잉여를 n번 계산하고 각 재화로부터 계산한 소비자 잉여의 변화를 모두 합하여 정책의 총편익은 측정된다.

정책이 두 재화의 가격을 변화시키는 경우 정책의 총편익을 계산해 보자. 10,000명의 인구로 구성되어 있는 사회에 어느 정책은 두 재화의 가격을 다음과 같이 변화시킨다고 한다.

정책 전의 가격: $(P_1^0, P_2^0) = (1,1)$.
정책 후의 가격: $(P_1^f, P_2^f) = (2,2)$.

두 재화에 대한 개인들의 수요가 아래와 같이 주어질 경우, 이 정책이 사회에 미치는 편익을 계산해 보자. 단, 소비자들의 소득은 4,000천 원이다.

$$x_1 = 12 - 5P_1 + 2P_2 + \frac{3}{2000}M,$$

$$x_2 = 3 - 5P_2 + 3P_1 + \frac{3}{2000}M.$$

수요함수 중 M은 소비자의 소득이며 단위는 천 원이다. 이러한 정책의 효과 측정은 앞에서 설명한 계산방법 과정에 따라 쉽게 계산된다.

$$\triangle CS_1 = -\int_1^2 (20 - 5P)dP = -12.5천 \ 원.$$

$$\triangle CS_2 = -\int_1^2 (15 - 5P)dP = -7.5천 \ 원.$$

$$\triangle CS = \triangle CS_1 + \triangle CS_2 = -20천 원.$$

사회는 총 10,000명으로 구성되어 있으므로 이 정책은 연간 사회에 총 200,000천 원의 비용을 발생시킨다고 할 수 있다.

4. 보상변화와 동등변화

재화의 가격이 변할 때 소비자의 예산선도 변하게 되고 결과적으로 효용 극대자인 소비자의 선택도 달라지게 된다. 예를 들면, 정책의 집행결과 재화 X의 가격이 P_x에서 P_x^f으로 하락하였다면 소득이 M_0인 소비자의 선택은 (그림 6-12)에서와 같이 a bundle에서 b bundle로 바뀌게 된다. 여기서 b bundle은 무차별곡선 U_1상에 있으므로 무차별곡선 U_0에 위치한 a bundle에 비해 높은 효용수준을 소비자에게 제공하게 된다. 재화의 가격하락은 당연히 소비자의 효용 향상으로 나타나며, 향상된 소비자의 효용은 무차별곡선 U_0와 U_1의 차이로 나타나게 된다.

|그림 6-12| 가격변화와 소비자선택의 변화

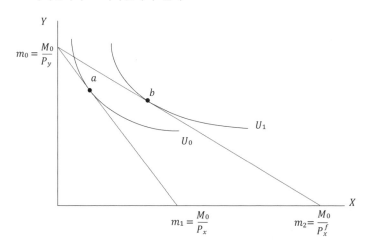

정책으로 인해 재화 X의 가격이 (그림 6-12)와 같이 하락하였을 때 소비자가 얻는 효용 향상을 화폐단위로 나타내면 얼마인가? 이에 대한 정확한 해답을 제시하기란 매우 어렵다. 왜냐하면 소비자의 효용을 나타내는 무차별곡선 U_0와 U_1는 화폐가치로

표현할 수 있는 것이 아니기 때문이다. 그러나 소비자의 변화된 효용은 소비자 잉여의 변화와 보상변화(compensating variation, CV) 그리고 동등변화(equivalent variation, EV)에 의해 화폐단위로 측정할 수 있다. 이 절에서는 보상변화와 동등변화에 대해 설명하기로 한다.

1) 보상변화와 동등변화

(1) 보상변화

재화의 가격이 하락하면 소비자의 예산선은 (그림 6-12)에서 보듯이 m_0m_1에서 m_0m_2로 변하게 되며, 소비자의 선택은 a bundle에서 b bundle로 이동하게 되어, 결국 소비자의 효용수준은 U_0에서 U_1로 향상되게 된다. 여기서 보상변화란 종전의 효용수준 U_0를 바탕으로 가격변화에 따른 효용의 변화를 화폐가치로 나타내는 것이다. 좀 더 구체적으로 말해 보상변화는 재화의 가격 하락에 의해 증가된 복지 수준 U_1에서 소비자가 가격변화 전 효용수준 U_0로 돌아가기 위해서 공제되어야 할 소득을 의미한다.

(그림 6-13)에서 보상변화는 가격하락으로 인해 변화된 예산선 m_0m_2와 평행하며 U_0와 접하는 예산선 m_3m_4 간의 차이로 나타난다. 따라서 보상변화는 그림에서 $m_0 - m_3$로 나타난다. 보상변화에서 중요한 것은 바로 가격하락 이전 소비자의 효용수준 U_0가 기준이 되어 효용변화를 측정한다는 것이다.

$$CV = m_0 - m_3. \tag{6.16}$$

|그림 6-13| 재화의 가격 변화와 보상변화

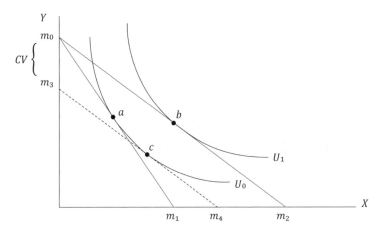

(2) 동등변화

동등변화란 재화의 가격하락으로 향상된 소비자의 효용을 종전의 효용수준 U_0에서 향상된 효용수준 U_1을 얻기 위해 소비자가 지급해야 하는 소득을 말한다. 이를 그림으로 나타내면 (그림 6-14)와 같다. 그림에 보이듯이 동등변화는 가격하락 이전의 예산선 m_0m_1과 평행하며 U_1과 접하는 예산선 m_5m_6 간의 차이, 즉 m_5-m_0로 나타난다.

$$EV = m_5 - m_0. \tag{6.17}$$

동등변화는 보상변화와 달리 효용변화의 측정이 향상된 효용수준 U_1을 바탕으로 이루어진다. 그러므로 동등변화는 가격변화로 인해 향상된 효용수준을 가격변화가 없는 경우 향상된 효용수준에 도달하기 위해 증가되어야 할 소비자의 지출(소득)이라고 할 수 있다.

|그림 6-14| 가격변화와 동등변화

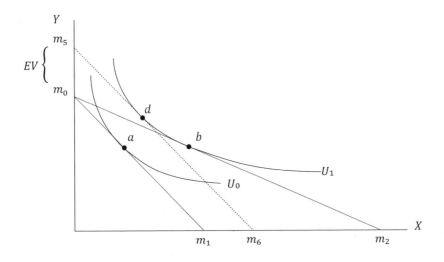

2) 마셜의 수요함수와 힉스의 수요함수

보상변화와 동등변화는 재화의 가격변화에 따른 소비자의 효용변화를 화폐단위로 측정하는 것이다. 그러면 보상변화와 동등변화가 재화의 가격과 수요량의 관계로부터 어떻게 측정될 수 있는지 살펴보자. 이를 위해서는 먼저 재화의 수요함수에 대한 이해가 필요하다. 왜냐하면 재화의 가격이 변할 때 소비자의 효용변화를 화폐단위로 측정하기 위해서는 재화에 대한 수요함수가 우선 제시되어야 하기 때문이다. 재화에 대한 수요함수는 마셜(Marshall)의 수요함수와 힉스(Hicks)의 수요함수가 있으며, 각각에 대한 설명은 다음과 같다.

(1) 마셜의 수요함수

마셜의 수요함수는 소비자의 예산(소득)이 주어진 상태에서 소비자가 그의 효용을 극대화하기 위해 선택하는 재화의 양으로부터 도출된다. 이러한 마셜의 수요함수의 도출과정은 식 (6.18)과 같이 예산제약하에서 소비자의 효용 극대화로 요약된다.

$$\text{목적식: } \underset{X,\ Y}{Max}.\ U(X,\ Y). \qquad\qquad (6.18)$$

$$\text{제약식: } P_x X + P_y Y = M_0.$$

제약하의 최적화 문제를 비제약하의 최적화 문제로 변형시키기 위해서는 라그랑지 승수법(Lagrange - multiplier method)을 이용하여야 한다. 라그랑지승수법은 목적식과 제약식을 라그랑지승수를 이용하여 하나의 식으로 만드는 방법이다. 그리고 라그랑지승수를 이용하여 만들어진 식을 라그랑지함수라고 한다. 식 (6.18)을 라그랑지함수로 변형시키면 식 (6.19)와 같다. 단, 라그랑지함수에서 선택변수는 X와 Y 그리고 라그랑지승수(λ)이다. 따라서 라그랑지함수에서 문제 해결방법은 단순히 라그랑지승수를 선택변수로 포함시킨 것이라 할 수 있다(라그랑지함수에 관해 좀더 알고자 하는 독자는 Chiang(1985)을 참조할 것).

$$\text{목적식: } \underset{X,\ Y,\ \lambda}{Max}.\ L = U(X,\ Y) + \lambda(M_0 - P_x X - P_y Y), \qquad (6.19)$$

$$\lambda\text{: 라그랑지승수.}$$

위의 식에서 λ는 소득 한 단위 변화에 따른 소비자의 효용변화를 가리키는 소득의 한계효용$\left(\dfrac{\partial L}{\partial M_0}\right)$이다. 그리고 식 (6.19)의 일계조건(first order condition, FOC)으로부터 다음과 같이 3개의 조건식이 도출된다.

$$\frac{\partial L}{\partial X}=0, \ \frac{\partial L}{\partial Y}=0, \ \frac{\partial L}{\partial \lambda}=0. \tag{6.20}$$

식 (6.20)에서 보듯이 변수 3개에 3개의 조건식이 있으므로 이들의 연립방정식을 풀면 재화 X와 Y의 수요함수와 라그랑지승수가 구해질 수 있다. 이렇게 구한 재화의 수요함수를 마셜의 수요함수라고 한다.

$$X^M = X^M(P_x, \ P_y, \ M_0), \ \ Y^M = Y^M(P_x, \ P_y, \ M_0), \tag{6.21}$$
$$\lambda = \lambda(P_x, \ P_y, \ M_0),$$
$$X(Y)^M\text{: 재화 } X(Y)\text{의 마셜의 수요함수.}$$

(2) 힉스의 수요함수

소비자의 선택은 마셜의 수요함수 도출과정과는 달리 소비자의 예산(소득)에 의해 제약되는 것이 아니라 효용수준에 의해 제약될 수도 있다. 소비자의 선택이 효용수준에 의해 제약되는 경우 소비자의 행위는 제약된 효용수준을 달성하는 데 지출해야 되는 비용의 최소화로 정의된다. 이렇게 정의된 소비자의 비용최소화로부터 재화의 수요함수를 도출하는 것이 바로 힉스의 수요함수이다. 힉스의 수요함수 도출과정은 식 (6.22)와 같이 효용 제약하에서 소비자가 지출하는 비용의 최소화로 요약된다.

$$\text{목적식: } \underset{X, Y}{Min}. \ \ L = P_x X + P_y Y. \tag{6.22}$$
$$\text{제약식: } U(X, \ Y) = U_0.$$

위의 식과 같이 비용최소화 문제에서도 선택변수는 두 재화 X와 Y의 양이다. 또한 이 경우도 마셜의 수요함수를 도출하던 것 같이 라그랑지승수법을 이용하여 제약하에서의 최적화 문제를 비제약하에서의 최적화 문제로 전환하여야 한다. 여기서는 마셜의 수요함수와 구분하기 위해 비용최소화의 라그랑지함수를 Z로 그리고 라그랑지승수를 θ로 표시하기로 한다. 비용최소화의 라그랑지함수에서 선택변수는 X와 Y 그리고 라그랑지승수 θ이다.

$$\text{목적식: } \underset{X,\,Y,\,\theta}{Min.}\ Z = P_x X + P_y Y + \theta\{U_0 - U(X,\,Y)\}, \tag{6.23}$$

θ: 라그랑지승수.

위의 식에서 라그랑지승수는 바로 효용수준 한 단위 변화에 따른 비용 변화를 가리키는 소비자 효용의 한계비용$\left(\dfrac{\partial Z}{\partial U_0}\right)$이다. 라그랑지함수를 선택변수로 편미분하여 일계조건(FOC)을 구하면 다음과 같다.

$$\frac{\partial Z}{\partial X} = 0,\ \ \frac{\partial Z}{\partial Y} = 0,\ \ \frac{\partial Z}{\partial \theta} = 0. \tag{6.24}$$

위의 식으로부터 연립방정식을 풀면 재화 X와 Y의 수요함수와 라그랑지승수가 구해진다. 이러한 과정을 통해 구한 재화의 수요함수를 힉스의 수요함수라고 한다.

$$X^H = X^H(P_x,\,P_y,\,U_0),\ \ Y^H = Y^H(P_x,\,P_y,\,U_0), \tag{6.25}$$

$\theta = \theta(P_x,\,P_y,\,U_0),$

$X(Y)^H$: 재화 $X(Y)$의 힉스의 수요함수.

3) 보상변화, 동등변화 그리고 소비자 잉여

앞에서 설명한 과정을 통해 재화의 수요함수가 결정되면 재화의 가격변화로부터 소비자의 효용변화를 화폐단위로 측정할 수 있다. 이 장 3절에서 설명한 소비자 잉여는 소득이 일정하고 효용수준이 변하는 경우의 수요함수 즉, 마셜의 수요함수를 이용하여 측정한 것이다. 반면 보상변화와 동등변화는 효용수준이 먼저 주어지고 주어진 효용수준을 달성하기 위한 소비자의 지출이 변하는 경우이다. 따라서 보상변화와 동등변화는 힉스의 수요함수를 이용하여 측정된다. 만일 정책으로 인해 재화의 가격이 P_x^0에서 P_x^f로 변하였을 때 소비자의 효용변화를 소비자 잉여의 변화로 나타내면 (그림 6-8)과 같고, 보상변화와 동등변화로 나타내면 (그림 6-15)와 같다.

|그림 6-15| 힉스의 수요함수에서의 보상변화와 동등변화

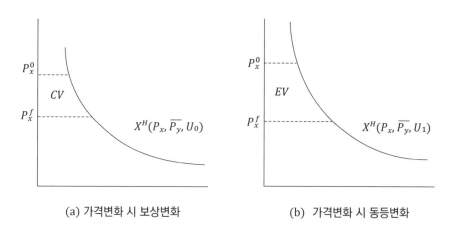

(a) 가격변화 시 보상변화　　　　(b) 가격변화 시 동등변화

종합하면 가격변화에 따른 소비자의 효용변화는 힉스의 수요함수와 마셜의 수요함수를 이용하여 각각 보상변화와 동등변화 그리고 소비자 잉여의 변화에 의해 화폐가치로 측정될 수 있다. 그러면 보상변화와 동등변화 그리고 소비자 잉여의 변화 사이에는 어떠한 관계가 있는지 살펴보자. 이를 위해 재화의 가격이 하락하였을 때 소비자의 선택과 보상변화와 동등변화 그리고 소비자 잉여의 변화와의 관계를 한 그림에 종합하여 표시해 보자. (그림 6-16)의 두 그림 중 위 그림은 앞에서 제시된 (그림 6-13)과 (그림 6-14)를 함께 표시한 것이다. 즉, 그림에는 재화의 가격이 변하였을 때 소비자의 선택 변화와 보상변화 그리고 동등변화가 함께 표시되어 있다.

아래 그림은 위의 그림을 바탕으로 보상변화와 동등변화 그리고 소비자 잉여의 변화를 함께 표시한 것이다. 즉 (그림 6-8)과 (그림 6-15)를 종합한 것이다.

|그림 6-16| 보상변화, 동등변화, 소비자 잉여의 변화 간의 관계

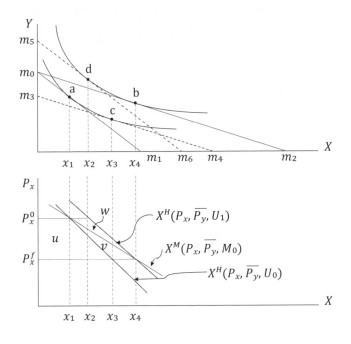

(그림 6-16)으로부터 재화의 가격이 P_x^0에서 P_x^f로 하락하였을 때 소비자의 효용 변화를 보상변화, 동등변화 그리고 소비자 잉여의 변화로 나타내면 다음과 같다.

- 보상변화에 의한 소비자 효용증가: u.
- 동등변화에 의한 소비자 효용증가: $u+v+w$.
- 소비자 잉여에 의한 소비자 효용증가: $u+v$.

소비자의 효용변화에 대한 측정 결과를 비교해 볼 때 보상변화와 동등변화 그리고 소비자 잉여의 변화 간의 측정값 크기는 식 (6.26)과 같이 요약된다. 즉, 소비자 잉여에 의한 효용변화의 측정값이 보상변화와 동등변화의 중간에 위치하게 되며, 동등변화에 의한 효용변화의 측정값이 가장 크게 나타난다. 따라서 보상변화에 의해 측정된 효용변화가 가장 작다. 식 (6.26)에서 등식이 포함된 것은 가격 변화 시 소득효과가 없는 경우를 포함하기 때문이다.

$$CV \leq \triangle CS \leq EV. \tag{6.26}$$

참고로 가격변화로 인한 소비자의 소비증가는 2가지 효과에 의한 결과로 구분할 수 있다. 첫째는 소득효과이다. 소득효과란 재화의 가격이 하락하였을 때 소비자가 동일한 소득으로 이전보다 더 많은 재화를 소비할 수 있게 되는 효과를 말한다. 둘째는 대체효과이다. 만일 재화 X의 가격이 하락하였을 때 소비자는 재화 X의 가격이 재화 Y에 비해 상대적으로 저렴함을 느끼게 될 것이고, 이에 따라 소비자는 재화 Y를 재화 X로 대체하려고 할 것이다. 이러한 효과를 대체효과라고 한다.

이와 같이 재화의 가격이 변하였을 때 소비자의 소비변화를 앞에서 제시한 (그림 6-16) 중 위 그림으로 설명을 해 보자. 가격 변화이전 재화 X에 대한 소비자의 소비량은 x_1이었다. 그러나 재화의 가격이 변했을 때 소비자는 x_2만큼 소비하게 된다. 따라서 가격변화의 효과는 바로 $x_2 - x_1$이다. 그러나 이러한 가격 변화를 소득효과와 대체효과로 구분하면 소득효과는 그림에서 $x_2 - x_3$로 그리고 대체효과는 $x_3 - x_1$로 나타난다. 그러므로 가격 변화의 효과는 소득효과와 대체효과의 합, 즉 $x_2 - x_1$으로 나타난다. 이에 대한 좀 더 자세한 설명은 생략하도록 한다.

4) 효용변화의 측정수단에 대한 종합

앞에서는 재화의 가격이 변하였을 때 소비자의 효용변화를 측정하는 방법에 대해 설명하였다. 소비자의 효용변화를 보상변화와 동등변화로 측정하는 데 있어 문제는 바로 개인의 효용수준에 대한 완전한 정보가 필요하다는 것이다. 그러나 이러한 정보를 얻기는 매우 어려운 것이다. 왜냐하면 이를 위해서는 소비자의 전체적 무차별곡선이 조사되어야 하기 때문이다. 이는 동등변화와 보상변화를 실질적으로 측정하기가 거의 불가능함을 의미한다.

반면 소비자 잉여의 변화에 의한 효용변화는 실질적으로 측정이 가능하다. 왜냐하면 소비자 잉여 가치가 소비자의 예산(소득)과 재화의 가격만 있으면 측정이 가능하기 때문이다. 그러나 소비자 잉여는 앞서 설명하였듯이 가격변화의 진로 의존성 때문에 다양한 결과를 분석자에게 제공한다. 이것이 바로 소비자 잉여의 근본적 문제점이다.

가격변화에 따른 소비자 효용의 변화를 측정함에 있어 보상변화, 동등변화 그리고 소비자 잉여의 문제점을 한마디로 요약하면 다음과 같다. 보상변화와 동등변화는 각각 하나의 측정값을 분석자에게 제공하지만 이를 실질적으로 관찰하기는 어렵다는 것이고, 소비자 잉여에 의한 효용변화는 실질적인 측정이 가능하나 이론적으로 문제가 있다는 것이다.

Willig(1976)의 연구는 이러한 문제점 해결에 실마리를 제공한다. 그의 연구결과는 소비자 잉여에 의한 효용변화 측정방법이 이론적으로 문제는 있지만 측정된 효용변화의 값이 보상변화와 동등변화의 값에 근접함을 제시하고 있다. 따라서 Willig의 연구 결과를 고려해 볼 때 소비자 잉여 방법은 재화의 가격을 변화시키는 정책의 효과를 화폐단위로 측정하는 데 있어 유용하게 사용할 수 있는 분석수단이라고 할 수 있다.

5. 생산자 잉여

이 절에서는 가격이 생산자에게 의미하는 바와 정책분석에서 어떻게 사용될 수 있는지에 대해 설명한다. 기업의 궁극적 목적은 이윤극대화에 있다. 이윤극대화를 위해 생산자가 결정해야 할 것은 바로 생산량이다. 이윤극대화를 위해 생산자가 결정하는 생산량은 다음과 같이 생산자의 기본 행태로부터 도출될 수 있다.

$$\pi = TR - C(X) \tag{6.27}$$

π: 이윤, TR: 총수익, $C(X)$: 총비용.

생산자가 선택하는 점은 위의 식을 미분하여 일계조건(FOC)으로부터 도출될 수 있다.

$$\frac{\partial \pi}{\partial X} = P - \frac{\partial C(X)}{\partial X} = 0 \tag{6.28}$$

여기서 $\frac{\partial C(X)}{\partial X}$ 은 한 단위 생산을 위해 생산자가 지불해야 하는 한계비용을 가리킨다. 따라서 생산자가 이윤을 극대화하기 위한 생산량 결정은 바로 한계비용이 재화의 가격과 같아지는 점에서 이루어진다.

$$MC = P. \tag{6.29}$$

생산량 증가에 따라 생산자가 부담하는 한계비용이 가격으로 나타나므로 이는 결국 한계비용곡선이 생산자의 공급곡선이 됨을 가리킨다. 그러므로 공급곡선은 생산자가 한 단위 재화의 생산을 위해 기꺼이 지불하려 하는 비용이라고 할 수 있다. 다시 말해서 (그림 6-17)에서 재화의 가격이 P_A로 주어지면 생산자는 그의 최적선택에 따라 x_A만큼 생산할 것이며, 재화의 가격이 P_C로 변경되면 그의 생산량은 x_C까지 증가시킬 것이다. 이와 같이 생산자는 가격의 순응자(price-taker)로서 시장에서 주어진 가격을 기준하여 생산량을 결정하게 된다. 생산량에 따른 한계비용의 모든 점을 연결시키면 바로 생산자의 공급곡선이 된다.

재화의 가격이 시장에서 P_C로 결정되었다면 생산자는 x_C만큼을 시장에 판매하여 얻는 수익은 (그림 6-17)에서 OP_CCx_c가 된다. 그러나 투입하였던 총비용(TC)은 한계비용곡선 중 C점까지의 아랫부분 면적이 된다.

|그림 6-17| 재화의 공급곡선

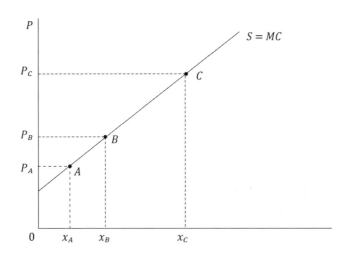

$$TC = \int_0^{x_c} MC(x)\,dx. \tag{6.30}$$

따라서 생산자가 x_C를 생산하여 판매하므로 얻는 이윤은 총수익 중 총비용을 제외한 부분이며, 이를 생산자 잉여(producer's surplus)라고 한다. 생산자 잉여를 계산하는 일반식은 다음과 같다.

$$PS = P_M x_M - \int_0^{x_M} MC(x)\,dx, \tag{6.31}$$

PS: 생산자 잉여,

P_M: 재화의 시장가격,

x_M: 시장가격하에서 생산자가 생산하는 재화의 양.

|그림 6-18| 정책으로 인한 생산자 잉여의 변화

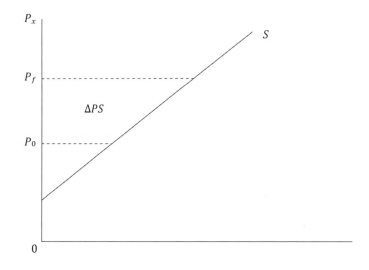

정책은 가격을 변화시키고, 가격변화는 소비자 잉여의 변화와 함께 생산자의 잉여도 변화시킨다. 정책이 재화의 가격을 P_0에서 P_f로 변화시킨다면 생산자 측면에서 볼 때 정책의 효과는 바로 생산자 잉여의 변화로 볼 수 있다. 생산자 잉여의 변화는 정책으로 인한 최종 가격에서 계산된 생산자 잉여 $PS(P_f)$에서 정책 전 가격에서의 생산자 잉여, $PS(P_0)$를 감하여 계산할 수 있다.

$$\triangle PS = PS(P_f) - PS(P_0). \tag{6.32}$$

시장가격은 바로 사회한계편익과 사회한계비용이 같아지는 점에서 결정되며, 이 때 소비자와 생산자는 (그림 6-19)에서 보이듯이 각각의 잉여를 얻게 된다. 그러므로 사회복지는 소비자 잉여와 생산자 잉여의 합으로 구성된다.

|그림 6-19| 소비자 잉여와 생산자 잉여

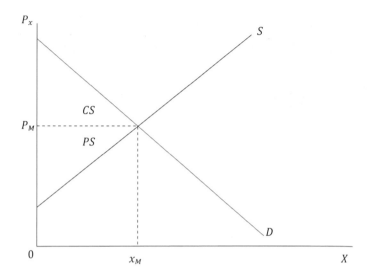

6. 정책의 총편익

앞의 두 절에서는 수요곡선과 공급곡선으로부터 소비자 잉여와 생산자 잉여가 금전적 가치로 평가될 수 있음을 설명하였다. 사회는 소비자와 생산자가 공히 같이 존재하므로 정책의 효과는 소비자와 생산자의 잉여 변화를 동시에 고려하여 평가해야 한다. 그러므로 정책의 총편익은 바로 소비자 잉여와 생산자 잉여의 변화의 합으로 나타난다. 여기서는 4가지의 기본적인 경우만 가지고 정책의 총편익 측정에 대해 설명하도록 한다.

〈예제〉

1. 어느 정책은 재화의 가격을 P_0에서 P_P로 이동시킴과 동시에 공급곡선을 오른쪽으로 수평 이동시키는 결과를 가져온다고 한다. 이러한 정책의 예는 기업의 $R\&D$ 등의 투자로부터 얻는 기술혁신이 한계생산비용을 절감시키고, 그 결과 주어진 가격하에서 생산량이 증가되는 경우에서 찾아볼 수 있다. 정책의 효과는 (그림 6-20)에서 보이듯이 공급곡선을 오른쪽으로 수평 이동시킨다면, 이 정책의 총편익은 얼마인가?

|그림 6-20| 공급곡선 이동에 따른 총편익의 변화

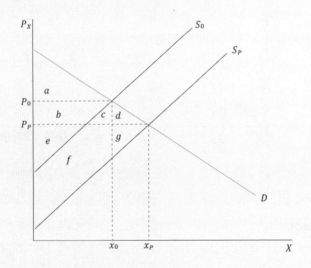

그림에서 정책으로 인해 가격이 하락되었으므로 소비자 잉여는 분명 향상된다. 소비자 잉여의 향상분은 면적 $b+c+d$로 나타난다. 가격이 변하였으므로 소비자 잉여와 마찬가지로 생산자 잉여에도 변화가 생긴다. 그 변화는 정책 전 $b+e$에서 정책 후 $e+f+g$로 변하여 결국 생산자 잉여의 변화는 $f+g-b$로 나타난다. 따라서 정책의 총편익은 $c+d+f+g$이다. 여기서 알 수 있는 것은 정책으로 인해 b에 해당하는 편익이 단순히 생산자에서 소비자에게 이동된다는 것이다. 만일 정책의 효과를 평가할 때 배분의 문

제가 중요한 것으로 고려된다면 b에 대한 계산은 중요하다. 그러나 총량적 측면에서 효과만을 계산하는 경우에는 b에 대한 계산은 큰 의미를 갖지 않는다.

$$\triangle CS = b + c + d,$$
$$\triangle PS = f + g - b,$$
$$B = \triangle CS + \triangle PS = c + d + f + g.$$

이와 같이 재화에 대한 수요곡선과 공급곡선이 제시된다면 정책으로 인한 가격변화의 효과는 구체적인 금전적 가치로 측정될 수 있다.

2. 앞의 경우와는 달리 소비자들의 수요가 완전 비탄력적인 경우를 생각해 보자. 기업의 기술혁신과 같이 한계생산비용을 절감시키는 정책은 생산자로 하여금 주어진 가격에서 더 많은 재화를 생산하게 만들지만 (그림 6-21)에서 보듯이 가격변화에는 아무런 효과를 미치지 않는다. 따라서 이 정책은 단순히 공급곡선만을 오른쪽으로 수평 이동시키는 결과로 나타난다. 이 경우 정책의 효과는 얼마인가?

|그림 6-21| 공급곡선 이동에 따른 총편익의 변화(완전 비탄력 수요인 경우)

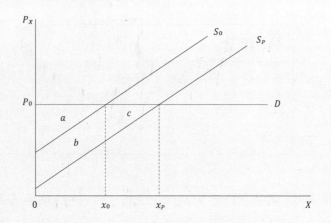

재화에 대한 수요가 완전 비탄력적인 경우 소비자 잉여는 0이므로 정책이 소비자 잉여에 미치는 효과는 없다. 이는 바로 정책의 평가는 생산자 잉여의 변화로부터만 계산되어야 함을 가리킨다. 정책 전 생산자 잉여는 a이고 정책 후 생산자 잉여는 $a+b+c$로 나타난다. 따라서 정책의 효과는 $b+c$이다.

$$\triangle CS = 0,$$
$$\triangle PS = b+c,$$
$$B = \triangle CS + \triangle PS = b+c.$$

3. 지역 간 도로의 서비스 수준을 향상시키는 정책이 집행되는 경우 그 정책의 편익은 어떻게 측정될 수 있는지 알아보자. 도로의 서비스 수준이 향상될 때 그 효과는 도로이용자의 통행당 한계비용이 (그림 6-22)와 같이 낮아지는 것으로 나타난다. 여기서 도로의 서비스 수준을 향상시키는 정책은 다양한 형태로 집행될 수 있는데, 예를 들면 비포장도로를 포장한다든지 또는 도로의 최고 속도를 향상시키는 것 등이라 할 수 있다. 이러한 정책의 효과를 그림으로 나타내면 (그림 6-22)와 같다.

|그림 6-22| 도로의 서비스 수준 향상에 따른 총편익의 변화

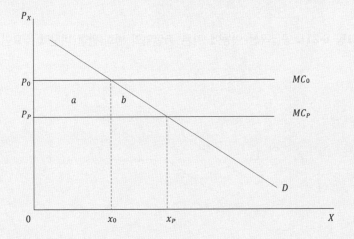

도로의 서비스 수준 향상은 (그림 6-22)에서 보이듯이 기존 도로를 이용하던 운전자들에게 정책 전에 비해 a만큼의 편익을 제공한다. 그리고 서비스

수준이 향상된 도로는 새로운 도로이용자를 유도한다. 새로운 도로이용자들에 의한 교통량은 $x_P - x_0$이며, 이들에게 제공되는 편익은 바로 b에 해당하는 면적이다. 따라서 도로의 서비스수준을 향상시키는 정책의 총편익은 소비자 잉여의 변화인 $a+b$로 나타나게 된다. 이때 생산자 잉여는 0이므로 정책으로 인한 생산자 편익은 없다.

$$\triangle CS = a+b,$$
$$\triangle PS = 0,$$
$$B = \triangle CS + \triangle PS = a+b.$$

4. 계획가가 독점시장에서 가격을 통제하는 경우 가격통제효과를 측정하여 보자. 예를 들면 (그림 6-23)과 같이 독점자는 재화의 가격을 P_0에 결정하므로 이익을 누리고 있다. 이때 계획가가 재화의 가격을 P_P로 통제한다면 이러한 가격통제효과는 얼마인가?

|그림 6-23| 가격통제 정책의 효과

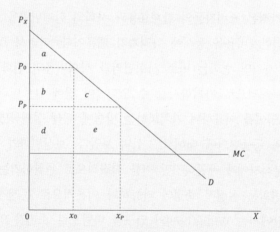

그림에서 보듯이 정책 전 소비자 잉여는 a 그리고 생산자 잉여는 $b+d$이었다. 정책은 가격을 통제하므로 가격을 하락시킨다. 그리고 하락된 가격은 소비자에게 $a+b+c$의 잉여를 제공하며 생산자에게는 $d+e$의 잉여를 제공한다. 따라

서 가격통제 정책으로 인해 소비자 잉여의 변화는 $b+c$이며, 생산자 잉여의 변화는 $e-b$로 나타나 결국 정책의 총편익은 $e+c$로 측정된다.

$$\triangle CS = b+c,$$
$$\triangle PS = (d+e)-(b+d) = e-b,$$
$$B = e+c.$$

이와 같이 독점자들에게 가격을 통제함에 따라 사회 전체의 복지는 향상되며, 생산자가 누리던 편익 중 b에 해당하는 편익은 소비자에게 전달되는 효과도 가져온다. 이 경우도 앞의 경우와 마찬가지로 수요함수와 함께 한계비용이 구해진다면 정책의 효과는 구체적으로 측정될 수 있다.

7. 요약

정책의 효과를 가치화하는 데 시장가격은 매우 중요한 정보를 분석자에게 제공한다. 왜냐하면 시장가격은 소비자들의 한계효용과 사회의 한계편익을 그리고 생산자들의 한계비용과 사회한계비용을 동시에 가리키기 때문이다. 따라서 정책으로 인해 가격이 변한다면 그 가격의 변화는 바로 사회편익과 사회비용의 변화임을 의미하므로 정책의 효과들은 구체적으로 가치화시킬 수 있다. 이 장에서는 이러한 변화를 소비자 잉여와 생산자 잉여를 이용하며 가치화하는 방법에 대해 설명하였다.

또한 보상변화와 동등변화에 대해서도 살펴 보았다. 보상변화와 동등변화는 각각 하나의 측정값을 분석자에게 제공하지만 이를 실질적으로 관찰하기는 어렵고, 소비자 잉여에 의한 효용변화는 실질적 측정이 가능하나 이론적으로 문제가 있음을 설명하였다. 그리고 이 장에서는 Willig(1976)의 연구를 바탕으로 소비자 잉여 방법이 재화의 가격을 변화시키는 정책의 효과를 화폐단위로 측정하는 데 있어 무리 없이 사용할 수 있는 분석수단임을 설명하였다.

제 7 장

비용과 편익의 계량화: 잠재가격

7장

비용과 편익의 계량화: 잠재가격

1. 시장가격과 잠재가격

　경제이론의 대부분은 완전경쟁시장을 가정하기 때문에 이론의 결과는 바로 시장이 완전할 때만 진정한 의미를 갖는다고 할 수 있다. 완전경쟁이란 제 2장에서 설명하였듯이 7가지의 가정이 충족될 때만 성립한다. 이 가정들을 다시 요약하면 다음과 같다.

- 각 재화의 생산과 소비에 있어서 다수의 생산자와 소비자가 존재한다.
- 생산자간 또는 소비자간에는 가격에 영향을 미치는 담합행위는 없다.
- 제품은 서로 동질하며, 생산기술도 동일하다.
- 자원과 재화는 교통비를 수반하지 않는 완전 이동을 한다.
- 각 경제 주체는 그들의 만족을 극대화시키려고 한다. 따라서 소비자는 효용극대자로서의 행동을 그리고 생산자는 이윤극대자로서의 행동을 한다.
- 시장에 대한 진입 및 이탈을 방해하는 제도적 장애물은 없다.
- 완전한 정보가 제공되기 때문에 각 경제 주체들은 시장에 대해 완전한 지식을 가지고 있다.

　이러한 가정이 충족되면 시장가격은 수요와 공급이 만나는 점에서 결정된다. 그리고 위의 7가지 가정 외에도 다음과 같은 9개의 가정은 정책의 비용 - 편익 분석에서 매우 중요한 결과를 도출하게 한다.

- 개인의 복지수준은 오로지 그의 소비수준에 의해 결정된다.
- 개인은 많은 것을 적은 것보다 선호한다. 따라서 개인의 만족에는 한계가 없다.
- 재화 사이에는 한계대체체감률이 존재한다.
- 생산기술은 수확불변의 특징을 갖는다.
- 외부효과는 존재하지 않는다.
- 공공재는 없다.
- 세금이나 보조금 또는 가격통제와 같은 정부의 간섭은 없다.
- 모든 재화는 시장에서 교환 가능하다.
- 모든 재화의 시장은 균형상태에 있다(여기서 균형상태란 재화의 수요와 공급이 서로 일치하여 재화에 대한 초과수요나 초과공급이 발생하지 않는 상태를 의미한다).

만일 위에서 제시한 16개의 가정이 모두 충족될 때 경제이론은 중요한 결과를 갖게 된다. 그것은 바로 모든 재화는 시장가격을 가지며, 그 가격은 그 재화의 진정한 사회적 가치를 나타내는 잠재가격(shadow prices)과 동일하다는 것이다. 그러나 여기서의 문제는 이러한 가정들이 제 2장에서 설명하였듯이 현실을 완전하게 나타내지 못함에 있다. 그러면 재화의 잠재가격이 현실에서 관찰되는 시장가격과 어떻게 다른가를 이해하는 것은 분석자들에게 중요하다.

시장가격과 잠재가격이 어떻게 다른지를 설명하기 위해 앞에서 제시한 16개의 가정 모두를 충족시키는 이상적 경제(ideal economy)에서 경제활동을 하는 기업 F와 모든 가정이 충족되지 못한 현실적 경제(real economy)에서 경제활동을 하는 기업 G가 있다고 하자. 기업 F와 G 모두는 동일한 재화, 예를 들면 신문을 발행한다고 한다. 두 기업이 직면한 경제환경의 차이는 다음 2가지로 요약된다.

첫째, 기업 F는 많은 신문발행 기업들과 경쟁하는 데 비해 기업 G는 경쟁기업이 없는 독점적 위치를 차지하고 있다. 둘째, 기업 F가 생산하는 재화는 생산부터 최종 소비에 이르기까지 어떠한 외부효과(external effect)도 존재하지 않는데 비해 기업 G의 경우는 외부효과가 존재한다. 구체적으로 말해서 기업 G는 신문을 발행하는 과정에서 오염물질을 발생시키며, 그 오염물질은 대기와 하천으로 방출되어 환경을 오염시킨다.

반면, 신문의 발행은 사회에 많은 양의 정보를 대중에게 전달하게 하므로 사회에 외부편익(external benefit)도 제공한다. 예를 들어 신문은 사회인들에게 국가나 지역이 직면한 경제상황, 해외여건의 변화, 신기술의 개발 그리고 정치와 사회의 다양한 이슈 등에 관해 알게 하며, 정부의 정책에 대해 비판할 능력을 갖게 한다. 이렇게 사회 구성원들이 국내외에서 일어나는 변화를 잘 이해하고 민감하게 반응할 때, 그 사회는 경쟁력 있는 사회가 되고, 결국 경제적으로나 정치적으로 성숙한 사회가 된다. 따라서 신문은 국가나 지역을 경제적으로 성장시키고 정치의 민주화에 기여한다고 할 수 있다. 이것이 바로 기업 G가 사회에 제공하는 외부편익효과이다.

위와 같이 외부효과가 존재할 때 재화의 가치는 개인이 평가하는 가치와 사회 전체 측면에서 평가하는 가치 간에는 차이가 있게 된다. 따라서 동일한 신문을 생산하지만 서로 다른 경제환경에서 활동하는 두 기업 F와 G가 생산하는 재화의 사회적 가치는 서로 다르게 된다. 여기서 신문 한 단위의 사회적 가치는 기업 F가 활동하는 이상 경제에서는 시장가격으로 그리고 기업 G가 활동하는 현실적 경제에서는 시장가격이 아닌 잠재가격으로 나타난다.

이 두 기업 사이에는 또 다른 중요한 차이가 있다. 기업 F는 가격의 순응자(price-taker)이다. 가격의 순응자란 바로 시장의 가격에 순응하여 시장에서 결정된 가격을 판매가격으로 받아들이는 것을 의미한다. 반면, 기업 G는 앞에서 제시한 가정 중 다수의 생산자 가정을 위배하고 있다. 기업 G는 독점생산자이기 때문에 가격의 순응자가 아닌 가격을 스스로 결정하는 가격 결정자(price-setter)이다. 그러면 이 두 기업이 생산하는 재화의 사회적 가치는 어떻게 다른지 살펴보자.

(그림 7-1)은 이상적 경제 안에서 활동하는 기업 F가 어떻게 생산량을 결정하는가를 보이고 있다. 그림을 설명하면, 가격 OA는 시장에서 공급과 수요에 의해 결정된 가격이다. 따라서 기업은 OA가격에서 모든 재화를 판매할 수 있다. 또한 수요곡선은 한 단위 재화소비로 인한 소비자들의 효용변화 또는 소비자들이 한 단위 재화의 변화에 대해 기꺼이 지불하려는 가치를 가리킨다. 효용의 변화는 바로 편익의 변화이므로 한계효용이란 바로 한계편익으로 바꾸어 표현할 수 있다. 그리고 개인들의 수요곡선을 모두 합하면 사회의 전체 수요곡선이 되기 때문에 그림에서 사회의 수요곡선 D_P는 한계사적편익(marginal private benefit)을 가리키게 된다. 단, 기업 F의 경우는 앞의 가정에서 제시되었듯이 외부편익효과를 사회에 제공하지 않으므로 주어진

수요곡선 D_P는 바로 한계사회편익(marginal private benefit) 곡선 D_S가 된다.

$$D_P = D_S.$$

|그림 7-1| 기업 F의 가격과 생산량 결정

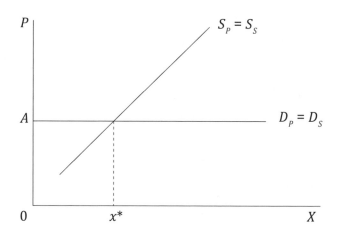

주: OA = 재화의 시장가격과 잠재가격, 생산요소의 시장가격과 잠재가격,
　　D_P = 한계사적편익곡선(수요곡선), D_S = 한계사회편익곡선,
　　S_P = 한계사적비용곡선, S_S = 한계사회비용곡선.

그림에서 S_P는 기업 F의 한계생산비용곡선이다. 여기서도 기업 F가 생산하는 재화로 인하여 외부비용효과가 발생하지 않기 때문에 S_P는 바로 한계사회비용(marginal social cost) 곡선 S_S가 된다.

$$S_P = S_S.$$

결과적으로 재화의 시장가격과 생산량은 한계사회비용곡선과 한계사회편익곡선이 같아지는 점에서 결정되기 때문에 기업 F는 그의 생산량을 x^*에서 결정하게 된다. 생산의 한계변화의 관점에서 OA는 재화의 시장가격이면서 동시에 재화의 잠재가격이고, 생산요소의 시장가격이면서 그의 잠재가격이기도 하다. 따라서 이상적 경제환경 아래서 관찰되는 재화의 시장가격은 다음과 같은 등식이 성립한다.

$$P_X = S_X = P_{Input} = S_{Input}, \tag{7.1}$$

P_X: 재화의 시장가격,

S_X: 재화의 잠재가격,

P_{Input}: 생산요소의 시장가격,

S_{Input}: 생산요소의 잠재가격.

(그림 7-1)에서 OA는 시장에서 직접 관찰할 수 있는 가격이므로 이 시장가격을 이용하면 정책의 효과는 앞 장에서 설명한 방법에 의해 정책으로 인해 얻은 자의 편익과 잃은 자의 비용이 금전적 가치로 구체적으로 계산된다.

위에서와 같이 이상적 경제 내에서 이루어지는 재화의 시장가격은 바로 그 재화의 잠재가격임을 설명하였다. 이러한 기본적 지식을 바탕으로 기업 G의 경우를 살펴보자. 기업 F와 기업 G가 직면하는 경제환경을 비교해 볼 때 기업 G가 직면한 환경은 기업 F에 비해 매우 복잡함을 알 수 있다. 왜냐하면 앞서 언급하였듯이 기업 G는 가격의 순응자가 아니라 가격의 결정자이며, 기업 G가 생산하는 재화는 생산과 소비과정에서 외부비용 및 편익효과가 동시에 발생하기 때문이다. 기업 G가 생산한 재화에 대한 수요는 시장 전체의 수요이다. 수요곡선은 한계사적편익을 가리키며 (그림 7-2)에서는 D_P로 나타난다.

| **그림 7-2** | 기업 G의 요소와 재화의 가격

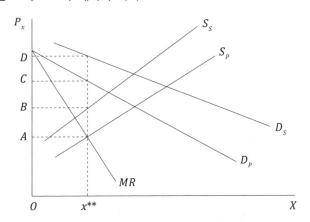

주: OA = 생산요소의 시장가격, OB = 생산요소의 잠재가격,
OC = 재화의 시장가격, OD = 재화의 잠재가격,
D_P = 한계사적편익곡선(재화의 수요곡선), D_S = 한계사회편익곡선,
S_P = 한계사적비용곡선(공급곡선), S_S = 한계사회비용곡선.

여기서 기업 G가 생산하는 신문은 앞서 언급하였듯이 사회에 외부편익효과를 제공하므로 한계사회편익곡선 D_S는 바로 D_P보다 높은 곳에 위치하게 된다. 그리고 기업 G는 그의 재화를 x^{**}만큼 생산할 것이다. 왜냐하면 독점생산자는 한계수익과 한계비용이 같아지는 점에서 생산량을 결정하기 때문이다.

기업 G는 재화생산 과정에서 오염물질을 발생시켜 사회에 외부비용효과를 유발하므로 기업 G의 한계비용곡선은 사회비용곡선과 다르게 나타난다. 즉, 기업의 한계비용곡선을 그림에서 S_P라고 한다면 한계사회비용곡선 S_S는 그보다 높은 곳에 위치하게 된다. 그러므로 그림에서 OA는 기업의 단위당 생산비용을 그리고 OB는 재화한 단위가 사회에 미치는 단위당 생산비용을 가리킨다. 또한 OB는 단위당 생산자가 부과하는 재화의 가격, 즉 시장가격이며, OD는 재화한 단위의 진정한 사회가치, 즉 잠재가격을 가리킨다. 그러므로 그림에서 기업 G가 직면한 경제환경에서 재화의 시장가격과 생산요소의 시장가격 그리고 각각의 잠재가격은 서로 동일하지 않게 된다.

$$P_X \neq S_X \neq P_{Input} \neq S_{Input}. \tag{7.2}$$

여기서 우리가 유의해야 할 것은 이러한 여러 가격 중에서 직접 시장에서 관찰 가능한 것은 재화의 가격(OC) 외에는 없다는 것이다. 그리고 요소의 시장가격(OA)은 간접적으로 기업의 회계자료나 기업의 생산과정 또는 생산기술에 대한 지식에 의해 측정될 수 있다. 정책의 비용 - 편익 분석에 있어서 OB와 OD는 매우 중요한 의미를 갖는다. 왜냐하면 각각은 투입 요소들의 잠재가격과 재화의 잠재가격을 가리키기 때문이다.

여기서의 문제는 이러한 잠재가격들이 시장에서 직접 관찰되지 않는 데 있다. 이러한 잠재가격들을 계산하기 위해서는 선형계획법(linear programming method)이나 기타 다른 방법에 의해 추정되는데, 이를 위해서는 일반적으로 많은 양의 자료와 정보가 필요하게 되며, 비용도 발생하게 된다(선형계획법에 대해서는 다음 장에서 상세하게 설명된다).

잠재가격은 정책의 비용 - 편익 분석에서 자주 사용되는 용어이다. 잠재가격에 대한 필요는 시장가격이 재화의 사회가치를 정확하게 반영하지 못한다는 인식으로부터 출발한다. 그러나 위에서 언급하였듯이 잠재가격의 도출에 비용이 발생한다. 정확한 잠재가격을 도출하는 데 있어서는 자료의 수집부터 분석 및 결과 도출에 이르기까지 많은 시간과 비용이 발생한다. 따라서 분석자는 잠재가격의 도출로부터 얻을 수 있는 편익과 자료의 수집과 처리에 소요되는 비용을 고려하여 정책분석에 있어서 잠재가격의 도출여부를 결정해야 한다. 이 장에서는 3가지 경우에 있어서 잠재가격에 대해 설명한다.

첫째는 독점하에서 재화의 잠재가격에 대해 설명한다. 둘째로는 재화의 시장가격이 존재하지만 왜곡되어 있어 그의 사회적 가치를 나타내는 데 적절하지 못한 경우에 대해 설명한다. 마지막으로는 시장가격이 존재하지 않는 재화의 사회적 가치에 대해 설명한다.

2. 독점하에서의 시장가격

앞서 설명하였듯이 독점자는 그가 생산한 재화의 시장가격에 대한 조정능력을 가지고 있다. 그의 가격조정능력 때문에 독점자는 가격의 순응자가 아니라 가격의 결정자라고 불린다. 그러므로 독점생산자는 재화의 가격을 (그림 7-3)에서와 같이 P_1 또는 P_2로 결정할 수 있다.

(그림 7-3)에서 볼 수 있듯이 재화에 대한 수요곡선이 D일 경우 생산자가 재화의 가격을 P_1으로 결정했을 때 그 재화는 x_1만큼 소비자들에 의해 수요된다. 이 경우 마지막 단위에 대해 소비자들이 기꺼이 지불하고자 하는 금액은 바로 독점생산자가 결정한 가격 P_1이다. 마찬가지로 만일 재화의 가격을 P_2로 조정한다면 소비자의 소비량은 x_2에서 결정되고, 이 경우 소비자가 재화 x에 대해 기꺼이 지불하려는 금액은 바로 P_2가 될 것이다. 이와 같이 독점의 경우 생산자가 결정한 시장가격은 바로 그 재화의 사회적 가치인 잠재가격이 되는 것이다.

|그림 7-3| 소비자의 수요곡선

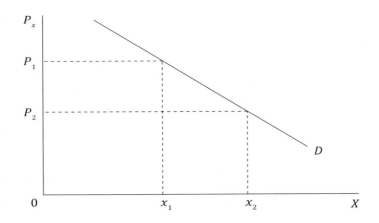

3. 시장은 존재하지만 가격이 왜곡되어 있는 경우

이 절에서는 재화의 시장이 존재하여 가격이 존재하지만, 그 시장가격이 재화의 사회적 가치를 과소 또는 과대평가하는 경우에 대해 설명한다. 이에 대한 예는 다양하게 찾아볼 수 있는데, 여기서는 생산요소의 사회적 가치와 생산과정에서 투입되지 않는 요소들의 사회적 가치를 노동과 자본 그리고 토지의 예를 통하여 알아본다. 그리고 정부의 세금과 보조금 그리고 가격통제 시 재화의 사회적 가치에 대해서도 설명한다.

1) 생산과정에 투입되지 않는 자원

경제학자들은 생산의 기본요소로 노동과 자본 그리고 토지를 말하고 있다. 이러한 요소들이 생산과정에 투입되지 못하는 경우 자원은 불완전하게 고용되었다고 한다. 자원의 불완전 고용이란 시장에서 공급되는 자원의 양이 수요하는 양보다 클 때 발생한다. 시장이 완전히 경쟁적으로 기능하는 사회에서 불완전 고용이란 단지 일시적 현상으로 취급된다.

그러므로 자원이 불완전하게 고용되었을 때 시장의 보이지 않는 손은 자원의 가격을 떨어뜨려 자원에 대한 수요를 증가시키든지 아니면 공급되는 양을 감소시키는 방향에서 작용하여 균형점에 도달하게 한다. 여기서 균형점이란 공급과 수요가 일치하는 점을 말한다. 만일 공급되는 자원의 양이 항상 수요하는 양보다 크면, 그 자원의 가격은 종국적으로 0원으로 떨어지게 된다. 이에 대한 대표적인 예가 바로 공기이다.

현실적으로 우리가 사는 사회는 시장이 완전히 기능하지 못하는 사회이다. 특히 노동시장의 경우는 더욱 그렇다. 왜냐하면 노동이 완전히 고용되지 못한다 하더라도 노동가격은 0원으로 떨어지지 않기 때문이다. 이와 같이 불완전 고용은 일시적 현상이 아니라 할 수 있다. 따라서 시장이 공급과 수요를 조정하지 못하는 경제에서 생산요소의 가격이란 그의 사회적 가치를 정확하게 나타내지 못한다. 이 절에서는 불완전 고용이 존재하는 경우 자원의 잠재가격에 대해 노동과 자본 그리고 토지의 경우로 구분하여 설명한다.

(1) 노동

정책 전의 자원배분 상태를 S_0라 하고 정책에 의해 전환된 자원배분 상태를 S_1이라 하자. S_0상태에서 실업수당을 일주일에 50,000원을 받는 노동자 'U'와 일주일에 50,000원의 세금을 납부하는 노동자 'E'가 있다고 하자. 정부는 여기서 자원의 전달자로서의 역할만을 담당하고 있다. 따라서 정부가 'U'에게 지불한 실업 수당은 바로 'E'가 납부한 세금이므로 'U'에게 지불된 수당은 바로 이전소득(transfer payment)에 해당한다.

여기서 이전소득은 재화나 서비스의 생산에 의해 발생한 것이 아니므로 사회에서 창출되는 가치와는 아무런 관계가 없다. 따라서 회계상 S_0상태에서 정부의 자원전달에 의한 사회순편익은 0원이다. 다시 말해서 50,000원만큼의 'U'의 편익증가는 바로 'E'의 편익감소, 즉 비용으로 이루어진 것이다. 그러므로 사회순편익은 증가된 편익에서 감소된 편익을 감해야 하므로 결국 사회순편익은 0원이 되는 것이다.

'U'는 정부에 의해 고용되어 일주일에 150,000원만큼의 가치를 생산하며, 그 대가로 정부는 그에게 일주일에 150,000원을 지불한다고 한다. 'U'의 임금을 지불하기 위해 정부는 예산을 증가시켰고 결국 이러한 예산증가는 'E'의 세금을 주당 150,000원으로 증가시키는 결과로 나타났다. 그러면 이러한 정부 정책은 어떻게 분석되어야 하는가? 이에 대해서는 〈표 7-1〉에 정책 전과 후의 사회회계를 요약하였다.

| 표 7-1 | 정책으로 인한 사회순편익 변화

상태	비용	편익
S_0	50,000원 ('E'의 소비 절감분)	50,000원 ('U'의 소비에 의한 편익)
S_1	150,000원 ('E'의 소비 절감분)	150,000원 ('U'의 소비에 의한 편익) 150,000원 ('U'의 생산에 의한 사회편익)

우선 사회비용부터 생각해 보자. 정책에 의해 S_0상태에서 S_1상태로 전환될 때 'E'의 소비 절감분은 바로 사회비용의 변화분이다. 다시 말해서 정책 전 사회비용은 세금 납부로 인한 'E'의 소비절감분, 50,000원이었으나, 정책 후 그는 세금을 150,000원 납부하므로 그의 소비 절감분은 150,000원으로 높아졌다. 따라서 정책으로 인한 사회비용의 순변화는 100,000원이다.

사회비용의 순변화 = 150,000원-50,000원 = 100,000원.

정책으로 인한 사회편익의 변화는 비용의 변화와 동일한 방법으로 계산된다. 정책 전 사회편익은 'U'의 소비에 의한 편익뿐이었으나, 정책 후에는 사회편익이 두 곳으로부터 발생하게 된다. 첫째는 'U'의 소득증가에 따른 편익증가이고, 둘째는 'U'로부터 창출된 사회편익의 증가이다. 따라서 정책으로 인한 사회편익의 변화는 우선 'U' 자신의 순편익의 증가와 사회적으로 'U'로부터 창출된 가치의 합으로 나타난다. 여기서 'U'의 순편익은 정책 후 그가 받게 되는 150,000원에서 정책 전 지급받던 50,000원을 제한 100,000원이다. 그리고 사회적으로 'U'로부터 창출된 150,000원의 가치도 사회적 편익의 변화분이다. 그러므로 정책으로 인한 편익의 총변화분은 250,000원이 된다.

사회편익의 순변화 = 150,000원 + 150,000원 - 50,000원,
= 250,000원.

따라서 정책은 사회에 100,000원의 비용을 증가시키는 반면 250,000원의 편익을 증가시켜 결국 150,000원의 순편익을 사회에 제공한다고 할 수 있다.

$$\text{사회순편익의 변화} = \text{사회편익의 변화} - \text{사회비용의 변화}$$
$$= 250,000원 - 100,000원,$$
$$= 150,000원.$$

(2) 자본

기존 자본의 최초 투입비용이나 감가상각비용 등은 정책의 비용 - 편익 분석에서 고려되는 비용이 아니다. 왜냐하면 기존 자본의 사회비용은 과거에 이미 발생되었기 때문이다. 다시 말해 자본의 기회비용은 현재 또는 장래에 대해서만 발생한다.

과거에 발생하였던 자본의 비용은 바로 매몰비용(sunk cost)이기 때문에 새롭게 고려되는 정책의 비용 - 편익 분석에서는 비용으로 고려되지 말아야 한다. 예를 들면, 고속전철을 건설하는 사업에서 노선의 일부구간의 기존 철로가 그대로 이용된다면, 기존 철로를 사용하는 데 있어 사회비용은 0원이다. 왜냐하면 기존 철로의 비용은 그것이 과거 건설될 당시에 이미 매몰비용으로 발생하였기 때문이다. 단, 고속전철이 새로운 철로와 함께 건설된다면, 새로운 철로건설에 투입되는 비용은 당연히 사업의 사회비용으로 계산되어야 한다.

(3) 토지

토지의 경우도 앞의 경우와 같이 정책 전에는 생산과정에 투입되지 못했던 토지가 정책으로 인해 생산과정에 투입된다면 그 토지의 사회적 비용은 0원이 되어야 한다. 토지란 어떤 유형이든 그 위에서 생산활동이 일어나는 한 그 생산을 위해 투입되어야만 하는 생산요소이다. 생산에 있어서 토지의 한계생산가치를 토지의 수익률 또는 토지지대(land-rent)라고 한다. 바꾸어 말하자면, 토지 위에 어떠한 생산활동이 일어나지 않는다면 토지의 수익률은 0원이 된다. 토지가격은 일반적으로 토지의 수익률의 흐름을 순현재가치로 전환한 가치로 계산된다. 그러므로 토지의 수익률이 높으면 높을수록 토지의 가격은 당연히 높아진다.

$$L_P = \int_{t_0}^{\infty} R \cdot e^{-rt} dt, \tag{7.3}$$

L_P: 토지의 가격,

R: 토지의 수익률(또는 지대),

r: 사회적 할인율.

위의 식에서와 같이 토지의 가격은 장래에 발생할 수 있는 수익률까지 고려한 가치이기 때문에 토지가 현재 생산에 직접 투입되지 않았다 할지라도 토지의 가치를 단순히 0원으로 책정하지 않는다. 만일 어떤 토지가 정부의 정책에 의해 활용이 상당시간 제한된다면, 그 기간 동안 토지의 수익률은 사회적 비용으로 계산되어져야 한다.

왜냐하면 일정기간 동안 정부정책에 의해 사용이 제한되므로 그 토지가 다른 용도로 생산활동에 투입되었을 때 발생시킬 수 있었던 수익은 바로 토지의 기회비용이기 때문이다. 만일 정책분석자가 합리적 방법에 의해 그 토지가 수년 동안 유휴토지(idle land)로 남을 것이 확실하게 예측되었다면, 그 기간 동안 토지의 사회비용은 0원으로 취급되어야 한다.

2) 수확체증

이윤극대자인 생산자는 재화의 가격을 한계생산비용으로 결정한다. 이는 생산자의 이윤극대화 행위로부터 도출된다. 이에 대해서는 앞 장의 생산자 잉여를 설명할 때 자세히 다루었으므로 여기서는 간단하게만 설명하도록 한다. 생산자의 이윤(π)은 총수익에서 총비용을 감한 것이므로 다음과 같이 표현된다.

$$\pi = P_X X - C(X), \tag{7.4}$$

$C(X)$: 재화 X를 생산하는 데 발생하는 비용.

생산자는 위의 식에서 이윤이 최대가 되는 점까지 생산할 것이므로 생산자가 선택할 수 있는 변수(choice variable)는 X가 된다. 이러한 점은 위의 식을 X에 대해 미분하여 일계조건으로부터 구할 수 있다.

$$\frac{\partial \pi}{\partial X} = P_X - \frac{\partial C(X)}{\partial X} = 0. \tag{7.5}$$

식 (7.5)로부터 생산자는 이윤을 극대화시키기 위해 한계생산비용이 재화의 시장 가격과 같아지는 점에서 생산량을 결정하게 된다.

$$P_X - \frac{\partial C(X)}{\partial X} = MC. \tag{7.6}$$

그러므로 시장가격은 소비자들이 기꺼이 지불하려고 하는 금액과 생산자들이 한 단위 생산하기 위해 기꺼이 지불하려는 비용을 함께 나타내는 것이다. 그러나 만일 기업의 생산기술이 평균비용이 계속 감소되는 이른바 수확체증으로 특징지어질 때, 생산자가 그의 한계생산비용을 가격으로 받아들인다면, 그 생산자는 손실을 보게 된다. 왜냐하면 평균비용이 생산량의 증가에 따라 감소하는 경우 한계비용은 평균비용보다 항상 낮기 때문이다.

따라서 이 경우 가격이 한계생산비용으로 결정된다면 생산자는 당연히 손실을 보게 된다. 그러므로 자연적으로 생산자는 이윤을 발생시키지 못하는 가격결정을 받아들이지 않을 것이다. 만일 한계생산비용을 가격으로 생산자가 받아들여야 하는 경우 이윤극대자인 생산자는 생산을 중단시킴으로써 그의 손실을 최소화할 것이다. 만일 정책 결정자가 수확 체증의 생산기술을 가진 생산자가 시장에 남아 생산활동을 계속하기를 원한다면 정책결정자는 재화의 가격을 한계생산비용보다 높은 선에서 결정시켜야 한다. 이러한 경우 재화의 시장가격은 그의 잠재가격과 달라지는 것이다.

수확체증은 평균생산비가 계속 하락하는 것을 말하며, 이는 한계생산비용과 평균 생산비용이 일치하는 점이 존재하지 않음을 가리킨다. 언급하였듯이 가격이 한계생산비용에서 결정되는 경우 생산자는 항상 손실을 경험하게 된다. 이러한 수확체증은 전기나 가스, 전화 등의 많은 고정비를 수반하는 공공재적 특성을 가진 사유재 (publicly provided private good) 생산에서 주로 나타나는 현상이다. 이러한 재화는 높은 평균생산비와 낮은 한계생산비용으로 특징지어진다. 여기서 공공재적 특성을 가진 사유재란 재화의 성격 자체가 공공성을 지니고 있으나 비용을 지불하는 자만이 그 재화를 소비할 수 있는 사유재의 성격을 갖는 재화를 말한다. 이러한 재화는 소비의 비배제성과 공동 소비하는 공공재의 특징을 가지지 못한다.

그러면 수확체증의 특징을 갖는 재화의 공급을 왜 정부가 주도해야 하는지를 살펴보자. 이에 대한 설명이 바로 공공재적 특성을 가진 사유재의 공급은 정부가 담당해야 하는 이론적 바탕을 제공한다.

공공재적 사유재는 일반적으로 정부에 의해 공급되며, 그의 가격도 정부에 의해 규제되는 것이 일반적이다. 정부의 가격규제는 기본적으로 불충분하게 공급되는 재화의 양이나 재화의 높은 가격결정을 방지하여 소비자들을 보호하는 측면에서 이루어진다.

공급의 단절을 방지하고 소비자들을 보호하기 위해서는 우선 생산자들이 시장에 계속 남아 생산활등을 계속할 수 있는 여건을 마련하는 것이 중요하다. 이는 한계생산비용으로 가격을 결정하는 것이 바뀌어져야 함을 의미한다. 왜냐하면 한계생산비용으로 가격이 결정되면 생산자는 모든 생산을 중단할 것이며, 궁극적으로 재화의 공급은 단절되기 때문이다. 이 경우 정부는 공공재적 사유재의 가격을 평균생산비용으로 결정하여 공급의 단절을 막을 수 있다. 재화의 가격이 평균생산비용으로 결정될 때 그 재화의 시장가격은 재화의 사회적 비용을 과대하게 반영하게 된다. 이를 그림으로 설명하면 (그림 7-4)와 같다.

(그림 7-4)에서 D와 AC 그리고 MC는 각각 재화의 수요곡선과 평균비용곡선 그리고 한계비용곡선을 가리킨다. 한계비용을 바탕으로 생산자는 재화의 가격을 OC에서 결정하고, 그 가격하에서 생산자는 OG만큼 생산하게 된다. 따라서 생산자의 총수입은 그림에서 바로 $CFGO$로 나타난다. 반면 그의 총비용은 $BEGO$이다. 그러므로 가격이 OC로 결정될 때, 생산자가 감수해야 하는 손실은 $BEFC$다.

|그림 7-4| 수확체증의 경우 재화의 가격결정

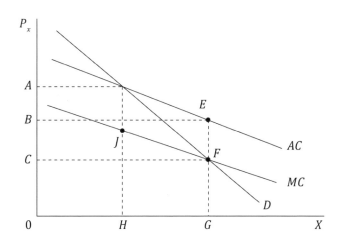

반면에 평균생산비용에 기초해 가격이 결정되는 경우 가격과 생산량은 각각 OA 와 OH에서 결정된다. 이 점에서 공급되는 양은 모든 수요를 충족시키며, 생산자에게 는 경제적 이윤도 그렇다고 경제적 손실도 발생시키지 않는다. 이러한 가격정책이 바로 공공재적 특성을 가진 사유재를 생산하는 생산자가 찾는 점이라 할 수 있다. 이를 정책의 비용 - 편익 분석과 관련시키자면, 재화의 한 단위 변화에 대해 소비자 가 기꺼이 지불하고자 하는 의사는 OA와 같은 반면 경제의 다른 부분에서는 완전경 쟁을 가정하면 그의 사회비용은 HJ이다. 따라서 이 경우 재화의 시장가격은 재화의 사회적 비용을 과대하게 나타내게 된다.

3) 정부의 세금과 보조금정책

정부가 특정재화에 대한 세금 또는 보조금정책을 집행할 때, 시장에서 관찰되는 그 재화의 시장가격은 그 재화의 잠재가격과 다르게 된다. 일반적으로 세금 또는 보 조금은 생산량변화에 따른 비용변화를 계산할 때 제외된다. 시장에서 재화 x에 대한 수요곡선과 공급곡선은 (그림 7-5)와 같이 각각 D와 S_0로 표시된다고 하자. 이 경우 재화의 가격과 생산량은 기본적으로 P_0와 x_0에서 결정된다. 여기서 정부가 단위제품 당 t의 세금을 생산자들에게 부과할 경우 공급곡선 S_0는 위로 t만큼 이동하게 된다. 이때 이동된 공급곡선을 S_1이라고 하자. 정부의 이러한 세금부과로 인하여 가격과 재화의 생산량은 P_1과 x_1에서 새롭게 결정된다.

|그림 7-5| 세금이 부과되는 경우 사회편익과 사회비용

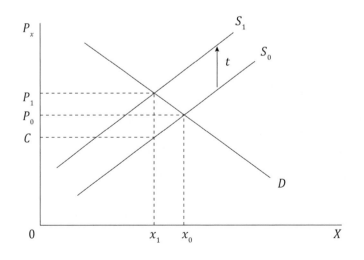

소비자는 x_1에서 재화의 단위변화에 대해 P_1만큼을 기꺼이 지불하려 하기 때문에 x_1에서 재화의 사회적 편익은 P_1이다. 그러나 x_1에서 한 단위 더 생산하기 위해 생산자가 지불하는 사회비용은 C이다. 왜냐하면 부과되는 세금은 생산량의 변화에 따른 비용변화에는 아무런 영향을 주지 못하기 때문이다. 그림에서 보는 바와 같이 재화 x의 사회편익은 시장가격으로 나타나지만, 재화의 사회적 비용은 C가 된다. 그러므로 세금이 부과되는 경우 재화의 시장가격은 사회비용을 $P_1 - C$만큼 과대하게 나타낸다.

재화 x를 생산하는 생산자에게 지급되는 정부의 보조금정책도 앞에서 설명한 세금의 경우와 동일하게 분석될 수 있다. 정책집행 전 재화 x에 대한 수요곡선과 공급곡선은 (그림 7-6)에서 보듯이 각각 D와 S_0로 표시되며, 이때 가격과 생산량은 P_0와 x_0에서 결정된다. 여기서 정부가 단위제품당 S의 보조금을 생산자들에게 지급할 경우 공급곡선 S_0는 아래로 S만큼 이동하게 된다. 이때 이동된 공급곡선을 S_2라고 하면, 가격과 제품 생산량은 P_2와 x_2에서 새롭게 결정된다.

|그림 7-6| 보조금 정책하에서 사회편익과 사회비용

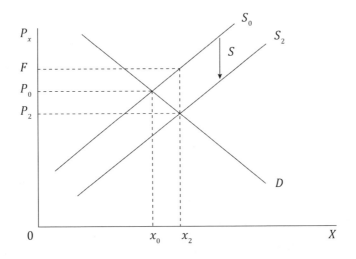

소비자는 x_2에서 재화의 단위변화에 대해 P_2만큼을 기꺼이 지불하려 하기 때문에 x_2에서 재화의 사회적 편익은 P_2로 나타난다. 그러나 x_2에서 한 단위 더 생산하기 위해 생산자가 지불하는 사회비용은 F다. 왜냐하면 정부가 생산자들에게 제공하

는 보조금은 앞의 세금의 경우와 마찬가지로 생산량의 변화에 따른 비용변화에는 아무런 영향을 주지 못하기 때문이다. 그림에서 보는 바와 같이 재화의 사회적 편익은 시장가격으로 나타나지만 그의 사회적 비용은 F가 된다. 그러므로 보조금이 지급되는 경우 재화의 시장가격은 재화의 사회적 비용을 $F-P_2$만큼 과소하게 나타낸다.

4) 가격통제

가격통제는 현실적으로 경쟁적 시장경제 내에서도 이루어질 수 있다. 예를 들면, 농산물 가격에 대한 정부의 가격통제가 그의 좋은 예이다. 재화의 가격이 통제되는 경우 그 재화의 시장가격은 재화의 진정한 사회적 가치를 나타내지 못하게 된다. 여기서 가격통제란 정부가 특정 재화의 가격이 어느 한도 이상 초과할 수 없도록 가격의 상한선을 설정하거나 반대로 어느 한도 이하로 내려갈 수 없도록 가격의 하한선을 설정하는 것을 말한다. 이러한 정부의 가격통제는 바로 시장이 원활하게 기능하는 것을 저해한다. 즉, 재화가격에 대한 통제는 수요와 공급곡선에 의해 결정되는 가격과 수량의 결합관계를 벗어나게 한다.

구체적으로, 수요곡선은 소비자들이 재화의 변화에 대해 기꺼이 지불하려는 금액을 나타내는 동시에 외부편익효과가 존재하지 않는 한 재화의 한계사회편익을 가리킨다. 또한 공급곡선은 제품 한 단위 생산을 위해 생산자가 기꺼이 지불하려는 비용이며, 외부비용효과가 존재하지 않는 경우 그것은 바로 한계사회비용을 나타낸다. 여기서 정부정책이 시장가격을 통제하는 것은 바로 재화의 사회적 가치의 척도인 시장가격을 왜곡시킨다는 것과 동일하다.

그러면 우선 가격의 상한선이 결정된 경우의 예를 (그림 7-7)에서 살펴보자. 시장이 원활하게 기능한다면, 재화의 가격은 그림에서 보이듯이 P_0에서 이루어질 것이며, 그때 생산량과 소비량은 바로 x_0에서 균형을 이룰 것이다. 여기서 정부는 재화가격의 상한선을 P_c에 설정하였다고 가정하여 보자. 이 경우 제품을 생산하는 생산자는 제품가격을 P_c이상 초과하여 결정할 수 없게 된다.

제품의 상한가격이 P_c로 설정되었을 때 소비자는 x_d만큼을 소비하려 하는 반면 생산자는 단지 x_c만큼을 생산하려 한다. 그러므로 이러한 경우 x_d-x_e만큼의 초과수요가 발생하게 된다. 수요곡선에 의하면, x_c가 공급되는 경우, 재화 x 한 단위의 변화에 대해 소비자가 기꺼이 지불하려고 하는 가격은 P_s이다. 즉, x_c에서 재화의 잠재가격은 바로 P_s인 것이다. 따라서 정부에 의해 설정된 가격 P_c는 재화의 사회적 가치를 $P_s - P_c$만큼 과소평가하는 가격이 되는 것이다.

|그림 7-7| 가격 상한선이 설정된 경우

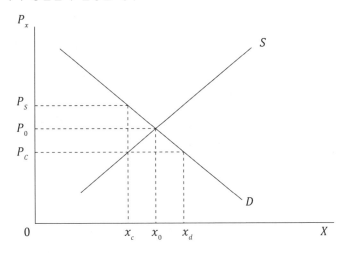

다음은 정부가 재화의 하한 가격을 (그림 7-8)에서와 같이 P_f로 설정하였을 때 재화의 잠재가격에 대해 살펴보자. 설정된 가격 P_f는 시장에 의해 공급과 수요가 만나는 점의 가격 P_0보다 높게 책정되어 있다. 가격 P_f에서 소비자는 x_d만큼 수요하지만 공급자는 x_s만큼을 생산하려 한다. 따라서 $x_s - x_d$만큼의 초과공급이 발생하게 된다.

|그림 7-8| 가격 하한선이 설정된 경우

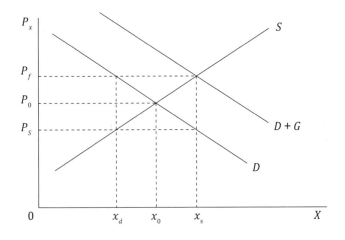

초과공급의 경우 시장은 생산자로 하여금 가격을 절감하게 만든다. 그러나 여기서는 가격의 하락이 가능하지 않으므로 가격하락을 막고 가격을 P_f로 유지하기 위해 정부는 시장에 간섭하여야 한다.

이는 초과공급되는 $x_s - x_d$만큼의 양을 정부에서 구입해야만 함을 의미한다. 정부에서 초과공급분을 구입할 경우 그림에서 보이듯이 수요곡선은 D에서 $D+G$로 이동하게 된다. 즉, 가격 P_f에서 소비자는 x_d만큼 구매하고 정부는 초과분 $x_s - x_d$만큼을 구매한다. 따라서 이러한 총 수요는 재화의 가격을 P_f로 유지하게 한다.

이러한 경우 재화 x의 사회적 가치는 얼마인가? 그것은 재화의 소비 주체에 따라 다르게 된다. 소비자는 x_d에서 재화의 한 단위 변화에 대해 P_f만큼 기꺼이 지불하려 할 것이기 때문에 재화 한 단위의 사회적 가치는 P_f인 반면, 그 한 단위의 변화가 정부에 의해 구입된다면 그 변화는 소비자들에게 아무런 사회적 가치를 주지 못한다. 따라서 재화의 하한 가격이 설정되는 경우 초과공급되는 재화가 소비자들에 의해 처리된다면 재화의 시장가격은 바로 잠재가격이다. 그러나 초과공급되는 재화의 양이 정부에 의해 처리된다면, 재화의 시장가격은 재화의 사회적 가치를 $P_f - P_s$만큼 과대평가하는 것이다.

4. 시장가격이 존재하지 않는 경우

잠재가격의 도출이 가장 절실히 요구되는 때는 아마도 재화나 서비스가 시장에서 거래가 되지 않는 경우일 것이다. 왜냐하면 시장에서 거래되지 않는 재화는 가격이 존재하지 않으며, 그 결과 재화의 사회적 가치를 판단할 근거가 전혀 없기 때문이다. 시장가격이 존재하지 않는 대표적 예가 바로 외부효과의 경우와 공공재의 경우이다. 각각에 대한 설명은 다음과 같다.

1) 외부효과

외부효과에 대해서는 제 2장에서 설명하였으므로 여기서는 자세한 설명은 생략하도록 한다. 외부효과는 소비자와 생산자 또는 모두에게 나타날 수 있으며, 그 결과에 따라 외부비용효과와 외부편익효과로 구분된다. 외부비용효과는 시장을 통하지 않고 소비자들의 효용을 떨어뜨리거나 생산자의 비용을 증가시키는 효과를 말하며, 반대로 외부편익 효과는 소비자들의 효용을 증가시키거나 생산자들의 생산비용을 떨어뜨리는 효과를 말한다. 따라서 정책의 비용 – 편익 분석이 실시될 경우 외부효과도 비용 또는 편익으로 그의 가치가 주어져야 하며, 이러한 비용과 편익이 구체적으로 고려될 때 정책의 정확한 분석결과를 도출할 수 있게 된다. 정책에 의해 나타나는 외부효과는 발생과정에 따라 2가지 효과로 구분된다. 여기서 말하는 2가지 효과란 투입요소로부터 발생하는 외부효과와 정책의 결과로부터 발생되는 외부효과를 말한다.

(1) 투입요소로부터 발생하는 외부효과

투입요소로부터 발생하는 외부효과란 재화 x가 정책의 투입요소이며, 재화 x의 각 단위로부터 외부비용이 발생하는 경우를 말한다. 예를 들어 설명하면 다음과 같다. 정부는 석탄화력발전소의 건설을 계획 중에 있고, 이 발전소가 건설되어 전기를 생산할 때 투입되는 석탄으로부터 유황이 발생하여 환경을 오염시키는 외부비용효과가 있다고 하자. 그리고 어느 연구에 의하면 석탄 한 단위당 발생하는 유황이 사회에 미치는 외부비용효과는 e원이라고 측정되었다고 한다면, 석탄화력발전소의 건설이 사회에 제공하는 외부비용효과는 어떻게 계산되어야 하는가(단, 건설되는 석탄화력발전소에 투입되는 석탄의 양은 $\bar{x}$라 한다).

우선 석탄화력발전소의 준공은 바로 새로운 석탄수요의 증가를 의미한다. 따라서 이러한 발전소 건설의 효과는 석탄의 수요곡선을 $\bar{x}$만큼 오른쪽으로 이동시키는 결과로 나타나게 될 것이다. 여기서 분석자가 유의해야 할 것은 석탄화력발전소로부터 발생하게 되는 외부비용 효과는 석탄의 공급탄력성에 따라 달라진다는 것이다. 재화의 공급탄력성에 의해 정책의 사회비용효과는 재화의 공급이 완전비탄력적 경우와 완전탄력적 경우 그리고 앞 두 경우의 중간으로 재화의 공급이 탄력적 경우의 3가지로 구분된다. 각각에 대한 설명은 다음과 같다.

- 재화의 공급이 완전히 비탄력적인 경우, 공급되는 양은 가격의 변화에 반응하지 않는다. 그것은 일정기간 동안 공급량이 고정되어 있는 경우로 볼 수 있다. 이 경우 정책으로 인한 사회비용효과는 (그림 7-9)의 그림 (a)에서 보이는 바와 같다. 그림에서 D_0는 원래 재화 x에 대한 수요곡선이고 D_1은 정책에 의해 수요되는 $\bar{x}$가 고려되었을 때의 새로운 수요곡선이다. 그림에서와 같

이 정책에 의해 증가된 수요는 재화 x의 가격을 증가시키는 것으로 나타난다. 이 경우 정책의 효과는 가격의 변화, 즉 사회편익의 변화로만 나타나기 때문에 정책으로 인해 초래되는 외부비용효과는 없다. 따라서 이 경우 정책으로 인한 외부비용효과는 0원이다.

- 앞의 경우와는 반대로 재화의 공급이 완전탄력적일 때 공급되는 재화 x의 양은 그림 (b)에서 보이듯이 정책으로 인해 증가된 수요량만큼 증가한다. 다시 말해서 새로운 수요 $\bar{x}$가 고려되었을 때 수요곡선을 D_1이라 하면, 정책의 효과는 시장을 통한 가격변화로 나타나지 않고, 재화 x의 공급증가로 나타난다. 따라서 이 경우 정책은 사회에 외부비용효과를 $e\bar{x}$원만큼 발생시킨다고 할 수 있다.

- 공급곡선은 일반적 경우 수평선도 수직선도 아니며, 증가된 수요는 가격과 생산량을 동시에 증가시킨다. 이 경우 재화 x의 공급 곡선은 그림 (c)에서 보듯이 우상향하는 특징을 갖는다. 정책은 재화 x에 대한 수요를 $\bar{x}$만큼을 증가시키지만 이 중의 일부분은 높은 가격을 지불하지 않는 구매자에 의해 포기된다. 그리고 포기된 부분을 제외한 그 나머지 수요가 새롭게 재화 x의 공급을 유도한다. 따라서 새롭게 공급된 재화의 양에 의해 발생하는 외부비용 효과만이 정책의 비용-편익 분석에서 비용으로 고려되어야 한다. 이 경우에는 그림에서 보이듯이 정책으로 인한 외부비용은 0원과 $e\bar{x}$원 사이에 있게 된다.

|**그림 7-9**| 투입요소로부터 발생하는 외부비용효과 구분

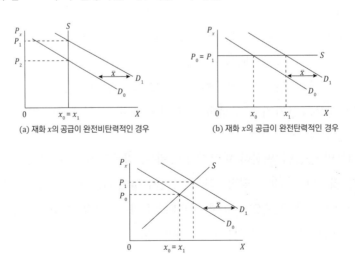

(a) 재화 x의 공급이 완전비탄력적인 경우

(b) 재화 x의 공급이 완전탄력적인 경우

(c) 재화 x의 공급의 탄력성이 일반적인 경우

(2) 정책의 결과로부터 발생하는 외부효과

정책투입으로부터 발생하는 외부효과뿐만 아니라 정책의 결과로부터 야기되는 외부과도 정책분석에 고려되어야 한다. 이에 대한 일반적인 예는 소음이나 교통혼잡, 대기 및 수질오염, 경관 훼손 등 현실적으로 다양하다. 이러한 외부효과들에 대해 시장이 존재하지 않기 때문에 자칫하면 분석자가 정책분석과정에서 고려하지 않을 수도 있다. 사실 외부효과가 사회에 제공하는 편익이나 비용효과는 실로 클 수 있다.

예를 들어 일본 오사카 연안에서 5km 떨어진 바다 한가운데 인공섬을 조성하여 건설한 간사이국제공항을 생각해 보자. 1994년에 개항한 간사이공항은 입지조사부터 준공에 이르기까지 공사기간만 26년이 소요되었으며, 공항 관련 시설까지 포함하여 총 35조 엔(이 금액을 1994년도 가격으로 표현하면 한화 약 277조 원에 해당되는 금액이다)이 투입된 방대한 규모의 프로젝트였다. 이러한 간사이공항의 기본적 건설배경은 바로 오사카 공항에서 비행기 이착륙 시 발생하는 소음이었다. 이는 소음과 같은 외부효과가 실질적으로 사회에 큰 비용을 제공하였음을 가리킨다.

정책의 결과로부터 발생하는 외부효과에 대해 정부가 계획 중인 공항건설을 예로 들어 생각해 보자. 공항이 건설될 경우 비행기 이착륙시 발생하는 소음은 공항주변에 거주하는 개인들의 효용을 떨어뜨리는 외부비용효과를 제공한다. 그러나 이러한 정책의 결과로부터 일어나는 외부비용효과는 소음에 대한 시장이 존재하지 않기 때문에 그의 비용을 정확한 금전적 가치로 나타내기는 어렵다. 그래서 외부비용효과는 종종 정책분석에서 개략적 방법에 의해 측정되기도 한다. 즉, 정책으로부터 발생하는 외부효과를 방지하기 위해 개인들이 기꺼이 지불하려고 하는 가치 또는 금액을 조사하여 그 가치를 정책의 외부비용효과의 가치로 간주하는 것이다.

예를 들면, 분석자가 모든 개인들에게 공항 건설로부터 발생하게 되는 소음을 방지하기 위해 그들이 기꺼이 지불하려는 금액에 대해 직접 질문하는 것도 외부비용을 계산하는 방법이라 할 수 있다. 그러나 이러한 조사는 조사 자체가 종종 불가능할 때가 있으며, 그것이 완전한 조사라 하여도 이러한 방법에는 더 중요한 문제가 있다. 여기서 더 중요한 문제란 바로 응답자가 응답하는 가치가 진정한 그들의 가치인가에 하는 데 있다.

공항건설을 반대하는 사람은 소음비용을 그가 가지고 있는 가치보다 훨씬 과도하게 나타낼 것이고, 반대로 공항건설을 찬성하는 사람들은 소음의 문제를 대수롭지 않은 것으로 소음비용을 과소하게 응답할 것이다. 따라서 공항건설에 의해 발생하는 외부비용효과를 정확히 계산하기란 거의 불가능한 것이다. 일반적으로 정책의 비용 - 편익 분석에서 사용하는 외부효과의 계량화방법은 다음과 같이 4가지로 요약할 수 있다.

- 정책으로부터 발생하는 외부효과에 대해 사람들이 기꺼이 지불하려고 하는 금액을 조사하고 그것을 진정한 외부효과로 결정하는 방법이다. 여기서는 정책의 결과에 대해 개인들이 갖는 금액 차이는 서로 상쇄될 것임을 우선 가정한다. 즉, 개인들의 과장된 응답은 반대로 과소하게 응답한 부분을 상쇄시킬 것이라 가정한다.
- 개인의 지불의사금액을 개인들이 외부효과를 방지하기 위해 투입하는 금액으로 계산하는 방법이다. 그러나 이렇게 계산된 금액은 진정한 그의 외부비용과는 아무런 관계가 없는 금액임을 분석자는 인식해야 한다. 왜냐하면 공항건설의 예에서 소음방지 비용이 300,000원이라 하더라도, 개인에 따라 무소음의 가치를 1,000,000원 또는 100원으로 가치를 둘 수 있기 때문이다. 그러므로 이러한 방법은 정책의 비용-편익 분석에서 외부비용 측정 대안으로서의 직감적 수치 이상의 의미는 없다고 할 수 있다.
- 외부비용효과를 제외한 정책의 순편익을 외부비용효과의 기준가격으로 결정하는 방법이다. 여기서 정책의 순편익이 0원보다 작거나 어떠한 기준가치보다 낮다면 그 정책은 시행할 가치가 없는 정책이므로 외부효과를 측정할 필요가 없어지게 된다. 그러나 만일 계산된 정책의 순편익이 양(+)으로 나타나면 그 편익이 바로 외부효과와 비교되는 기준 가격이 되는 것이다. 그리고 외부효과의 기준 가격에 대한 최종 평가는 정책결정자에게 남겨둔다. 예를 들어, 공항건설이 사회에 제공하는 순편익은 소음의 외부비용을 제외하고 10억 원으로 계산하였다고 하자. 그러면 그 다음은 정책결정자가 공항건설로 인해 발생하는 소음의 가치가 10억 원 이상인가 아니면 이하인가를 판단하여 결정하는 방법이다.
- 마지막 방법으로는 외부효과를 정성적으로 묘사하여 정책의 최종결정자에게

제시하는 방법이 있다. 즉, 외부비용에 대한 아무런 계량적 기준제시 없이 그 효과의 가치를 오로지 정책결정자가 평가하도록 하는 것이다. 따라서 이 방법은 정책결정자의 주관이나 직감에 의해 외부효과의 가치가 결정되는 것이다. 이러한 방법은 모든 정량적 방법이 불가능할 때 사용하는 마지막 방법이 되어야 한다.

2) 공공재

제 2장에서 설명하였듯이 공공재란 개인들에 의해 공동 소비할 수 있는 재화를 말한다. 공공재가 갖는 가장 보편적 특성은 바로 비경쟁성과 비배제성이다. 즉, 한 사람의 소비가 다른 사람의 소비를 감소시키지 않는다는 것과 일단 공공재가 공급되었을 때 공공재 공급에 비용을 부담했건 아니면 부담하지 않았건 관계없이 사람들을 공공재 소비로부터 배제시킬 수 없다는 것이다. 이와 같이 공공재는 어느 특정인을 공공재 소비로부터 제외시키는 것은 가능하지 못하기 때문에 이윤극대자인 기업들은 공공재를 공급하는 데 있어 이윤이 발생하지 않을 것이라고 믿는다. 그러므로 공공재에 대한 수요는 분명 존재하는 데 비해 그 공공재를 기꺼이 공급하려는 생산자는 없다고 할 수 있다. 이러한 특징 때문에 공공재의 공급은 자연히 정부가 맡게 된다.

공공재를 공급하는 데 드는 비용은 세금을 통하여 조달된다. 개인이 정부에 납부하는 세금은 교육, 국방, 경찰, 소방, 도로 등의 다양한 공공재의 재원으로 사용되기 때문에 개인들이 납부하는 세금과 그들이 소비하는 공공재 간의 정확한 관계를 도출하기는 어렵다. 예를 들어, 개인들이 세금을 많이 납부했다고 해서 반드시 그들이 원하는 교육시설의 규모와 질이 향상되었다고 할 수 없다. 따라서 특정 공공재 소비에 대해 개인들이 기꺼이 지불하려는 그들의 가치, 즉 공공재의 의미 있는 단위가격의 도출은 거의 불가능하다. 공공재의 단위가격 결정이 어렵다는 것은 바로 공공재에 대한 사회적 가치를 측정할 지표가 없음을 가리킨다. 이것이 바로 공공재를 공급하는 정책의 비용 - 편익 분석에서 가장 어려운 부분이다.

설명의 편의를 위해 하나의 공공재와 3명의 소비자로 구성된 경제를 생각해 보자. 여기서는 공공재의 가격과 이에 대응하는 가격은 구체적으로 나타낼 수 있으며, 또한 공공재의 측정 단위도 공원의 면적이나 경찰관이나 소방관의 인원 등과 같이 구체적 수로 표현할 수 있다고 가정한다. 그리고 (그림 7-10)에서 보이듯이 S를 공공재의 공급곡선이라 하고, D_A, D_B 그리고 D_C를 각각 소비자 A, B, C의 공공재에 대한 수요곡선이라 할 때, 공공재에 대한 사회 전체 수요는 3명의 수요곡선을 수직으로 합하여 구할 수 있다.

|그림 7-10| 공공재의 수요와 공급

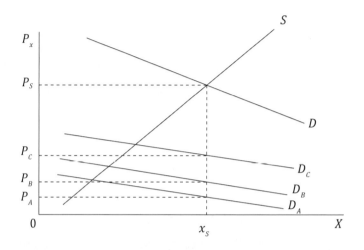

그림에서와 같이 정부가 공급해야 할 공공재의 양은 사회 수요곡선과 공급곡선이 만나는 x_s에서 결정된다. 여기서 가장 중요한 문제는 공공재 x_s를 조달하는 방법에 관한 것이다. 이에 가장 적절한 방법은 각 개인들이 공공재로부터 얻는 편익에 비례하여 지불하게 하는 것이다. 예를 들면, 공공재 x_s가 제공될 때 x_s에서 공공재의 사회가치는 P_S다. 이는 사회를 구성하는 각 개인이 기꺼이 지불하고자 하는 가치는 각각 P_A와 P_B그리고 P_C의 합이다.

$$P_A + P_B + P_C = P_S. \tag{7.7}$$

따라서 공공재 공급에 소요되는 비용은 개인들의 수요곡선에 기준하여 그들이 기꺼이 지불하고자 하는 가치만큼을 지불하게 하면 공공재의 공급은 무난하다 할 수 있다. 그러나 여기서의 문제는 공공재에 대해 소비자들이 기꺼이 지불하고자 하는 금액을 드러나게 할 방법이 거의 없다는 것이다. 일반적으로 소비자들이 재화에 대해 기꺼이 지불하고자 하는 금액은 시장에서 재화의 다양한 가격 변화에 대해 소비자들이 구매하는 양의 변화로부터 드러난다. 그러나 공공재는 시장에서 거래되지 않으므로 이러한 소비자들의 행위로부터 도출되지 않는다.

공공재의 가치를 도출하기 위해 공공재로부터 편익을 얻는 대상자들에게 직접 조사를 할 수도 있을 것이다. 예를 들어, 정부에서 계획 중인 지역 내 공원 개발에 대해 소비자들이 이를 위해 기꺼이 지불하려는 가치를 조사하는 것이다. 물론 이때 공원 개발에 소요되는 비용은 세금을 통해 조달될 것이라는 것을 우선 알린다. 그러나 이러한 조사도 조사 자체가 어려우며, 그 조사가 완전하다 하여도 개인들의 성향에 따라 그들이 드러내는 가치는 그들의 진정한 가치를 과대 또는 과소하게 나타낼 가능성이 높다.

공원개발에 찬성하는 사람들이라면 그들의 응답은 그들이 가지고 있는 진정한 가치보다 과도하게 응답할 것이며, 반대의 경우에는 과소하게 응답할 것이다. 따라서 소비자들에게 설문을 통해 공공재의 가치를 도출하는 방법은 진정한 공공재의 사회적 가치를 왜곡시킬 가능성이 높다. 그러므로 공공재의 사회적 가치를 도출하는 만족스러운 방법은 없다. 일반적으로 정책의 비용 – 편익 분석에서 사용하는 공공재의 가치결정방법은 다음과 같은 것들이 있다.

- 우선 공공재에 대한 소비자들이 갖는 가치를 설문하여 공공재의 사회적 가치를 결정하는 방법이다.
- 사유재로부터 공공재의 가치를 도출하는 방법이다. 즉, 공공재가 어떠한 사유재와 연결되어 있는 경우(예를 들면, 공공재가 중간재로 사유재 생산에 투입되는 경우) 사유재 가격을 통해 공공재의 가치를 도출하는 방법이다.
- 모의실험을 통해 소비자가 갖는 공공재의 가치를 드러내게 하는 것이다. 예를 들면, 소비자의 진정한 가치를 드러내게 고안된 게임에 개인들을 직접 참가하게 함으로써 그들의 가치를 드러내게 하는 방법이다.
- 공공재의 규모와 그에 따른 비용에 대해 공공 투표를 실시하여 공공재의 사회가치와 바람직한 양을 결정하는 방법이다. 이러한 방법은 소비자들이 가장 선호하는 공공재의 양을 결정하는 데 매우 유용한 방법이나, 공공재 제공이 사회에 양(+)의 순편익을 가져올 것인가에 관해서는 의문시된다.

5. 요약

이 장에서는 잠재가격에 대해 살펴보았다. 정책의 비용 – 편익 분석에서 자주 사용되는 잠재가격은 재화의 진정한 사회가치를 가리키는 가격이다. 잠재가격에 대한 필요는 시장가격이 재화의 가치를 정확하게 반영하지 못한다는 인식으로부터 출발한다. 시장가격이 재화의 잠재가격과 생산에 투입되는 요소의 잠재가격을 나타내기 위해서는 앞에서 설명한 16개 가정이 충족되어야 한다. 그러나 16개 가정 모두가 현실적으로 충족되기란 어렵다고 할 수 있다. 이는 시장가격이 재화의 진정한 사회가치를 적절하게 반영하지 못함을 의미한다. 따라서 잠재가격의 도출은 정책의 비용 – 편익 분석에 있어서 중요한 의미를 갖는다. 왜냐하면 정책은 가격을 변화시키고 변화된 가격의 진정한 사회 가치가 파악될 때 분석의 정확성은 높아지기 때문이다.

그러나 삼재가격은 시장에서 관찰되는 가격이 아니며 정확한 잠재가격의 도출에는 많은 비용이 발생한다. 그러므로 분석자는 잠재가격의 도출로부터 얻을 수 있는 이익과 이를 위해 지불해야 할 비용을 고려하여 잠재가격 도출을 판단하여야 한다. 이 장에서는 먼저 시장가격과 잠재가격이 현실적으로 어떻게 다르게 나타나는지에 대해 설명하였다. 그리고 이에 대한 구체적인 설명은 크게 3부분으로 이루어졌다. 첫째는 독점하에서의 재화의 잠재가격에 대해 알아보았으며, 둘째로 시장가격은 존재하지만 그 시장가격이 왜곡되어 있는 경우에 대해 살펴보았다. 그리고 셋째로는 시장가격 자체가 존재하지 않는 경우에 대해 설명하였다.

제 8 장

선형계획법과
잠재가격

선형계획법과 잠재가격

1. 서론

정책의 분석은 정책으로 인해 얻은 자의 얻은 가치와 잃은 자의 잃은 가치를 계산하여 비교 평가하는 것이다. 이러한 정책의 효과를 분석하고 평가하는 데 있어 시장에서 관찰되는 가격은 분석자들에게 매우 유용한 정보를 제공한다. 왜냐하면 제 6장에서 설명하였듯이 시장이 이상적으로 기능하는 경제에서 가격은 정책으로 인한 사회편익과 사회비용의 변화를 측정하는 데 중요한 척도를 제공하기 때문이다.

그러나 시장의 기능이 완전하지 못할 때, 시장가격은 사회의 진정한 편익과 비용을 나타내지 못하게 된다. 이는 바로 시장가격이 모든 정책을 평가하는데 있어 만병통치약이 아님을 의미한다.

시장가격이 재화의 진정한 사회가치를 나타내지 못할 때 재화의 사회가치를 나타내는 가격이 바로 잠재가격이다. 앞 장에서 설명하였듯이 잠재가격은 시장에서 관찰되는 가격이 아니며, 분석자가 많은 양의 정보를 수집해야 하고 다양한 분석수단을 동원해야만 도출될 수 있는 가격이다. 이 장에서는 잠재가격을 도출하는 수단의 하나로서 선형계획법(linear programming method)에 대해 알아본다.

2. 정책분석방법의 구분

계획이나 정책의 목표를 달성하기 위해 제시되는 다양한 대안들이 가져오는 효과분석 방법은 크게 최적화법(optimizing technique)과 비교정태분석법(comparative static analysis technique)으로 구분된다(Davidoff and Reiner, 1962). 전자의 대표적 방법은 선형계획법이며, 후자의 대표적 방법은 수출승수모형이나 투입산출모형과 같은 승수모형이라 할 수 있다. 이 두 방법은 공히 계획분야에서 널리 사용되고 있으나 두 방법 간에는 뚜렷한 차이가 있다. 우선 최적화법에서는 주어진 제약조건 아래에서 정책의 목표를 달성하기 위한 최적의 해(optimal solution)를 찾는 데 초점이 맞추어진 반면, 승수모형은 최적해보다는 제시된 대안들의 효과분석과 각 대안들의 정책효과 비교에 초점이 맞추어져 있다. 이를 다른 말로 표현한다면 최적화법은 어떠한 결정이 되어야만 한다(should be)는 규범적 측면을 강조하는 데 비해 비교정태분석법은 어떠한 정책을 결정할 때 그 효과는 어떻게 될 것이라는(will be) 묘사적인 측면이 강조된다. 이것이 두 방법 간 가장 기본적 차이이다.

최적화법과 비교정태분석법 사이의 또 다른 차이는 분석결과가 전자에서는 0의 정책효과로 나타날 수 있는 데 비해, 후자의 경우에서는 정책의 효과가 반드시 나타난다는 것이다. 이 두 모형 중 최적화법은 선형계획법을 중심으로 다음 절에서 자세히 설명되며 이 절에서는 비교정태분석법을 투입산출모형의 예로 간단히 설명한다. 투입산출모형에서 산업제품들의 투입과 배분구조는 다음과 같이 표현된다.

$$X - AX = F, \tag{8.1}$$

X: 산업들의 산출량을 가리키는 행렬($N \times 1$),

A: 산업 간 연관관계를 나타내는 기술 행렬($N \times N$),

F: 산업제품에 대한 수요를 가리키는 최종 수요 행렬($N \times 1$),

N: 산업의 수.

위의 식을 정리하면 제품들의 수요와 공급 간의 구체적 관계는 다음과 같이 표현된다.

$$X = (1 - A)^{-1} F. \tag{8.2}$$

위의 식은 제품에 대한 수요가 공급을 어떻게 창출하는가를 설명하고 있다. 위의 식 (8.2)는 제품의 공급이 제품에 대한 수요와 경제 내 산업들의 연관관계에 의해 결정됨을 가리킨다. 그리고 식에서 $(1-A)^{-1}$을 레온티에프(Leontief)의 역행렬이라고 한다. 이 역행렬은 어느 특정 산업제품에 대한 수요변화가 전체 경제생산에 미치는 파급효과의 정도를 결정한다. 경제 내 산업들의 생산변화(ΔX)는 제품에 대한 최종수요의 변화(ΔF)와 그 경제 내 산업 간 연관관계에 의해 다음과 같이 결정된다.

$$\Delta X = (1-A)^{-1} \Delta F. \tag{8.3}$$

예를 들면, 3개 산업으로 구성된 어느 경제 내 산업 간 연관관계가 다음과 같은 레온티에프의 역행렬로 나타난다고 하자.

$$\begin{bmatrix} 1.233 & 0.741 & 0.214 \\ 0.428 & 1.413 & 0.578 \\ 0.512 & 0.319 & 1.343 \end{bmatrix}.$$

여기서 정부가 고려 중인 정책은 2차 산업제품에 대한 지출을 100억 원 증가시키는 것이라 할 때 이 정책의 효과는 어떻게 계산될 수 있는가? 2차 산업에 대한 정부 지출로 인해 제품에 대한 수요는 가장 기본적으로 2차 산업의 생산량을 100억 원만큼 증가시키게 된다. 뿐만 아니라 산업 간 연관관계로 인하여 산업 간 제품 수요의 직접효과와 간접효과가 일어나므로 궁극적으로 모든 산업의 생산은 크게 증가하게 된다. 이러한 정책효과는 식 (8.3)을 이용하면 간단히 계산된다.

$$\Delta X = (1-A)^{-1} \Delta F = \begin{bmatrix} 74.1 \\ 141.3 \\ 31.9 \end{bmatrix}.$$

2차 산업에 100억 원을 지출하는 정책의 효과를 요약하면 1차 산업은 74.1억 원만큼의 생산량이 증가하게 되고, 2차 산업은 141.3억 원만큼의 생산량이 증가하게 되며, 그리고 3차 산업의 생산량은 31.9억 원만큼 증가하게 된다. 결과적으로 100억 원을 투입한 정책의 효과는 총 247.3억 원의 생산량 증가로 나타나게 된다. 이처럼 투입산출모형은 정책의 효과를 구체적으로 분석하여 결과를 제시한다. 승수모형에서 정책은 일반적으로 산업제품에 대한 최종수요의 변화로 나타나므로 최종 수요가 0이 아닌 이상 정책의 효과는 0이 될 수 없게 된다.

$$\Delta X \neq 0 \text{ if } \Delta F \neq 0. \tag{8.4}$$

제품에 대한 수요의 변화가 생산과 소득 그리고 고용에 미치는 영향은 레온티에프의 역행렬로부터 생산승수, 소득승수 그리고 고용승수를 바탕으로 계산된다. 이에 대해서는 다양한 참고서적에 잘 설명되어 있으므로 여기서는 설명을 생략하도록 한다(이에 대해 관심이 있는 독자는 김홍배(2016), 김홍배 · 윤갑식 · 이현경(2023), Miller and Blair(1984)를 참조할 것).

위에서 설명한 승수모형과는 달리 최적화법에서는 0의 정책효과가 나타날 수 있다. 이러한 정책은 사회복지를 저하시키며 자원을 낭비시키는 정책이라 할 수 있다. 의사결정자들에게 자원낭비를 유발하는 정책의 선택을 방지하고 대신 사회에 최대의 효과를 가져올 수 있는 정책을 선택하게 유도하는 수단이 바로 최적화법이다. 이 책에서는 최적화법 중 선형계획법(linear programming)에 대해서만 설명하기로 한다.

3. 선형계획법이란?

정책에 투입되는 자원 자체가 무한하지 않기 때문에 정책은 사회에 최대의 편익을 제공할 수 있도록 자원을 효율적으로 활용해야 한다. 따라서 정책은 제시된 대안 중 효율적 자원활용과 사회에 최대의 편익을 가져오는 대안을 선택해야 한다. 또한 정책대안 선택에 있어 정책에 투입되는 자원규모도 중요하게 고려되어야 한다. 왜냐하면 많은 자원이 투입된다고 해서 그의 효과가 반드시 크다고 할 수 없기 때문이며, 자원이 과도하게 투입되었을 때는 오히려 유휴자원(idle capacity)이 생겨 자원의 낭비가 발생될 수도 있기 때문이다.

그러므로 정책 선택에 있어 기본적으로 고려되어야 할 사항은 크게 2가지로 요약할 수 있다. 첫째는 제시된 대안 중 어느 대안을 정책으로 최종결정할 것인가 하는 것과 둘째는 선택된 정책에 얼마만큼의 자원을 투입할 것인가 하는 규모결정이다. 이를 예를 들어 설명하면 다음과 같다.

어느 A국가는 천연적으로 높은 지형과 함께 많은 유량을 보유하고 있다. 이러한 지형적 특성 때문에 A국은 수력발전을 통하여 풍부한 전기를 생산하고 있으며, 산업과 가계의 전력수요에 대해 충분히 대처하고 있다. 그리고 국내 전력수요에 대한 장기 전망에서도 전력의 부족은 앞으로도 없을 것으로 예측되었다고 한다.

반면 A국은 사회간접자본 중 특히 도로가 크게 부족한 상태에 있다. 따라서 지역 간 그리고 지역 내 도로가 충분히 공급되어 있지 않기 때문에 재화와 생산요소의 공간적 이동에 높은 물류비용이 발생하고 있는 실정이다. 이러한 물류비용 때문에 재화의 가격은 자연히 높아지고 그 결과 A국 산업들의 국제경쟁력은 낮아지고 있다. 따라서 A국은 물류비를 낮추지 않는 한 국가의 경제전망이 밝지 못하다고 할 수 있다. 이러한 조건하에서 A국의 정부는 확보된 예산 내에서 경제개발을 위한 정책을 수립하려고 한다. 그리고 정책대안으로서 화력발전소 건설과 지역 간 도로 개설이 최종 대안으로 제시되었다고 한다면, 정책결정자는 어느 대안을 정책으로 결정해야 하는가?

분명 이러한 상황 아래서 정부가 선택해야 할 정책은 분명하다. 즉, 제한된 예산을 도로건설에 투입하므로 지역 간 그리고 지역 내 재화와 생산요소들의 흐름을 원활하게 하여 국민경제의 생산성을 향상시키는 것이다. 그러나 만일 정책결정자가 도로건설 대신 화력발전소의 건설을 정책으로 결정하였다고 하자. 이 경우 화력발전소의 건설에 투입되는 비용은 큰 데 비해 그의 편익은 낮게 된다. 왜냐하면 앞서 설명하였듯이 A국에서 전력의 공급은 수요를 이미 충분히 감당하고 있기 때문이다. 따라서 화력발전소 건설정책의 효과는 0 또는 0에 가깝다 하겠으며, 이러한 정책은 실질적으로 사회복지수준을 투입된 비용만큼 절감시킨다고 할 수 있다.

요약하자면, A국에서 화력발전소의 건설정책은 바로 자원낭비를 유발시키는 정책이며, 편익보다는 비용만을 사회에 발생시키는 정책이다. 이와 같이 정책은 항상 승수모형에서 제시되는 것과 같이 사회에 어떠한 양(+)의 효과만을 가져오는 것이 아니라 부적절한 자원배분으로 인하여 사회에 비용, 즉 음(-)의 효과를 발생시킬 수 있다.

또 다른 예를 들어보자. 어느 국가 B는 연 100만kW의 전력이 추가적으로 공급된다면 장기적으로 전력수급에는 아무런 문제가 발생하지 않는다고 한다. 그런데 만일 정책결정자가 연 1,000만kW의 전기를 생산하는 발전소 건설을 정책으로 결정하였다면 이 경우에도 자원의 낭비는 발생할 것이다. 왜냐하면 정책으로 인해 새롭게 공급될 1,000만kW 중 B국에서 진정 필요한 전기량 100만kW를 제외한 900만kW 발전을 위해 투입되는 비용은 사회에 아무런 편익을 제공하지 못할 것이기 때문이다. 이 경우 정책의 방향은 바람직하였으나 선택된 정책에 투입되는 자원은 과도하였고, 그 결과 자원낭비를 초래하는 정책이 되었다.

위의 두 예에서 자원낭비를 야기하는 정책선택은 정책결정자들의 불분명한 목표설정 또는 현실을 정확하게 이해하지 못함에 기인한다. 최적의 자원배분을 위해 가장 기본적으로 요구되는 조건은 바로 정책이 추구하고자 하는 뚜렷한 목표와 현실에 대한 정확한 이해이다. 이를 위해서는 정책의 구체적 목표와 현실적 제약조건 그리고 이러한 환경 아래서 정책결정자가 무엇을 얼마만큼 선택하는지가 구체적으로 나타나야 한다. 이와 같이 정책의 목표와 제약조건을 구체적으로 모형에 고려하여 최적의 해를 얻는 수단이 바로 선형계획법이다.

선형계획법은 의사결정자가 추구하는 최적화 행위(optimizing behavior)에 근거를 둔 모형이다. 여기서 말하는 의사결정자들의 최적화 행위란 예를 들어 수익이나 이윤 그리고 복지의 극대화 또는 투입비용의 극소화 등으로 요약된다. 선형계획법은 기업의 생산량 결정, 토지이용의 결정, 교통량 배분 또는 공공 시설물의 최적 입지 등 다양한 분야에서 최적의 해를 찾는 데 널리 사용되고 있다. 선형계획법에서 의사결정자들이 추구하는 목표는 극대화 또는 극소화로 요약될 수 있으며, 이때의 구조는 각각 다음과 같이 표현된다.

- 극대화 문제의 경우

목적식: $\underset{X_i}{Max}. \ \Pi = c_1 X_1 + c_2 X_2 + \cdots + c_n X_n.$

제약식: $a_{11} X_1 + a_{12} X_2 + \cdots a_{1n} X_n \leq B_1,$

$a_{21} X_1 + a_{22} X_2 + \cdots a_{2n} X_n \leq B_2,$

$\cdots\cdots\cdots\cdots\cdots\cdots\cdots\cdots\cdots\cdots\cdots$ (8.5)

$a_{m1} X_1 + a_{m2} X_2 + \cdots a_{mn} X_n \leq B_m,$

$X_i \geq 0, \ i = 1, 2, \cdots, n.$

• 극소화 문제의 경우

목적식: $\underset{X_i}{Min} . \Pi = c_1 X_1 + c_2 X_2 + \cdots + c_n X_n.$

제약식: $a_{11} X_1 + a_{12} X_2 + \cdots a_{1n} X_n \geq D_1.$

$\qquad a_{21} X_1 + a_{22} X_2 + \cdots a_{2n} X_n \leq D_2.$

$\qquad \cdots\cdots\cdots\cdots\cdots\cdots\cdots\cdots$ (8.6)

$\qquad a_{m1} X_1 + a_{m2} X_2 + \cdots a_{mn} X_n \geq D_m.$

$\qquad X_i \geq 0, \ i = 1, 2, \cdots, n.$

선형계획법의 구조는 크게 목적식과 제약식으로 구성된다. 여기서 a_{ij}, c_i는 의사결정자들이 직면한 환경을 특징짓는 파라미터들이며, B_i와 D_i는 자원의 한계를 나타내는 외생변수들이다. 그리고 의사결정자들이 그들의 목적을 최적으로 달성하기 위해 선택하는 변수를 선택변수(choice variable)라 한다. 선택변수는 목적식이나 제약식에 나타난 X_i이다. 선형계획법은 목적식이나 제약식에서 선택변수들이 지수의 형태나 변수들 간의 서로 곱해지는 형태로 나타나지 않기 때문에 선택변수들은 선형성이 항상 보장된다. 만일 변수들 간의 곱의 형태로 목적식이나 제약식이 구성되는 경우 최적해는 비선형계획법(non-linear programming method)에 의해 구해지게 된다.

이 책에서는 선형계획법에 대해서만 설명한다(비선형계획법에 대해 관심이 있는 독자는 Silberberg(1975)와 Intrigator(1971)를 참조할 것). 여기서 X_i에 대해 비음의 제약(non-negative constraint)을 부과한 이유는 의사결정자가 선택변수를 음으로 선택하는 경우를 원천적으로 방지하기 위함이다. 선택변수가 음으로 결정되는 경우 이를 개념적으로 설명하기란 어렵다.

앞서 언급하였듯이 선형계획법의 기본 개념은 의사결정자들의 최적화 행위에 근거를 둔 모형이다. 그리고 최적화 행위는 의사결정자들의 극대화와 극소화 행위로 나타낼 수 있다.

1) 극대화 문제

두 재화 x_1과 x_2를 생산하는 기업 "가"가 있다. 두 재화를 생산하는 데 투입되는 요소는 w_1과 w_2 그리고 w_3의 3요소이다. 여기서 투입요소 w_1은 토지, w_2는 자본 그리고 w_3는 노동으로 생각할 수 있다.

〈표 8-1〉은 기업 "가"가 보유하고 있는 요소들의 양과 각 요소들이 제품 단위당 생산에 투입되는 비율을 요약한 표이다. 표에서 보이듯이 기업은 8단위의 w_1과 w_2를 그리고 12단위의 w_3를 보유하고 있다. 그리고 각 요소가 제품생산에 투입되는 비율은 다음과 같다.

w_1은 x_1한 단위 생산에 0.5단위 투입되며, x_2의 생산에는 투입되지 않으며, w_2는 x_1생산에는 투입되지 않으나 x_2 한 단위 생산에 한 단위가 투입된다. 그리고 w_3는 x_1 한 단위 생산에 0.5단위의 양이 투입되며, x_2 한 단위 생산에는 한 단위가 투입된다고 한다. 그리고 기업 "가"가 두 재화를 생산하므로 얻을 수 있는 이윤은 각 재화당 40천 원과 30천 원이다.

| 표 8-1 | 기업 "가"가 보유하고 있는 요소들의 양과 재화당 투입비율

요소	x_1단위 생산에 투입되는 요소의 양	x_2단위 생산에 투입되는 요소의 양	보유량
w_1	0.5	0.0	8.0
w_2	0.0	1.0	8.0
w_3	0.5	1.0	12.0
단위당 이윤	40.0천 원	30.0천 원	–

이러한 조건에 직면한 기업 "가"가 추구하는 고유의 목적은 바로 이윤의 극대화이다. 따라서 기업 "가"의 선택은 바로 이윤을 극대화할 수 있는 두 재화의 생산량 결정으로 요약되며, 이러한 두 재화의 최적생산량 결정은 다음과 같은 선형계획법에 의해 구해진다.

목적식: $\underset{x_1, x_2}{Max}.\ \Pi = 40x_1 + 30x_2.$

제약식: $0.5x_1 \leq 8,$

$x_2 \leq 8,$

$0.5x_1 + x_2 \leq 12,$

$x_1 \geq 0,\ x_2 \geq 0.$

기업 "가"가 직면한 선형계획법의 구조를 보면 다음과 같다. 목적식은 기업 "가"가 두 재화의 생산량을 결정하므로 얻을 수 있는 이윤(π)을 가리킨다. 그리고 기업이 직면하고 있는 두 제약조건은 선택변수의 비음조건을 포함하여 5개의 제약식으로 표시된다. 여기서 생산자에게 최적의 해는 실행가능영역(feasible region)과 목적식에 의해 결정된다. 실행가능영역은 (그림 8-1)에 보이듯이 5개의 제약식으로부터 구해진다. 여기서 실행가능영역이란 모든 제약조건을 동시에 만족시키는 영역을 말하며 이 영역 내 모든 점들은 의사결정자가 선택할 수 있는 두 재화의 생산량 배합을 가리킨다. 따라서 의사결정자가 찾는 최적의 해는 바로 실행가능영역 내에 포함되어 있다.

|그림 8-1| 실행가능 영역과 최적해(극대화의 경우)

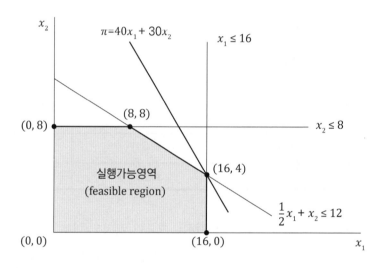

그리고 최적의 해는 실행가능영역 내 극점에 존재한다. 기업 "가"의 경우 실행가능영역 내 5개의 극점이 있는데 각 극점에서 목적식의 값은 다음과 같다.

점 (0, 0)에서 목적식이 갖는 값: π = 0천 원.
점 (16, 0)에서 목적식이 갖는 값: π = 640천 원.
점 (16, 4)에서 목적식이 갖는 값: π = 760천 원.
점 (8, 8)에서 목적식이 갖는 값: π = 560천 원.
점 (0, 8)에서 목적식이 갖는 값: π = 240천 원.

각 극점에서 목적식의 값을 볼 때 기업 "가"가 두 재화의 생산 배합을 $x_1=16$과 $x_1=4$로 결정할 때 기업은 최대의 이윤 760천 원을 얻게 된다.

2) 극소화 문제

극소화 문제도 예를 들어 설명하면 다음과 같다. 어떠한 식물을 재배하는 생산자 "나"가 있다고 하자. 재배되는 식물의 성장을 위해 A, B, C의 3가지 영양요소가 공급되어야 하며, 이러한 영양요소들이 충분히 공급되지 못한다면 그 식물은 원활한 성장을 하지 못한다고 한다. 여기서 그 식물의 성장을 위해 필요한 영양요소의 최소 요구량이 있는데, 각 영양요소의 최소 요구량은 A가 160단위, B가 200단위 그리고 C가 80단위이다. 생산자 "나"는 비료를 통해 요소들의 최소 요구량을 식물에 공급하고 있다. 따라서 생산자는 비료를 시장에서 구입해야 한다.

시장에는 두 종류의 비료 F와 G가 판매되고 있다. 각 비료 제품에 대해서는 〈표 8-2〉에 요약되었듯이 비료 F는 제품당 가격이 4천 원이며, 그 제품에는 A의 요소가 3단위, B요소가 5단위 그리고 C요소가 1단위 포함되어 있다. 반면 비료 G는 제품당 3천 원이며, 각 요소들이 2단위씩 포함되어 있다.

|표 8-2| 영양요소의 최소 요구량과 제품별 영양요소 함유량

구분	비료 제품 F	비료 제품 G	최소 요구량
영양요소 A	3단위	2단위	160단위
영양요소 B	5단위	2단위	200단위
영양요소 C	1단위	2단위	80단위
제품의 단위가격	4천원	3천원	–

이러한 환경에 직면한 생산자는 식물재배에 필요한 영양요소의 최소 요구량을 최소의 비용으로 공급하는 방법을 찾을 것이다. 왜냐하면 생산자는 비용최소화를 통하여 이윤을 극대화하려 할 것이기 때문이다. 여기서 생산자가 구입하는 제품 F의 양과 제품 G의 양을 각각 f와 g라 할 때 f와 g는 바로 비용최소화를 달성하기 위해 생산자가 선택하는 선택변수가 된다. 〈표 8-2〉와 같은 조건에 직면한 생산자가

비용을 최소화시키기 위한 두 비료의 구입량은 다음과 같은 선형계획법에 의해 도출된다.

목적식: $\underset{f,g}{Mim}.\; C = 4f + 3g.$

제약식: $3f + 2g \geq 160,$

$\qquad\quad 5f + 2g \geq 200,$

$\qquad\quad f + 2g \geq 80,$

$\qquad\quad f \geq 0,\; g \geq 0.$

여기서 의사결정자인 생산자 "나"가 지불하는 비용은 비료 F와 G를 구입하는 데만 발생하므로 목적식 C는 바로 구입비용이 된다. 5개의 제약식은 각 영양요소의 최소 요구량을 제공하는 두 재화의 배합 관계와 재화의 비음조건을 포함한다. 그리고 5개의 제약식을 통하여 생산자가 선택할 수 있는 실행가능영역은 (그림 8-2)와 같이 결정된다.

|그림 8-2| 실행가능영역과 최적해(극소화 경우)

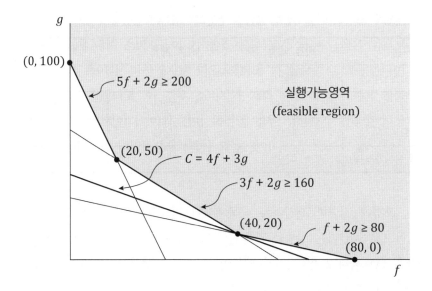

실행가능영역에서 4개의 극점이 존재하는데 각 극점에서의 총비용은 다음과 같다.

점 (0, 100)에서 목적식이 갖는 값: C = 300천 원.
점 (20, 50)에서 목적식이 갖는 값: C = 230천 원.
점 (40, 20)에서 목적식이 갖는 값: C = 220천 원.
점 (80, 0)에서 목적식이 갖는 값: C = 320천 원.

각 극점에서 목적식의 값을 볼 때 생산자 "나"가 두 재화 F와 G를 각각 40단위와 20단위로 구입할 때 총비용은 220천 원으로 최소가 된다.

3) 선택변수가 3개 이상인 경우

선택변수가 3개 이상인 경우 앞에서와 같이 평면적 그림으로 최적해를 도출할 수없으므로 심플렉스(simplex) 방법이나 컴퓨터의 소프트웨어를 활용하여 최적해를 구한다. 일반적으로 선형계획법에 많이 이용되는 소프트웨어로는 LINDO 또는 GAMS 등이 있다. 그리고 심플렉스 방법에 대해서는 많은 서적에서 자세하게 설명하고 있으므로 이 책에서는 생략하도록 한다(이에 관심이 있는 독자는 Chiang(1985)을 참조할 것).

4. 선형계획법에서의 잠재가격

선형계획법에서 재화의 잠재가격은 한 단위 변화에 대해 소비자나 생산자가 기꺼이 지불하고자 하는 금액으로 나타난다. 따라서 재화가 한 단위 변할 때 변화되는 사회편익이 바로 그 재화의 진정한 가치가 되는 것이다. 만일 재화의 변화에도 불구하고 사회편익의 변화가 없다면 그의 진정한 사회가치는 0이 되는 것이며, 그러한 재화의 잠재가격은 0원이 된다.

이를 〈표 8-1〉에서 설명한 극대화 문제에서 살펴보자. 기업 "가"는 투자를 통하여 그의 이윤을 향상시키려 한다. 여기서 투자라 함은 기업 "가"가 보유하고 있는 요소, 즉 w_1과 w_2 그리고 w_3의 양을 증가시키는 것을 의미한다. 이때 기업의 주요 관심은 바로 어떤 요소에 투자할 때 이윤이 가장 크게 증가하는가에 있다. 이에 대한 설명은 (그림 8-3)에서 찾아 볼 수 있다(단, 설명의 편의상 각 요소의 단위당 가격은 동일한 것으로 가정한다). 그림은 앞의 (그림 8-1)을 바탕으로 요소들의 총량이 각각 한 단위씩 증가하였을 때 실행가능영역의 변화와 이에 따른 최적해의 변화를 나타낸 것이다.

(그림 8-3)은 3요소의 변화에 따른 실행가능영역의 변화와 최적해의 변화를 나타내고 있다. 그림 (a)는 기업이 w_1 한 단위만을 증가시켰을 경우, 그림 (b)는 w_2 한 단위만 증가시켰을 경우, 그리고 그림 (c)는 w_3 한 단위만 증가시켰을 경우 실행가능영역의 변화와 이에 따른 최적해의 변화를 나타내고 있다.

|그림 8-3| 요소 변화 시 실행가능영역 변화와 최적해(극대화 문제)

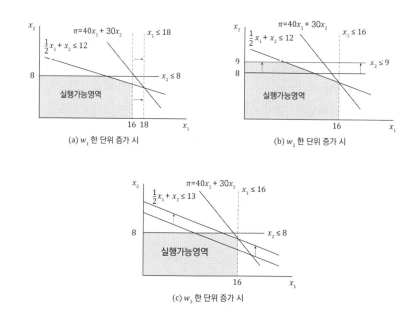

요소의 변화에 따른 결과는 〈표 8-3〉에 요약되었듯이 기업 "가"가 w_1의 양을 한 단위 증가시켰을 때 x_1과 x_2의 생산은 각각 $x_1 = 18$, $x_2 = 3$이며, 그때의 이윤은 810천 원이다. 또한 w_2 한 단위 증가되었을 경우 기업 "가"의 최적생산은 $x_1=16$과 $x_2=4$이며, 그때의 이윤은 720천 원, 그리고 w_3 한 단위가 증가되었을 경우 기업의 최적생산은 $x_1=16$과 $x_2=5$이며, 그때의 이윤은 790천 원이다. 이를 요소 한 단위 증가에 따른 이윤의 증가, 즉 한계이윤(marginal profit)을 보면 w_1의 한 단위 증가는 이윤을 90천

원 증가시키고, w_3의 경우 70천 원 증가시키나, w_2의 경우에는 요소의 증가에도 불구하고 총이윤은 증가하지 않는다. 따라서 w_1의 잠재가격은 90천 원이며, w_2의 잠재가격은 0천 원 그리고 w_3의 잠재가격은 70천 원이다.

| 표 8-3 | 요소변화에 따른 최적해의 변화율

요소	최적선택	총이윤	이윤의 변화	잠재가격
w_1 한 단위 증가	$x_1 = 18, x_2 = 3$	810천 원	90천 원 증가	90천 원
w_2 한 단위 증가	$x_1 = 16, x_2 = 4$	720천 원	0천 원 증가	0천 원
w_3 한 단위 증가	$x_1 = 16, x_2 = 5$	790천 원	70천 원 증가	70천 원

〈표 8-3〉에서 보듯이 모든 요소의 한 단위 증가가 생산자에게 이윤을 동일하게 증가시키는 것은 아니다. 따라서 이윤극대자인 기업 "가"는 동일한 비용을 투자하여 요소의 규모를 증가시킬 때 그가 얻을 수 있는 최대의 이윤은 w_1에서 나타나기 때문에 기업은 w_1 요소를 선택하여 투자할 것이다.

극소화 문제의 경우도 극대화의 문제와 동일한 방법으로 자원의 잠재가격을 구할 수 있다. 앞서 설명한 식물을 재배하는 생산자 "나"의 경우를 중심으로 살펴보자. 생산자 "나"의 경우 비용을 최소화하는 방법은 식물성장에 필요한 영양요소들의 최소 요구량을 감소시키는 것이다. 이렇게 될 때 생산자는 비료 F와 G 구입에 지불하는 비용을 감소시켜 이윤을 향상시킬 수 있다.

그러면 생산자의 주요 관심은 바로 어느 영양요소의 최소 요구량을 감소시킬 때 비용이 가장 크게 감소하겠는가에 있다. 이 경우도 각 영양요소의 최소 요구량 한 단위 감소가 총비용의 감소에 미치는 효과를 계산하여 결정하여야 한다(물론 여기서 각 영양요소의 최소 요구량 한 단위를 감소시키는 기술개발에 투자되는 비용은 동일하다고 가정한다). 이에 대한 설명은 (그림 8-4)에서 찾아볼 수 있다. 그림은 앞의 (그림 8-2)를 바탕으로 식물의 원활한 성장을 위해 필요한 영양요소의 최소 요구량을 각각 한 단위씩 감소시켰을 때 실행가능영역의 변화와 이에 따른 최적해의 변화를 나타낸 것이다.

(그림 8-4)의 3가지 그림 중 그림 (a)는 영양요소 A의 최소 요구량이 한 단위 감소되었을 경우, 그림 (b)는 영양요소 B의 최소 요구량이 한 단위 감소되었을 경우, 그

리고 그림 (c)는 영양요소 C의 최소 요구량이 한 단위 감소되었을 경우 실행가능영역과 최적해의 변화를 가리키고 있다. 각각의 영양요소의 변화에 따른 결과는 〈표 8-4〉에 요약되었다. (그림 8-4)에서와 같이 영양요소 A의 최소 요구량이 한 단위 감소되었을 경우 생산자가 구입하는 비료 제품 F와 G의 양은 각각 39.5단위와 20.25단위이며, 이때 생산자가 지불하는 총비용은 218.75천 원이다. 영양요소 B의 최소 요구량이 한 단위 감소되었을 경우 생산자가 구입해야 할 F와 G의 양은 각각 40단위와 20단위로 총비용은 220천 원이다. 그리고 영양요소 C의 최소 요구량의 한 단위가 감소되었을 때 생산자가 구입해야 하는 두 제품의 양은 각각 40.5단위 그리고 19.25단위이며, 이때 생산자가 제품 구입에 지불하는 총비용은 219.75천 원이다.

|그림 8-4| 요소 변화 시 실행 가능영역 변화와 최적해(극소화 문제)

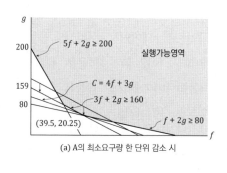

(a) A의 최소요구량 한 단위 감소 시

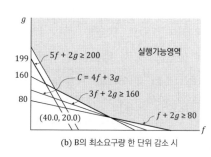

(b) B의 최소요구량 한 단위 감소 시

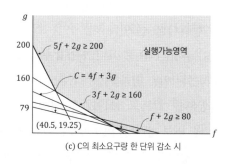

(c) C의 최소요구량 한 단위 감소 시

|표 8-4| 요소변화에 따른 최적해의 변화

구분	최적선택	총비용	비용의 변화	잠재가격
A 한 단위 감소	$f=39.5,\ g=20.25$	218.75천 원	1.25천 원 감소	1.25천 원
B 한 단위 감소	$f=40.0,\ g=20.00$	220.00천 원	0.00천 원 감소	0.00천 원
C 한 단위 감소	$f=40.5,\ g=19.25$	219.75천 원	0.25천 원 감소	0.25천 원

영양요소 A 한 단위 감소는 총비용을 1.25천 원 감소시키고, 영양요소 B의 경우는 최소 요구량의 한 단위 감소에도 불구하고 생산자가 지불하는 총비용에는 변화가 없다. 그리고 영양요소 C의 최소 요구량 한 단위 감소는 총비용을 0.25천 원 감소시킨다. 그러므로 영양요소 A, B, C의 잠재가격은 각각 1.25천 원, 0천 원 그리고 0.25천 원이다. 이와 같이 모든 요소의 한 단위 변화가 생산자에게 비용을 동일하게 감소시키는 것이 아니다. 따라서 생산자 "나"는 영양요소의 잠재가격이 가장 큰 영양요소의 최소 요구량 감소에 기술투자를 할 것이다.

앞에서 설명한 극대화나 극소화의 경우에서 우리는 두 가지 사실을 발견할 수 있다. 첫째는 실행가능영역의 확장 자체가 생산자의 목적, 즉 이윤의 증가 또는 비용의 감소를 항상 이끄는 것은 아니며, 둘째는 의사결정자가 선택하는 자원의 종류에 따라 정책의 효과는 최대로 나타날 수도 그리고 전혀 나타나지 않을 수도 있다. 이러한 면을 고려해 볼 때 선형계획법은 제시된 대안 중 사회에 최대의 편익을 제공하는 대안을 최종 정책으로 선택하는 데 있어 매우 유용하게 사용될 수 있는 수단이다.

5. 잠재가격과 쌍대변수

선형계획법에 있어서 주어진 제약량, 다시 말해서 제약식의 오른쪽 항의 변화에 따라 목적식의 값은 변하게 된다(물론 앞의 예에서도 보였듯이 선택하는 자원에 따라 목적식의 값은 전혀 변하지 않을 수도 있다). 이와 같이 주어진 자원의 제약량 변화로 인한 목적식 값의 변화를 선형계획법에서는 잠재가격이라 한다.

이러한 잠재가격은 제약량의 변화에 따른 최적해의 변화이므로 잠재가격은 바로 제약량 변화에 따른 목적식의 민감도라고도 할 수 있다. 그리고 잠재가격은 주어진 자원의 가치를 목적식과 관련하여 본 상대가격이므로 이를 쌍대변수(dual variable)라고도 한다. 앞에서 설명한 극대화와 극소화의 예에서 자원 i의 잠재가격은 다음과 같이 표현될 수 있다.

$$\lambda_{Bi} = \frac{\Delta \Pi^*}{\Delta B_i}, \ \lambda_{Di} = \frac{\Delta C^*}{\Delta D_i}. \tag{8.7}$$

λ_{Bi}는 자원 B_i의 잠재가격을 그리고 λ_{Di}는 자원 D_i의 잠재가격을 나타낸다. 그리고 ΔB_i와 ΔD_i는 자원의 제약량 B_i와 D_i의 변화량을 말하며, $\Delta \Pi^*$와 ΔC^*은 주어진 자원의 제약량 B_i와 D_i가 변함에 따라 변하게 되는 최적해의 변화분을 가리킨다. 따라서 식 (8.7)은 선형계획법에서 도출되는 자원의 잠재가격이 바로 자원의 한계가치(marginal value)임을 의미한다.

선형계획법에서 쌍대변수는 바로 주어진 자원의 잠재가격인 동시에 자원의 사회적 가치이다. 그러므로 자원의 잠재가격은 자원배분과 관련된 정책분석과 평가에서 분석자들에게 매우 유용한 정보를 제공한다. 다시 말해서 자원 i의 잠재가격을 알았을 때 계획이나 정책의 효과는 다음과 같이 계산될 수 있다(이를 위해서는 제 3장에서 설명된 민감도 분석을 통하여 잠재가격의 불변범위를 확인 후 아래와 같이 정책의 효과가 평가될 수 있다).

$$\Delta \Pi^* = \lambda_{Bi} \times \Delta B, \ \Delta C^* = \lambda_{Di} \times \Delta D_i. \tag{8.8}$$

잠재가격이 정책분석에서 어떻게 사용될 수 있는지 예를 통해 살펴보자. 어느 가상의 국가 N에는 n개의 재화($C_1, C_2, \cdots, C_n$)와 m개의 자원($R_1, R_2, \cdots, R_m$)이 있다. 여기서 재화들은 오로지 자원의 투입을 통하여 생산되며, 생산기술은 다음과 같이 자원들의 선형적인 결합으로 특징지어진다고 한다.

$$C_1 = a_{11}R_{11} + a_{21}R_{21} + \cdots + a_{m1}R_{m1},$$
$$C_2 = a_{12}R_{12} + a_{22}R_{22} + \cdots + a_{m2}R_{m2},$$
$$\cdots\cdots\cdots\cdots\cdots\cdots\cdots\cdots\cdots\cdots$$
$$C_j = a_{1j}R_{1j} + a_{2j}R_{2j} + \cdots + a_{mj}R_{mj},$$

$$\cdots\cdots\cdots\cdots\cdots\cdots\cdots\cdots\cdots$$

$$C_n = a_{1n}R_{1n} + a_{2n}R_{2n} + \cdots + a_{mn}R_{mn}.$$

위에서 C_j은 생산된 재화 j의 양을, a_{ij}은 재화 j 한 단위 생산에 투입되는 자원 i의 양을 나타내는 기술계수를 그리고 R_{ij}는 재화 j를 생산하는 데 투입되는 자원 i의 양을 말한다. 물론 재화생산에 투입될 수 있는 자원의 양은 무한정한 것이 아니라 다음과 같이 제약되어 있다.

$$R_{11} + R_{21} + \cdots + R_{1n} \leq \overline{R_1},$$
$$R_{21} + R_{22} + \cdots + R_{2n} \leq \overline{R_2},$$
$$\cdots\cdots\cdots\cdots\cdots\cdots\cdots\cdots$$
$$R_{i1} + R_{i1} + \cdots + R_{in} \leq \overline{R_i},$$
$$\cdots\cdots\cdots\cdots\cdots\cdots\cdots\cdots$$
$$R_{m1} + R_{m1} + \cdots + R_{mn} \leq \overline{R_m}.$$

$\overline{R_i}$는 자원 i의 제약량을 가리킨다. N국의 정책목표는 그의 국내 생산량을 극대화 하는 것이다. 위와 같은 경우 N국의 국내 총생산(GDP)은 다음과 같이 표시된다.

$$G = P_1C_1 + P_2C_2 + \cdots + P_nC_n.$$

식에서 P_i는 재화 i의 단위당 가격이다. 이러한 상황에서 어느 재화를 얼마만큼 생산할 것인가가 바로 계획가가 결정해야 할 사항이다. 이러한 계획가의 결정은 전형적인 선형계획법에 의해 해결될 수 있으며, 이때의 선형계획법의 구조는 다음과 같다.

목적식: $\underset{c_1, \cdots, c_n}{Max} . \ G = \sum_i P_i C_i,$

제약식: $\sum_i R_{ij} \leq \overline{R_i},$

$\qquad\quad C_i \geq 0.$

위와 같은 선형계획식을 통하여 선택변수 C_i와 함께 쌍대변수 λ_i의 값은 도출된다. 여기서 λ_i는 자원 R_i의 한 단위가 변할 때 국내총생산의 변화를 가리키는 자원 i의 잠재가격이다. 그러면 이러한 잠재가격을 가지고 정책은 어떻게 분석될 수 있는지 살펴보자. 분석에 앞서 설명의 간편을 위해 자원의 수를 R_1과 R_2 그리고 R_3의 3자원으로 한정하며, 각각의 잠재가격을 1백만 원과 2백만 원 그리고 3백만 원이라고 가정한다.

$$(\lambda_{R_1}, \lambda_{R_2}, \lambda_{R_3}) = (1, 2, 3),$$

λ_{Rj}: 자원 i의 잠재가격(단위: 백만 원).

현재 N국 정부는 국내 총생산을 극대화할 수 있는 정책을 모색 중이다. 여러 대안들이 제시되었으며, 분석자가 제시된 대안들을 신중히 검토한 결과 최종적으로 대안 #1과 대안 #2가 대안 중 가장 유망한 것으로 나타났다. 그러나 정치적 이유로 인해 두 정책대안은 모두 집행할 수 없으며 하나의 대안만을 선택하여 정책으로 집행해야 한다고 한다. 각 정책대안의 효과는 다음과 같이 예측되었다.

- 대안 #1은 자원 R_1과 R_2의 양을 각각 한 단위와 세 단위씩 감소시키는 반면 자원 R_3를 네 단위 증가시킨다.
- 대안 #2은 자원 R_1과 R_3의 양을 각각 한 단위와 세 단위씩 감소시키는 반면 자원 R_2를 네 단위 증가시킨다.

제시된 두 정책대안 중 어느 대안이 최종 정책으로 선택되어야 하는가? 이때 선택의 기준은 말할 필요도 없이 어느 대안이 사회에 더 많은 편익을 제공할 것인가에 있다. 앞서 언급하였듯이 N국의 정책목표는 국내 총생산을 극대화하는 것이므로 정책 선택기준은 바로 어느 정책대안이 국내 총생산 G를 더 증가시키는 데 있다고 할 수 있다. 이러한 정책평가는 자원들의 잠재가격을 이용하므로 쉽게 이루어질 수 있다. 잠재가격을 이용하여 위의 두 정책을 분석한 결과는 〈표 8-5〉에 요약되었다.

|표 8-5| 두 정책대안의 비용·편익 분석표

(단위: 백만 원)

구분	편익	비용	순편익
대안 #1	$\lambda_{R_3} \times \Delta R_3 = 12$	$\lambda_{R_1} \times \Delta R_1 + \lambda_{R_2} \times \Delta R_2 = 7$	5
대안 #2	$\lambda_{R_2} \times \Delta R_2 = 6$	$\lambda_{R_1} \times \Delta R_1 + \lambda_{R_3} \times \Delta R_3 = 4$	2

〈표 8-5〉에 보이듯이 두 정책대안의 효과를 비교해 볼 때 대안 #1은 대안 #2보다 우수하다. 왜냐하면 정책대안 #1은 사회에 편익과 비용을 각각 12백만 원과 7백만 원을 발생시켜 전체적으로 5백만 원의 사회 순편익을 발생시키는 반면, 정책대안 #2는 사회에 6백만 원의 편익과 4백만 원의 비용을 발생시켜 전체적으로 2백만 원의 사회 순편익을 증가시키기 때문이다. 따라서 N국의 정부는 제시된 두 대안 중 정책대안 #1을 최종 정책으로 선택하여야 한다.

위의 예에서는 자원들의 시장가격이 존재하지 않았을 때 잠재가격이 정책의 분석과 평가에서 어떻게 사용될 수 있는지에 대해 간단히 설명하였다. 그러나 자원의 시장가격이 주어졌으며, 그 시장가격이 자원의 잠재가격과 다른 경우를 생각해 보자. 이러한 경우 정책분석에서 자원의 시장가치를 이용하여 정책의 편익과 비용을 계산하였다면 그 결과는 부정확한 것이라 할 수 있다. 왜냐하면 이 경우 자원의 시장가격은 진정한 그의 사회가치를 나타내지 못하기 때문이다. 따라서 비록 자원의 시장가격이 주어졌다고 할지라도 그 시장가격이 잠재가격과 다른 경우 정책분석에서는 자원의 시장가격은 사용되지 말아야 한다.

6. 선형계획법의 적용 예

이 절은 노정현과 임채욱(1993)의 연구를 중심으로 자원들의 쌍대변수를 이용하여 자원배분을 평가하고 정책방향을 제시하는 것에 관해 설명한다. 연구는 석유제품의 유통과정에서 나타나는 수송 및 저유(貯油)와 같은 물류정책을 평가하고 저유소의 입지와 그 활용에 대한 경제성을 계량적으로 평가하는 것이다. 석유제품의 물류체계는 크게 제품의 재고와 주문관리기능을 담당하는 저유체계와 생산된 제품을 여러 수송수단에 의해 저유소나 각 수요지로 수송하는 수송체계로 구분된다.

특히 석유제품의 수송체계는 (그림 8-5)에 보이듯이 정유공장에서 저유소까지 정유회사의 책임 아래 이루어지는 1차 수송과 저유소에서 공장 또는 다른 저유소 등의 수요지로 수송되는 2차 수송으로 이루어진다. 그리고 정유공장 주변이나 화력발전소와 같은 대수요지에 대해서는 저유소를 거치지 않고 정유공장으로부터 직접 배송이 이루어진다. 수송수단별로 보면 제품의 1차 수송은 탱크 트럭(T/T) 해상수송(VSL), 철도수송(RTC) 그리고 송유관수송(P/L)의 4가지 수송수단에 의해 그리고 2차 수송은 대부분 탱크 트럭(T/T)으로 이루어진다.

이 연구는 정유공장에서 저유소와 최종 수요지로 수송되는 제품량을 최적화하는 방안에 초점이 맞추어져 있다. 구체적으로 말해 정유공장 n으로부터 저유소 i까지 수송수단 k를 이용하여 유종 l을 수송하는 1차 수송비와 저유소 i로부터 제품의 수요지 j까지 유종 l을 수송하는 2차 수송비의 총합을 최소화하는 것이다. 직배수송에 의해 발생하는 수송비도 1차와 2차 수송비와 같이 독립항으로 고려할 수도 있겠으나 그들의 연구에서는 모형의 효율성을 위해 2차 수송으로 표현되었다. 즉, 직배수송의 경우 정유공장을 저유소로 간주하면 직배수송은 바로 2차 수송이 된다.

|그림 8-5| 석유제품 수송체계

따라서 정유회사 제품 수송에 따른 총수송비의 최소화는 다음과 같이 선형계획법의 구조로 표현된다.

목적식: $Min. \sum_n \sum_i \sum_k \sum_l c_{nik}^l X_{nik}^l + \sum_i \sum_j \sum_l d_{ij}^l Y_{ij}^l.$

제약식: $\sum_j Y_{ij}^l \leq \sum_n \sum_k X_{nik}^l,$ (제약식 #1)

$\sum_i \sum_k X_{nik}^l \leq P_n^l,$ (제약식 #2)

$\sum_i \sum_l X_{nik}^l \leq O_{nk},$ (제약식 #3)

$\sum_{i=p}^q \sum_i X_{nik}^l \leq S_{np},$ (제약식 #4)

$\sum_n \sum_i X_{nik}^l \leq I_{nk},$ (제약식 #5)

$\sum_i Y_{ij}^l \geq D_j^l,$ (제약식 #6)

$\sum_n \sum_k X_{nik}^l \leq K_i^l.$ (제약식 #7)

위의 선형계획법에 제시된 목적함수는 수송비의 총합을 최소화하는 식으로 여기서 분석자가 결정해야 할 선택변수는 X_{nik}^l와 Y_{ij}^l이다. 그리고 목적식과 제약식에 나타난 변수 및 파라미터에 대한 설명은 다음과 같다.

c_{nik}^l: 정유공장 n에서 저유소 i까지 수송 수단 k에 의한 유종 l의 단위당 수송비,

d_{ij}^l: 저유소 i에서 수요지 j까지 유종 l의 단위당 수송비,

X_{nik}^l: 정규공장 n에서 저유소 i까지 수송수단 k에 의한 유종 l의 연간 1차 수송량,

Y_{ij}^l: 저유소 i에서 수요지 j까지 유종 l의 연간 2차 수송량,

P_n^l: 정유공장 n의 유종별 총생산량,

O_{nk}^l: 정유공장 n의 수송수단별 연간 출하용량,

I_{ik}: 저유소 i의 수송수단별 연간 입하용량,

S_{np}: 정유공장 n으로부터 송유관의 p구간별 연간 수송용량,

D_j^l: 수요지 j의 유종별 연간 수요량,

K_i^l: 저유소 i의 유종별 연간 처리용량.

그리고 7개의 제약식에 대한 설명은 다음과 같다.

- 제약식 #1은 제품 흐름의 균형조건으로 각 저유소의 유종별 출하량이 저유소의 총 입하량을 초과할 수 없음을 가리킨다.
- 제약식 #2는 유종별 총 생산량의 제약으로 각 정유공장으로부터 모든 저유소까지의 유종별 총 1차 수송량이 각 정유 공장의 유종별 생산량을 초과할 수 없음을 의미한다.
- 제약식 #3은 수송수단별 출하용량에 대한 제약으로 각 정유공장에서 출하되는 총 제품량은 각 수송수단별 출하시설용량에 제약받음을 가리킨다.
- 제약식 #4는 송유관의 송유용량에 관한 제약이다. 다시 말해, 송유관 수송은 송유관이 연결된 수 개의 저유소들을 지나 송유구간의 최종 저유소까지 수송되므로 제약식 #4는 각 송유구간의 총 수송량이 최종 저유소가 연결된 마지막 구간까지의 누적 송유용량을 초과할 수 없음을 가리킨다.
- 제약식 #5는 각 저유소의 입하 수단별 모든 유종의 1차 수송량의 총합이 각 저유소의 입하용량을 초과할 수 없음을 가리킨다.
- 제약식 #6은 수요지별 수요량의 제약에 관한 것이다. 제약식 #6은 최종수요지역까지의 유종별 2차 수송량이 지역의 유종별 수요량을 만족시켜야 함을 가리킨다.
- 제약식 #7은 각 저유소의 유종별 총 1차 수송량이 유종별 저유 용량을 초과할 수 없음을 가리킨다.

각 제약식으로부터 도출되는 쌍대변수가 갖는 의미는 〈표 8-6〉에 요약되었다. 연구에서 가상의 시나리오는 다음과 같다. 정유회사 "가"는 수송비와 재고비 등 물류비용의 절감을 통해 기업경영의 합리화를 이루려 한다. 이에 정유회사 "가"는 전국을 대상으로 수송 및 저유체계의 최적대안을 마련하고자 한다. 이 회사는 울산과 여수 그리고 대산에 정유공장을 가지고 있으며 전국에 걸쳐 10개의 저유소(서울, 인천, 부산,

대구, 대전, 군산, 광주, 원주, 전주, 제주)를 운영 중에 있고 취급하는 유종은 경질유와 중질유의 2가지이다.

| 표 8-6 | 제약식과 쌍대변수의 의미

제약식	쌍대변수	제약조건
제약식 #1	저유소가 입지하여 제품 1단위를 처리함에 따른 저유소 입지의 기회비용	제품 흐름의 균형조건
제약식 #2	제품 1단위(BBL) 추가생산에 따른 총 수송비 절감	유종별 총 생산량 제약조건
제약식 #3	송유구간별 출하용량 1단위(1 BBL) 증가에 따른 총 수송비의 절감	수송수단 정유공장 출하용량 제약조건
제약식 #4	송유구간별 송유용량 1단위(1 BBL) 증가에 따른 총 수송비의 절감	송유관 송유용량 제약조건
제약식 #5	저유소 입하 시설용량 1단위(1 BBL) 증가에 따른 총 수송비 절감	저유소 수송수단 입하 용량 제약조건
제약식 #6	수요지 유종별 수요량의 1단위(1 BBL) 증가에 따른 총 수송비 증가	수요지 수요 제약조건
제약식 #7	저유탱크의 저유용량 1단위(1 BBL) 증가에 따른 총 수송비 절감	저유소 유종별 저유용량 제약조건

주: 1 BBL = 158.984 Liter.

그리고 경질유 수송에는 울산 - 대구 - 대전 - 서울을 잇는 제 1송유관과 여수 - 광주 - 전주 - 대전 - 서울을 잇는 제 2송유관이 가동되고 있다. 1차 수송은 탱크트럭(T/T), 선박(VSL), 철도(RTC) 및 송유관(P/L)으로 이루어지며 2차 수송은 모두 탱크트럭에 의해 이루어진다. 또한 모든 제품의 양은 연간 수송량(BBL/년)으로 하며 저유소의 저유비용은 발생하지 않는다고 한다.

목적식과 제약식에서 알 수 있듯이 선택변수가 많기 때문에 LINDO 소프트웨어를 이용하여 최적해와 각 제약식에 따른 쌍대변수가 도출되었다. 우선 가상의 자료로부터 계산된 정유회사 "가"의 수송수단별 수송량과 수송비 그리고 평균 수송비는 〈표 8-7〉에서 보는 바와 같다.

| 표 8-7 | 정유회사 "가"의 수송수단별 수송량과 수송비용 그리고 평균 수송비

구분	수송수단	수송량 (천 *BBL*/년)	수송비 (천 원/년)	평균 수송비 (원/*BBL*)
1차 수송 (공장-저유소)	*T/T*	–	–	–
	VSL	16,740	7,366,000	444.0
	RTC	4,440	3,843,000	865.5
	P/L	8,375	2,581,000	308.2
소계	–	29,555	13,790,000	466.6
2차 수송 (저유소-수요지)	*T/T*	29,555	18,485,904	625.5
공장 직배 (공장-수요지)	*T/T*	21,160	1,482,276	540.1
총계	–	50,715	43,704,180	861.8

〈표 8-7〉에 제시되었듯이 정유회사 "가"가 연 50,715천 *BBL*의 제품 수송에 지불하는 총수송비는 연간 43,704,180천 원으로 나타났으며, 따라서 정유공장에서 수요지까지의 평균 수송비는 861.8원/*BBL*이다.

정유회사의 공장별 유종별 그리고 수단별 최적해는 〈표 8-8〉과 같다. 경질유와 중질유 생산은 울산공장이 전체 생산량 중 각각 78.1%와 84.4%를 담당하고, 여수공장이 14.8%와 9.1%를 그리고 대산공장이 7.1%와 6.5%를 담당해야 하는 것으로 나타났다. 경질유와 중질유에 대한 자세한 수송수단별 최적수송조합은 〈표 8-8〉에 제시된 바와 같다.

7개 제약식으로부터 계산되는 쌍대변수는 각 자원활용의 경제적 효율성과 함께 의미 있는 정책 방향을 제시한다. 여기서는 제약식 #1과 #2 , #4 그리고 #5에 대해서만 설명하기로 한다. 먼저 제약식 #1로부터 구해지는 쌍대변수는 정유회사 "가"가 운영하고 있는 저유소들의 입지경제성을 가리킨다. 여기서 입지경제성이란 저유소가 입지하여 제품 1단위를 더 처리하게 될 때 절감되는 수송비용, 즉 한계이득으로 나타난다. 그러므로 〈표 8-9〉에 나타난 한계이득이란 바로 자원의 잠재가격을 가리키는 쌍대변수이다. 정유회사 "가"가 운영하는 10개의 저유소 중 원주 저유소의 입지경제성이 경질유와 중질유 모두에 있어 가장 높게 나타났다.

| 표 8-8 | 정유회사 "가"의 최적해

정유 공장	저유소	경질유			중질유		
		수송 수단	수송비 (원/BBL)	최적수송량 (천 BBL/년)	수송 수단	수송비 (원/BBL)	최적수송량 (천 BBL/년)
울산	서울	P/L	400.0	4,675	–	–	–
	인천	VSL	700.0	–	VSL	500.0	7,320
	부산	VSL	250.0	–	VSL	250.0	5,000
	대구	P/L	100.0	1,385	RTC	7,000.0	2,650
	대전	P/L	200.0	940			
	원주	RTC	1300.3	600	RTC	1,300	300
	직배	–	–	2,060	–		17,070
	소계	–	–	9,660 (78.1%)	–	–	32,340 (84.4%)
여수	서울	P/L	420	725	–	–	–
	인천	–	–	–	VSL	500.0	1,740
	대전	–	–	–	RTC	1,250.0	290
	광주	P/L	100.0	500	RTC	800.0	400
	전주	P/L	200.0	150	RTC	850.0	200
	제주	VSL	700.0	170	VSL	650.0	130
	직배	–	–	290	–	–	740
	소계	–	–	1,835 (14.8%)	–	–	3,500 (9.1%)
대산	인천	VSL	350.0	600	VSL	350.0	190
	군산	VSL	500.0	190	VSL	450.0	1,400
	직배	–	–	90	–	–	910
	소계	–	–	880 (7.1%)	–	–	2500 (6.5%)
총계		–	–	12,375 (100%)	–	–	38,340 (100%)

| 표 8-9 | 저유소의 입지경제성 분석

저유소	한계이득		저유소	한계이득	
	경질유	중질유		경질유	중질유
서울	473	–	군산	500	731
인천	350	500	광주	814	929
부산	587	587	원주	1,342	1,444
대구	120	700	전주	723	954
대전	220	1,200	제주	700	650

제약식 #2로부터 구해지는 쌍대변수는 정유공장의 생산용량 규모에 대한 경제성을 가리킨다. 유종별 그리고 공장별 최적생산량과 여유용량에 대해서는 〈표 8-10〉에 제시되었다. 표에서 나타난 한계이득이란 바로 정유공장의 생산용량이 한 단위 증가하므로 절감되는 수송비용을 가리킨다. 표에서 보듯이 각 정유공장은 대체적으로 생산량제약에 비해 많은 여유가 있는 것으로 나타났다. 이는 제품의 생산능력은 충분한 데 비해 수송수단의 제약 또는 수요제약 등으로 인하여 생산시설이 충분하게 가동되지 못함을 가리킨다. 단, 중질유의 대산공장의 경우는 생산시설이 효율적으로 가동되고 있는 것으로 나타났으며, 따라서 대산공장의 생산용량을 1단위 증가시킬 때 전체 수송비용이 150원/BBL이 감소하여 경제적 이득이 있음이 분석되었다.

| 표 8-10 | 유종별 그리고 공장별 생산량 제약과 최적생산량

유종	정유 공장	생산량 제약 (천 BBL/년)	최적해 (천 BBL/년)	여유용량 (천 BBL/년)	한계이득 (원/BBL)
경질유	울산	13,000	9,660	3,340	0
	여수	2,000	1,835	165	0
	대산	1,000	880	120	0
	계	16,000	12,375	3,625	–
중질유	울산	50,000	32,340	17,660	0
	여수	3,500	3,500	0	0
	대산	2,500	2,500	0	150
	계	56,000	38,340	17,660	–

제약식 #4로부터 구해지는 쌍대변수는 송유관 구간들의 경제성을 가리킨다. 송유관은 울산 – 대구 구간을 제외한 전 구간에 걸쳐 충분한 여유가 있는 것으로 나타났다. 울산 – 대구 구간의 한계이득이 20원/BBL임은 바로 송유용량의 증대가 필요함을 가리키는 것이다.

| 표 8-11 | 송유관 구간별 송유용량 분석

송유관	송유 구간	생산량 제약 (천 BBL/년)	최적해 (천 BBL/년)	여유용량 (천 BBL/년)	한계이득 (천 BBL/년)
제 1송유관	울산-대구	7,000	7,000	0	20
	대구-대전	6,000	5,615	385	0
	대전-서울	5,000	4,675	325	0
제 2송유관	여수-광주	2,000	1,375	625	0
	광주-전주	2,000	875	1,125	0
	전주-대전	1,000	725	275	0
	대전-서울	1,000	725	275	0

제약식 #5로부터 도출되는 저유소들의 유종별 저유용량에 대한 쌍대변수는 저유시설의 경제성을 의미한다. 저유소의 유종별 저유용량은 경질유의 경우 서울, 광주, 원주 및 전주 저유소의 저유탱크 용량이 그리고 중질유의 경우 군산, 광주, 원주, 전주 저유소의 저유탱크용량이 부족한 것으로 드러났다. 특히 광주 저유소의 경질유탱크와 원주 저유소의 중질유탱크에 대한 잠재가격이 각각 714원/BBL과 144원/BBL로 나타나 시설 확충 시 최우선적으로 고려되어야 할 것으로 나타났다.

위에서 설명한 노정현과 임채욱(1993)의 연구에서 알 수 있듯이 선형계획법은 한정된 자원을 가장 효율적으로 활용하는 최적의 해를 제시하는 분석수단이다. 특히 최적해와 함께 도출되는 쌍대변수는 주어진 자원배분의 경제적 효율성을 진단하고, 투자정책의 방향을 설정하며, 대안별 투자 우선순위를 결정하는 데 있어 유용한 정보를 분석자들에게 제공한다.

| 표 8-12 | 저유소의 유종별 저유용량

저유소	경질유				중질유			
	저유능력	최적해	여유용량	한계이득 (원/ BBL)	저유능력	최적해	여유용량	한계이득 (원/ BBL)
서울	5,400	5,400	0	53	–	–	–	–
인천	1,500	800	900	0	11,000	9,650	1,750	0
부산	1,400	1,200	1,400	0	6,500	6,430	1,500	0
대구	2,000	1,402	645	0	4,300	2,300	1,650	0
대전	1,000	820	60	0	2,500	0	2,210	0
군산	450	0	260	0	1,400	1,380	0	131
광주	500	500	0	741	400	400	0	129
원주	600	0	0	45	300	40	0	144
전주	150	150	30	523	200	0	0	104
제주	200	120	0	0	150	100	20	0

7. 요약

이 장에서는 잠재가격을 도출하는 수단의 하나로서 선형계획법의 기본 개념과 선형계획법에서 나타나는 잠재가격에 대해 설명하였다. 선형계획법의 2가지 특징은 다음과 같다. 첫째는 실행가능영역의 확장 자체가 생산자의 목적, 즉 이윤의 증가 또는 비용의 감소를 항상 이끄는 것은 아니며, 둘째는 의사결정자가 선택하는 자원의 종류에 따라 정책의 효과는 최대로 나타날 수도 그리고 전혀 나타나지 않을 수도 있다.

이 2가지 시실을 정책적 측면에서 해석하자면 동일한 비용을 투입한 정책이라고 해서 모두가 사회복지를 증가시키는 것은 아니라는 것과 어떠한 정책은 사회복지를 크게 향상시키는 반면 또 다른 정책은 사회복지를 오히려 저하시키는 것일 수도 있다는 것이다. 이러한 면을 고려해 볼 때 선형계획법은 정책의 목표를 달성하기 위해 제시된 대안 중 최적의 대안을 선택하는 데 매우 유용하게 사용될 수 있는 수단이라고 할 수 있다.

선형계획법에서 나타나는 잠재가격이란 바로 주어진 자원, 즉 제약량 한 단위 변화에 따른 목적식의 민감도이며, 이는 주어진 자원의 가치를 목적식과 관련하여 본 상대가격이다. 그러므로 쌍대변수는 바로 주어진 자원의 잠재가격인 동시에 자원의 사회적 가치이다. 이러한 자원의 잠재가격은 자원배분과 관련된 정책의 분석과 평가에서 분석자들에게 매우 유용한 정보를 제공한다.

제 9 장

정책비용과 편익의 가치화: 비시장재효과

정책비용과 편익의 가치화: 비시장재효과

1. 서론

정책 효과에 대한 가치화는 비용 – 편익 분석에서 매우 중요하다고 할 수 있다. 정책의 효과는 크게 시장재효과와 비시장재효과로 구분된다. 앞 장에서 언급하였듯이 시장재효과는 시장이 형성된 재화에 대한 정책의 효과이기에 시장가격(또는 잠재가격)을 통한 가치화가 가능하다. 반면 비시장재효과는 시장이 존재하지 않는 재화에 대한 효과이다. 시장이 존재하지 않기에 시장가격도 존재하지 않아 시장가격을 통한 가치화가 불가능하다.

그렇다면 비시장재효과의 가치화는 불가능한 것일까? 시장가격에 의한 가치화는 불가능하지만 이를 극복하기 위하여 비시장재효과 가치화방법론에 대한 연구가 활발히 진행되고 있다. 왜냐하면 공공정책의 비시장재효과는 일반적으로 시장재효과보다 더 많은 가치를 가지고 있기 때문이다. 실제로 공공정책의 목표는 주민 삶의 질 향상, 환경수준 제고 등 대체로 비시장재편익의 향상을 목표로 하고 있는 실정이다. 따라서 정책평가에 있어서 비시장재효과의 가치를 고려하는 것이 매우 중요하다.

본 장에서는 정책의 효과 중 비시장재화의 특징과 비시장재효과를 가치화하는 방법에 대해 설명한다. 제 2절에서는 비시장재화 가치를 나타내는 총 경제적 가치(total economic value, TEV)의 정의와 가치의 분류에 대해 설명한다. 제 3절에서는 비시장재화를 가치화하기 위한 이론적 배경을 설명한다. 제 4절에서는 비시장재화 가치화 방법을 소개하고, 제 5절에서는 조건부가치측정법(contingent valuation method, CVM)을 통한 비시장재효과 가치화방법과 그 예시를 소개한다. 마지막으로 제 6절에서는 이 장에서 설명된 내용을 간단하게 요약한다.

2. 비시장재화의 가치

비용 – 편익분석에서는 정책으로 인해 발생하는 모든 가치 변화를 포함해야 한다. 이때 정책의 경제적 가치평가는 재화나 서비스가 제공하는 모든 편익을 포함하는 총 경제적 가치(total economic value, TEV)의 개념을 사용한다. 총 경제적 가치는 신고전학파 후생경제학(welfare economics)에 근거하고 있다. 후생경제학의 기본적인 전제는 경제활동의 목적은 사회를 구성원들의 후생(welfare)을 증진시키는 것이며, 각 개인의 후생은 재화 소비에 의존한다는 것이다. 이때 개인의 후생 수준을 결정하는 재화는 시장재화뿐만 아니라 환경재, 공공재 등과 같은 비시장재화를 포함한다. 이에 따라 총 경제적 가치는 환경재, 공공재와 같이 시장가격이 존재하지 않는 비시장재화에 대한 가치평가 시 널리 사용된다.

총 경제적 가치는 재화의 사용자와 비사용자가 가지는 재화에 대한 만족감을 기반으로 한다. 총 경제적 가치는 (그림 9-1)과 같이 사용가치(use value)와 비사용가치(non-use value)로 구분된다. 사용가치는 개인이 재화를 물리적으로 사용함에 따라 부여되는 가치를 말한다. 사용가치는 사용의 특성에 따라 다시 직접사용가치(direct use value)와 간접사용가치(indirect use value)로 구분된다. 직접사용가치는 현재 자신이 그 재화를 실제로 이용함으로써 얻는 만족감을 의미하며, 간접사용가치는 재화의 간접적 사용을 통해 얻는 만족감을 의미한다. 즉, 사용가치는 현재 개인의 직·간접적 사용에 따라 얻는 만족감을 말한다.

반면 비사용가치는 현재의 직·간접적인 사용과 관련되지 않은 이유로 개인이 부여한 가치를 의미하며 선택가치(option value), 이타적 가치(altruistic value), 존재가치(existence value), 유산가치(bequest value)로 구분된다. 선택가치는 현재는 사용하지 않아 사용가치는 없지만 미래에 사용가능성이 있는 경우 그때의 사용에 대한 만족감을 의미한다(일부 연구에서 선택가치를 사용가치와 비사용가치의 중간적 성격으로 정의하기도 한다. 왜냐하면 현재는 사용하지 않기에 사용가치로의 분류가 어려우며 미래에 직·간접적 사용이 기대되므로 비사용가치로의 분류도 어렵기 때문이다. 본 책에서는 선택가치는 현재 사용하지 않으므로 비사용가치로 정의하였다). 이타적 가치는 현재 자신은 사용하지 않지만, 다른 사람들이 사용할 수 있음을 통해 얻는 만족감을 의미한다. 존재가치란 재화가 존재한다는 것을 단지 아는 것과 관련된 가치를 의미한다. 유산가치는 미래세대들의 사용을 위하여 해당 재화를 보존하고 유지하려는 자체가 가치를 가질 때 그 가치를 의미한다.

|그림 9-1| 총 경제적 가치(total economic value, TEV) 분류

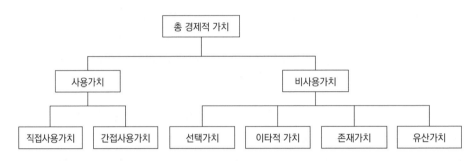

비시장재화에 대한 총 경제적 가치 분류는 비시장재화에 대한 비용·편익 항목을 구체화하는 데에 유익한 정보를 제공한다. 공원 조성사업에 대한 예를 바탕으로 공원 조성사업의 가치를 분류해 보면 다음 〈표 9-1〉과 같다. 공원 조성사업을 통해 얻는 재화는 공원으로 대표적인 공공재 중 하나이다. 우선 공원의 사용가치는 직접사용가치와 간접사용가치로 나뉜다. 개인이 직접 공원을 물리적으로 이용함으로써 얻는 가치, 즉 이용에 따른 만족감이 직접사용가치에 해당한다. 간접사용가치의 경우 직접 공원을 이용하지 않아도 공원이 조성됨에 따라 발생하는 도시활력, 대기질 개선 등을 경험함에 따라 얻는 만족감을 의미한다.

공원의 비사용가치 중 선택가치는 현재 공원을 사용하지 않지만 미래에 사용 가능성이 있으며, 미래에 사용 시 발생할 만족감을 의미한다. 이타적 가치는 자신이 아니라 다른 사람들이 공원을 사용할 수 있음을 생각할 때 얻을 수 있는 만족감을 의미한다. 예를 들어, 공원은 지역 A에 조성되고 자신은 지역 A에서 멀리 떨어진 지역 B에 거주할 경우 본인은 현재도 앞으로도 해당 공원을 사용할 일이 없지만, 지역 A의 거주민들이 공원을 사용할 수 있음을 통해 얻는 만족감은 공원의 이타적 가치

중 하나이다. 존재가치는 이타적 가치와는 또 다른 개념으로 공원이 존재하는 그 자체에 가치를 두는 것이다. 마지막으로 유산가치는 현재가 아니라 미래세대(후세대)를 위해 공원이 보존되었을 때의 만족감을 의미한다.

|표 9-1| 공원 조성사업의 가치 분류

가치의 분류		내용
사용 가치	직접사용가치	공원을 물리적으로 이용함에 따라 얻는 만족감
	간접사용가치	공원조성에 따른 도시활력, 대기질 개선 등에 따라 얻는 만족감
비사용 가치	선택가치	현재는 공원을 사용하지 않지만 미래에 사용 가능성이 있어 얻는 만족감
	이타적 가치	현재 다른 사람들이 공원을 사용할 수 있음을 통해 얻는 만족감
	존재가치	현재도 미래도 사용할 가능성은 없어도 공원이 조성된 그 자체에 따라 얻는 만족감
	유산가치	미래세대를 위해 공원이 보존되었을 때 만족감

3. 비시장재화 가치측정에 관한 이론

정책실시로 인한 사회 전체의 복지변화를 측정하는 수단은 수요곡선을 이용한 마셜(Marshall)의 소비자 잉여(consumer's surplus)와 보상수요곡선을 이용한 힉스(Hicks)의 보상변화(compensating variation)와 동등변화(equivalent variation) 그리고 보상잉여(compensating surplus)와 동등잉여(equivalent surplus) 등이 있다. 각각을 간단히 설명하면 다음과 같다.

1) 소비자 잉여

소비자 잉여는 소비자가 높은 가격을 지불하고라도 소비하려는 재화를 그보다 낮은 가격으로 구입할 때 소비자가 얻게 되는 만족의 화폐가치이다. 이를 이용한 정책효과는 (그림 9-2)와 같다. 정책으로 인해 재화의 가격이 변했을 때, 가격변화로부터 정책의 효과는 소비자 잉여의 변화, 즉 (그림 9-2)에서 음영으로 처리된 부분의 면적과 같다. 이에 대해서는 앞의 제 6장에서 자세하게 설명하였으므로 여기서는 설명을 생략하도록 한다. 단, 소비자 잉여는 소비자 효용의 변화를 구체적 화폐가치로 나타내는 장점이 있는 반면 산업 간 연관관계에 의해 정책의 집행결과 여러 재화의 가격이 동시에 변하는 경우 소비자 잉여는 다양한 결과를 제시할 수 있다는 한계를 가지고 있다.

|그림 9-2| 보통 수요곡선을 이용한 복지변화 측정

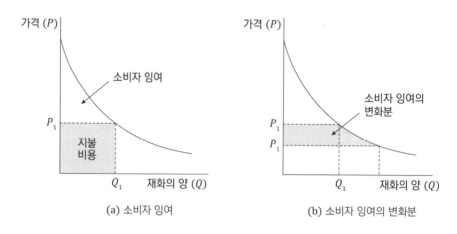

(a) 소비자 잉여   (b) 소비자 잉여의 변화분

2) 힉스의 보상변화, 동등변화, 보상잉여, 동등잉여

마셜의 소비자 잉여의 문제점을 극복하기 위해서 제시된 것이 바로 힉스의 보상변화와 동등변화, 그리고 보상잉여와 동등잉여이다. 보상변화와 동등변화는 정책실시로 인해 재화의 가격이 변할 때 변화되는 소비자의 효용을 측정하는 개념이다. 그리고 보상잉여와 동등잉여는 환경재나 공공재와 같이 정부에 의해 수준이나 양이 직접 통제되어 소비자가 그 수준이나 소비량을 자유롭게 선택할 수 없는 비연속적 변화에 의한 효용변화를 측정하는 개념이다. 각각에 대해 좀 더 구체적으로 설명하면 다음과 같다.

(1) 보상변화와 동등변화

보상변화와 동등변화도 소비자 잉여와 마찬가지로 정책으로 인해 재화의 가격이 변했을 때 소비자의 효용변화를 측정하는 수단이다.

(그림 9-3)에서 보이듯이 정책집행으로 재화 #2의 가격이 하락하면 예산선이

$m_o m_1$에서 $m_0 m_2$로 변하게 된다. 그 결과 소비자 선택은 A에서 B로 이동하게 되고 소비자의 효용수준은 U_0에서 U_1으로 증가하게 된다. 여기서 보상변화(CV)는 가격변화 전 소비자의 효용수준(U_0)을 유지하기 위해 가격하락에 의해 증가된 효용수준(U_1)에서 소비자로부터 공제되는 소득의 크기를 의미한다. 이것은 가격하락 후 변화된 예산선($m_0 m_2$)을 가격변화 전의 효용수준(U_0) 곡선에 접할 때까지 평행이동시킬 때 공제되는 소득과 같다.

| 그림 9-3 | 보상변화(CV)와 동등변화(EV)

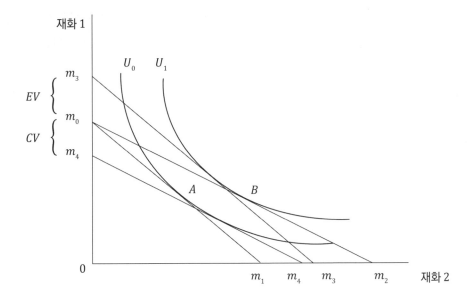

반면, 동등변화(EV)는 가격하락 전 소비자의 효용수준(U_0)에서 가격변화가 일어난 후 효용수준(U_1) 곡선에 접할 때까지 평행이동 시키는 데 필요한 소득과 같다. 이에 대해서는 앞의 제 6장에서 자세히 설명하였으므로 여기서는 자세한 설명은 생략하도록 한다.

보상변화와 동등변화는 재화나 서비스에 대한 소비자의 자유로운 선택이 가능한 경우 정책의 효과를 측정하는 수단이다. 반면 수질수준이나 대기수준과 같은 환경수준은 소비자가 선택하는 것이 아니라 소비자에게 일방적으로 주어지는 것이다. 다시 말해, 정부가 환경수준의 목표를 설정하고 그 정책을 집행하는 경우 환경수준은 소비자의 의사에 관계없이 결정되는 것이다.

예를 들어, 지역정부가 지역 내 하천의 수질수준을 3급으로 결정하고 이에 따라 오염물질 처리시설을 공급할 경우 지역 내 하천의 수질수준은 소비자의 선택에 관계없이 3급이 되는 것이다. 따라서 정책으로 인한 환경수준의 변화는 소비자 입장에서 볼 때 비연속적 변화라 할 수 있다. 이와 같은 비연속적 정책의 효과를 나타내는 수단이 바로 보상잉여(CS)와 동등잉여(ES)이다.

(2) 보상잉여와 동등잉여

보상잉여와 동등잉여를 그림으로 설명해 보자. 정부의 환경정책으로 인하여 (그림 9-4)와 같이 예산선이 $m_0 m_1$에서 $m_0 m_2$로 변하고 이에 따라 소비자의 선택은 C점에서 D점으로 바뀌어졌으며, 소비자의 효용수준은 U_0에서 U_1으로 향상되었다고 하자. 앞에서 언급하였듯이 환경정책에 의해 향상된 환경수준은 소비자가 자유로이 선택할 수 있는 것이 아니라 주어지는 것이므로, 정책의 효과는 (그림 9-4)에서와 같이 소비자의 비시장재 소비가 X_1에서 X_2로 증가된 것으로 나타난다.

|그림 9-4| 보상잉여(CS)와 동등잉여(ES)

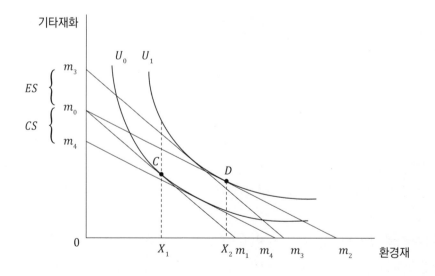

여기서 보상잉여란 정책 후 소비자의 효용수준(U_1)에서 정책 전 비시장재의 양(X_1)을 그대로 유지하는 효용수준(U_0)과 만날 때까지 평행이동시킬 때 공제되는 금액이다.

반면 동등잉여는 정책 전 효용수준(U_0)에서 예산선(m_0m_1)을 평행이동시켜 정책 후 환경재의 양(X_2)을 소비하는 효용수준(U_1)에 도달시키기 위해 필요한 금액을 의미한다. 따라서 보상잉여는 정책으로 인해 향상되는 효용에 대한 소비자의 지불의사금액 (willingness to pay, WTP)을 의미하고, 동등잉여는 환경개선이 실시되지 않는 대신 받아들일 수 있는 소비자의 수취의사금액(willingness to accept, WTA)을 의미한다.

이론적으로는 지불의사금액과 수취의사금액의 추정치는 크게 다르지 않지만 그동안 실증분석 결과에 따르면 수취의사금액이 지불의사금액에 비해 과대 평가되는 경향이 있었다. 그 이유는 지불의사금액은 개인의 소득을 상한선으로 하여 결정되는 반면 수취의사금액은 상한선이 존재하지 않아 다소 비현실적인 금액으로 추정되기 때문이다. 이에 따라 수취의사금액보다는 지불의사금액이 비시장재화 효과의 편익 또는 비용을 산정하는 데에 주로 활용되고 있다.

4. 비시장재화의 가치화

비시장재화의 가치화 방법은 (그림 9-5)와 같이 크게 3가지, 현시선호법(revealed preference method)과 진술선호법(stated preference method), 편익이전법(benefit transfer method)으로 나눌 수 있다.

|그림 9-5| 비시장재화 가치화 방법

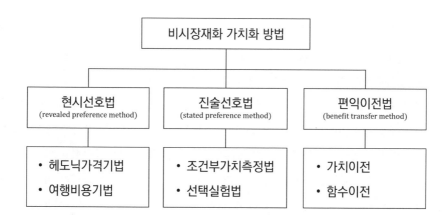

1) 현시선호법

현시선호법은 비시장재화 A의 가치가 시장에서 관찰되는 시장재화 B의 가격에 의해서만 파악될 수 있다는 인식 아래 시장에서 관찰된 시장재화 소비자들의 선호도로부터 비시장재화의 가치를 측정하는 것이다. 다시 말해, 현시선호법은 소비자들의 선택 결과인 시장자료를 분석모형에 이용하여 비시장재화에 대한 가상적 수요곡선을 추정하여 소비자잉여의 개념을 바탕으로 비시장재화의 가치를 측정하는 것이다. 대표적인 현시선호법에는 헤도닉 가격기법(hedonic price method)과 여행비용기법(travel cost method)이 있다.

(1) 헤도닉 가격기법

헤도닉 가격기법은 소비자가 특정 재화를 구입하는 것은 재화 자체를 위한 것이라기보다는 해당 재화의 특성 때문이라는 Lancaster(1966)의 신소비자 이론에 근거를 두고 있다. 이 방법은 주로 토지나 주택시장에 내재된 비시장재의 가치를 평가하는 데 널리 적용되어 왔다. 토지 및 주택가격에는 소비자가 원하는 여러 가지 특성이 포함되어 있고 그 특성들 중 하나로서 비시장재의 가치가 반영되어 있으므로 토지나 부동산의 가격을 통해 비시장재화의 가치를 측정할 수 있다는 것이다.

예를 들어, 공원 조성사업은 주변 아파트 가격에 긍정적인 영향을 줄 것이다. 공원의 가치는 주변 아파트의 가치를 구성하는 요소 중 하나이다. 즉, 주변에 공원이 있는 부동산의 가격은 그렇지 못한 부동산의 가격보다 더 높으며, 공원을 제외한 모든 부동산 가치구성요소가 동일할 때 부동산간 가격 차이를 공원의 가치로 판단할 수 있을 것이다. 다시 말해 헤도닉 가격기법은 주로 부동산가격이 부동산의 다양한 속성 차이에서 기인한다는 가정하에 개별 속성의 가치를 가격 차이를 바탕으로 측정하게 된다(비시장재화 특성에 따라 부동산재화 외에 비시장재화와 밀접한 관련이 있는 재화시장을 선택할 수도 있다).

이 방법은 기존의 시장가격 자료를 이용할 수 있고 이로 인해 분석자의 주관과 자의성을 피할 수 있다는 장점이 있는 반면, 시장가격에 영향을 미치는 모든 요인에 대한 종단자료의 조사가 필요하고 설명변수들 사이에 심한 다중공선성(multi-collinearity)이 있을 수 있다는 단점도 있다. 또한 실제 자료를 기반으로 가치화되기 때문에 정책 투입 전 해당 정책의 효과를 가치화해야 하는 비용 – 편익 분석에서는 사용이 어렵다고 할 수 있다.

(2) 여행비용법

여행비용법은 레크레이션 장소나 문화유적지 등의 가치를 소비자의 선택, 즉 관찰된 자료를 이용하여 간접적으로 도출하는 방법이다. 이 방법은 특정 장소를 방문하는 여행비용에 해당 장소에 대한 여행자의 가치가 내재되어 있음을 전제한다는 특징이 있다. 그리고 여행에 소요된 직접적인 금전비용과 시간비용을 합한 총여행비용과 방문횟수 간의 관계를 나타내는 여행수요곡선을 도출하여 편익을 측정한다. 즉, 여행비용법은 실제 방문에 따른 사용가치만을 측정한다고 볼 수 있으며 비사용가치는 다른 기법을 사용하여 추정되어야 하는 한계가 있다.

여행비용기법은 특정지역의 경관가치를 향상시키거나 이동시간을 감소시키는 정책을 평가하는 데 유용하다고 할 수 있다. 그러나 이 방법은 여행목적이 복수이거나 장기체류인 경우 여행비용의 분리가 쉽지 않다는 점과 총비용에서 여행 중 발생하는 시간손실에 대한 기회비용의 추정이 어렵다는 단점이 있다. 또한 앞서 언급하였듯이 방문에 따른 사용가치만을 가치화하므로 그 외의 비사용가치는 다른 기법을 사용하여 추정되어야 한다.

2) 진술선호법

헤도닉 가격기법이나 여행비용법과 같은 현시선호법에 의한 비시장재화 가치측정은 관련된 시장재화의 정보를 이용한다. 즉, 관련된 시장재화가 존재하지 않을 경우 현시선호법을 이용한 추정 자체가 어렵다고 할 수 있다. 이때 사용될 수 있는 방법이 진술선호법(stated preference method)이다. 진술선호법은 비시장재화에 대한 가상의 시장(hypothetical market)을 설정하고, 가상적 상황에서 응답자로부터 비시장재에 대한 지불의사금액(willingness to pay, WTP)을 유도하여 비시장재화 가치를 측정하는 방법이다. 대표적인 진술선호법에는 조건부가치측정법(contingent valuation method, CVM)과 선택실험법(choice experiment, CE)이 있다.

(1) 조건부가치측정법

조건부가치측정법은 비시장재화에 대해 실제로 시장이 존재하는 것처럼 가상의 시장을 설정하고, 개인에게 지불의사금액을 조사하여 이를 바탕으로 비시장재화의 가치를 평가하는 방법이다. 이 방법은 지불의사금액을 확률분포 기반으로 추정하는 방법으로 수요곡선의 추정이 필요 없다. 이에 따라 수요곡선 추정 시 필요한 미시적 자료가 불충분한 상태에서도 비시장재화의 가치를 추정할 수 있다는 장점이 있다. 또한 이 방법은 다른 방법에서 측정이 불가능한 비사용가치를 측정할 수 있으므로 다양한 분야의 비시장재화에 적용이 가능하다.

조건부가치측정법을 이용하여 비시장재화의 가치를 측정함에 있어 가장 중요한 것은 응답자에게 유의미한 응답을 이끌어내는 것이라고 할 수 있다. 이를 위해서는 비시장재화, 지불방법 등 가상시장에 대한 응답자의 충분한 이해가 필요하다. 응답자의 이해가 충분하지 않을 때 다양한 편의(bias)가 발생하여 지불의사금액을 과대·과소추정할 수 있다는 한계가 있다.

한편 조건부가치측정법은 가치측정대상이 비시장재화의 총 가치이므로 각각의 편익 및 비용항목에 대한 구체적인 가치화는 어렵다. 예를 들어, 열섬현상 완화를 위한 옥상녹화 사업의 지불의사금액이 가구당 3,000원/년일 때 사용가치와 비사용가치가 각각 얼마나 배분되는 지에 대해서는 추정이 불가능하다는 단점이 있다. 그러나 비용 – 편익 분석에서는 대체로 항목별 가치보다는 편익 및 비용의 총체적 가치 산정에 목적이 있으므로 조건부가치측정법의 특성이 단점으로 적용되지 않는다고 할 수 있다. 따라서 조건부가치측정법은 비용 – 편익 분석 중 비시장재 가치추정에 있어서 널리 이용되어 온 방법이다.

(2) 선택실험법

비시장재화의 가치를 세분화하기 위해서는 선택실험법(choice experiment)이 사용될 수 있다. 선택실험법은 다속성가치측정법 중 대표적 방법으로 몇 가지 다른 속성을 가진 대안들을 제시하여 대안별 선호를 질문함으로써 응답자의 진술선호를 이끌어내는 방법을 사용한다. 따라서 조건부가치측정법이 비시장재 공급에 따른 전체 가치를 도출하는 방식인 반면, 선택실험법은 비시장재의 여러 가지 속성들의 조합에 대한 가치를 도출하는 방식으로 개별 속성에 대한 가치를 도출할 수 있는 방식이다(한국개발연구원, 2015).

선택실험법은 특정한 변화를 가정하는 조건부가치측정법과 달리 속성별 한계(marginal) 지불의사액을 도출할 수 있다. 즉, 조건부가치측정법은 다른 상황에서 기존 설문 결과를 활용하기 어렵지만 선택실험법의 결과는 한계지불의사금액으로 나타나므로 다른 유사한 비시장재 가치평가에도 활용 가능하다는 장점이 있다. 이에 따라 속성별 가치 측정이 필요한 경우 선택실험법을 사용하는 것이 적절하다고 하겠다. 그러나 비시장재화의 속성을 구분하는 데 있어 누락, 중복 등의 문제가 발생할 가능성이 있다. 또한 앞서 언급하였듯이 비용-편익 분석에서는 속성별 가치보다는 총체적 가치를 도출하는 데에 목적이 있으므로 선택실험법보다는 조건부가치측정법이 더 널리 활용되는 특징이 있다.

3) 편익이전기법

편익이전기법(benefit transfer method)은 현시선호법과 진술선호법에 근거하여 추정된 기존 연구 결과들을 활용하여 새로운 비시장재화의 편익을 추정하는 기법이다(한국개발연구원, 2012). 편익이전기법은 추정된 가치 자체를 활용하는 가치이전법과 가치추정에 활용된 함수를 활용하는 함수이전법이 있다. 편익이전기법은 앞서 현시선호법과 진술선호법의 적용이 어려운 상황에서 활용할 수 있는 방법이다. 그러나 비시장재화와 지역, 규모 등 적용 상황의 차이에 따라 실제 가치와 차이가 발생할 수 있다는 단점이 있다.

5. 조건부가치측정법을 이용한 비시장재효과 가치화

1) 조건부가치측정법의 구조

조건부가치측정법은 힉스의 보상잉여를 바탕으로 소비자들의 지불의사금액을 도출하여 비시장재화의 가치를 평가하는 방법이다. 일반적으로 조건부가치측정법을 이용한 비시장재화의 가치측정은 가상의 시장시나리오 설계, 설문지 설계, 표본설계 및 조사, 지불의사함수 설정 및 지불의사금액 추정, 그리고 비시장재효과 산정과 같은 5단계로 구분된다.

- 제 1단계: 가상의 시장시나리오 설계
- 제 2단계: 설문지 설계
- 제 3단계: 표본설계 및 조사

- 제 4단계: 지불의사함수 설정 및 지불의사금액 추정
- 제 5단계: 비시장재효과 산정

각 단계별 내용을 설명하면 다음과 같다.

(1) 제 1단계: 가상의 시장시나리오 설계

가상의 시장시나리오 설계 단계에서는 가상시장에서 분석자가 평가하고자 하는 재화를 응답자가 올바르게 인식하여 본인의 지불의사금액을 왜곡시킬 가능성을 최소화하는 것이 가장 중요하다. 이를 위해서는 먼저 현재 비시장재화 공급수준, 정책에 의한 공급효과 등 비시장재화 가치, 공급된 재화에 대한 지불의사금액을 지불할 수 있는 지불수단, 그리고 지불의사 유도방법 등을 구체적으로 규정해야 한다.

비시장재화의 가치는 대체로 무형(intangible)이므로 응답자에게 비시장재화의 가치를 이해시키는 것은 시장재화에 비해 상대적으로 어렵다. 특히 존재가치, 유산가치 등 사용에 기반하지 않는 비사용가치를 응답자에게 이해시키기는 더욱 어렵다고 할 수 있다. 따라서 비시장재화에 대한 충분한 설명이 제공되어야 하며 사진, 도식 등을 활용하여 설명하는 방식이 주로 사용된다. 예를 들어, 공원 조성사업의 경우 공원의 위치, 규모, 효과에 대한 설명뿐만 아니라 공원조성 전·후 사진을 통해 비시장재화 가치에 대한 응답자의 이해를 보다 높일 수 있다.

지불수단은 응답자가 갖는 재화에 대한 가치를 궁극적으로 표현하는 수단이기 때문에 적절한 지불수단의 선택은 설문응답 결과의 신뢰성을 높일 수 있다. 강제성을 갖는 지불수단은 응답자에게 거부감을 주어 저항응답을 유도할 가능성이 있다. 반면 강제성을 갖지 않는 지불수단은 무임승차(free riding)를 초래할 수 있다는 한계가 있다. 따라서 어느 정도 강제성을 가지나 비용부담의 형평성 측면에서 중립적인 지불수단이 적절하다고 볼 수 있다.

조건부가치측정법에서 지불수단으로 사용되는 수단은 소득세, 기부금, 부담금, 기금 조성 등이 활용된다. 기금이나 부담금은 응답자에게 생소한 수단으로 느껴 가상시장에 대한 적응성이 낮아질 수 있다. 기부금과 같은 자발적인 수단은 앞서 언급하였듯이 무임승차를 초래할 수 있기 때문에 소득세가 지불수단으로 주로 사용된다. 소득세는 어느 정도 강제성이 있는 지불수단이며 일반인들이 잘 알고 있는 지불수단이라는 특징이 있다. 비용부담의 형평성 측면에서도 다른 수단에 비하여 중립적인

지불수단이라고 할 수 있다. 일반적으로 예비타당성조사 시 지불수단은 연간 소득세를 5년간 납부하는 것을 전제로 한다.

지불의사 유도방법은 응답자의 내재된 지불의사금액을 진술하도록 유도하는 방법이다. 지불의사 유도방법은 조사하는 방식에 따라 직접질문법(direct open-ended question), 경매법(bidding game), 지불카드법(payment card), 양분선택법(dichotomous choice method) 등으로 구분된다.

직접질문법은 응답자에게 가상의 시장에 대해 설명한 후, 1회에 한하여 지불의사금액을 나타내도록 하는 방법이다. 이 방법은 가장 직관적인 방법이라 할 수 있다. 또한 이 방법은 분석자에 의한 편의(bias)의 발생 가능성이 높지 않고 조사원, 전화 그리고 우편 등 다양한 방법으로 수행될 수 있는 장점이 있다. 그러나 응답자들이 비시장재화의 가치를 금전적 단위로 신중하게 생각해 본 경험이 없다면 자신이 가지고 있는 지불의사금액을 금전적 가치로 대답하기 어렵다는 단점이 있다. 따라서 직접 질문법은 통상적으로 다른 방법에 비해 신뢰도가 높지 않은 것으로 평가된다.

경매법은 응답자에게 직접적으로 지불의사금액을 물어보지 않고 경매방식을 사용하는 방법이다. 즉, 분석자는 응답자에게 특정한 지불의사금액을 제시하고 '예' 또는 '아니오'의 응답만을 유도한다. 응답자의 대답이 '예'이면 금액을 한 단위 올려서 다시 묻고 '아니오'이면 금액을 한 단위 낮추어 다시 질문한다. 이러한 과정을 여러 번 반복하여 응답자의 확실한 지불의사금액을 나타내도록 한다. 이 방법은 표본수가 적어도 대체로 신뢰성 있는 금액을 도출할 수 있으나, 조사에 시간과 비용이 많이 발생한다는 것과 응답자가 처음 제시된 가격에 영향을 받는 경우가 많아 출발점 편의(starting bias)가 있을 가능성이 높다는 단점이 있다.

지불카드법은 작은 액수에서 큰 액수에 이르기까지 일련의 가격이 적힌 카드를 응답자에게 제시하고 그중에서 하나의 금액을 지불의사금액으로 선택하도록 하는 방법이다.

양분선택법은 응답자에게 특정 지불의사금액을 제시하고 그 금액을 지불할 의사가 있는지의 여부만 선택하도록 하는 방법이다. 이 방법은 응답자들을 일상적 시장재화를 주어진 가격에 구매할 것인지 아닌지를 판단하게 되는 상황에 직면하게 한다. 따라서 이 방법은 응답자 측면에서 볼 때 자신의 지불의사금액을 제시하는 것이 아니라 단순히 자신의 지불의사금액이 주어진 금액보다 높은지 또는 낮은지에 대한 판단만을 요구하는 것이기 때문에 응답자의 부담을 줄일 수 있다. 이로 인해 응답자는 자신의 실제 지불의사금액을 나타낼 확률이 높아지고 분석자는 이에 대한 보다 정확한 추정이 가능하다는 장점이 있다. 그리고 이 방법은 직접설문이나 우편 또는 전화설문 등 모든 설문방법에 적용 가능하고, 초기 지불의사금액이 미리 설정되어 있기 때문에 비합리적인 지불의사금액이 진술될 가능성은 낮다고 할 수 있다.

반면 이 방법의 단점은 응답자에게 제시되는 초기 지불의사금액이 응답자의 실제 지불의사금액에서 크게 벗어나 있는 경우에도 응답자는 그중에서 하나만을 선택하게 되므로 효율성은 떨어지고 이로 인해 많은 관측치가 요구된다는 것이다. 또한 응답자가 난해하거나 모호한 질문에 대해서는 긍정적으로 대답하려는 경향이 있으므로 지불의사금액이 과다하게 추정될 가능성도 존재한다. 그러나 이러한 단점에도 불구하고 양분선택형법은 현재 비시장재화의 가치평가에 가장 많이 사용되고 있는 방법이며 뿐만 아니라 관련 연구에서도 이 방법이 가장 효율적 응답을 얻을 수 있다는 결과도 발표되었다(윤갑식, 1998).

양분선택법은 지불의사 질문 수에 따라 단일양분선택법(single bounded dichotomous choice, SB-DC)과 이중양분선택법(double bounded dichotomous choice, DB-DC)으로 구분된다. 단일양분선택법은 초기 제시금액을 기반으로 한 번의 지불의사에 대한 질문이 제시되며 이중양분선택법은 두 번의 질문이 제시된다는 특징이 있다. 구체적으로 말해 이중양분선택법은 초기 제시금액에 대하여 응답자가 '예'라고 답하면 초기 제시금액의 2배 금액을 한 번 더 제시하고, 반면에 '아니오'라고 응답하면 초기 제시금액의 1/2배 금액을 한 번 더 제시한다. 이에 따라 단일양분선택법은 답이 '예'와 '아니오'로 구분되는 반면, 이중양분선택법은 '예-예', '예-아니오', '아니오-예', '아니오-아니오', 총 4개의 답이 도출된다.

양분선택법은 제시되는 초기 지불의사금액이 합리적으로 결정되어야 한다. 왜냐하면 초기금액이 비합리적일 경우 응답자의 응답이 '예' 또는 '아니오' 중 한 가지 응답에 몰리게 되어 응답의 의미가 적어지기 때문이다. 한국개발연구원(2012)은 초기 제시금액을 사전조사를 통해 결정하는 것을 권장한다. 사전조사의 지불유도방법은 직접질문법으로 하며 전체 응답 중 상위 및 하위 금액 10%를 제외한 후 해당 범위에서 초기 지불의사금액을 결정한다. 통계적 추정을 위하여 초기 제시금액은 4~10개가 권장된다.

(2) 제 2단계: 설문지 설계

설문지는 응답의 신뢰성을 높이고 예상되는 편의를 최소화할 수 있게 설계되어야 하며, 이를 위해서는 가상의 시장 시나리오를 응답자들이 이해하기 쉽게 작성하여야 한다. 또한 설문에 사용되는 용어는 가능한 전문적 용어를 피하고 모든 사람이 쉽게 이해할 수 있도록 해야 한다.

설문지는 일반적으로 비시장재화 설명, 사전 질문, 지불의사금액 질문, 지불의사 여부 및 이유, 통계적 검정을 위한 개인정보 질문으로 구성된다. 사전질문은 지불의 사금액을 질문하기 전 응답자가 비시장재화 가치를 제대로 인식하도록 재화 인식정도, 재화 사용빈도 등을 묻는 질문이다. 사전질문을 통해 응답자의 가상시장에 대한 적응력을 높일 수 있다.

작성된 설문지는 여러 차례 사전 보완조사를 실시하여 응답자들의 질문에 대한 이해정도를 검토하여 수정, 보완하는 것이 필요하다. 뿐만 아니라 주제에 대한 전문적 지식을 가지고 있는 전문가들에게 사전 조사를 병행하여 분석자가 미처 파악하지 못하는 문제점을 보완하는 과정도 필요하다.

(3) 제 3단계: 표본설계 및 조사

모집단의 특성을 도출하기 위한 조사방법은 크게 전수조사(census)와 표본조사 (sample survey)로 구분된다. 전수조사는 전체 모집단으로부터 직접적으로 정보를 입수 하는 방법이며, 표본조사는 표본의 특징을 기반으로 모집단의 특성을 추정하는 방법이다. 조사기간과 비용으로 인해 일반적으로 표본조사를 더 많이 실시하는 경향이 높다. 그러나 표본조사라도 조사과정을 보다 엄격히 통제하여 비표본 오차(non-sampling error)를 줄임으로써 정확도가 높은 자료를 얻을 수 있다는 장점이 있다. 이러한 표본 조사의 전제는 특정 표본이 모집단을 적절하게 대표하고 있다는 가정이다. 표본조사를 위해서는 모집단과 표본추출방법 그리고 조사방법이 먼저 결정되어야 한다.

모집단이란 연구의 대상이 되는 집단으로 연구자가 통계적 추정에 의해 정보를 얻으려는 대상 집단이다. 만일 모집단이 잘못 선정되면 모집단 선택편의가 발생한다. 그러므로 모집단을 정확히 규정하기 위해서는 연구대상, 표본단위, 범위, 그리고 시 간의 4가지 요소를 명확하게 한정지어야 한다. 여기서 표본단위는 표본추출 단계에서 표본으로 추출될 수 있는 요소들을 말하는 것으로 통상적으로 개인 또는 가구 등이 될 수 있다. 표본조사의 신뢰성을 높이기 위해서는 언급하였듯이 추출된 표본이 모집단을 적절하게 대표해야 한다.

표본조사방법은 대면조사, 전화조사, 우편조사, 그리고 인터넷을 활용한 조사 등이 있다. 전화조사방법은 조사원이 짧은 시간에 가상의 시장 상황을 충분히 전달하기 힘들기 때문에 응답자로부터 정확한 지불의사금액을 얻기가 어렵다고 할 수 있다. 우편조사방법은 가상의 시장 상황을 잘 전달하고 비용도 크게 발생하지 않는다는 장점이 있으나 회신율이 낮고 무응답이 많다는 단점이 있다. 인터넷을 활용한 조사는 우편조사방법의 장점을 갖고 있으며 회신율이 상대적으로 높다는 장점이 있다. 그러나 비시장재화에 대한 응답자의 이해가 부족한 경우 충분한 보충설명이 어렵다는 단점이 있다.

대면조사는 응답자들에게 가상의 시장 상황을 잘 전달할 수 있다는 장점이 있으나 조사원의 충분한 훈련이 필요하고 조사에 많은 비용이 발생한다는 단점이 있다. 그러나 조건부 가치측정법의 질문들은 주의 깊은 설명이 필요하고 때때로 시각적 보조물의 사용이 필요하며 특히 지불의사금액과 관련된 질문은 일반적 설문조사의 노력보다 더 큰 노력을 요구하기 때문에 대면조사방법이 바람직하다고 할 수 있다.

(4) 제 4단계: 지불의사 함수설정 및 지불의사금액 추정

지불의사금액 추정은 지불의사 유도방법에 따라 다르다. 여기서는 지불의사금액 추정 시 주로 사용되는 단일양분선택법과 이중양분선택법을 지불의사 유도방법으로 할 때의 지불의사금액 추정 방식을 제시하도록 한다.

• 지불의사 유도방법이 단일양분선택법인 경우

응답자가 자신의 경제적 효용가치를 알고 있다고 전제할 때, 응답자의 효용은 식 (9.1)과 같이 간접효용함수로 나타낼 수 있다. 간접효용함수는 관측이 가능한 결정된 선호(deterministic preferences) 부분 $v(\cdot)$와 관측이 불가능한 확률적 선호(stochastic preference) 부분 ε_j로 구성된다. $v(\cdot)$는 선형함수로 전제하며, 독립변수는 정책투입여부(j), 소득(Y), 개인특성변수(X)로 가정한다. 관측 불가능한 확률변수 ε_j는 j에 상관없이 평균은 0이며, 로지스틱 분포를 따르는 것으로 전제한다.

$$u = v(j, Y, X) + \varepsilon_j = \alpha_j + \beta Y + \varepsilon_j, \tag{9.1}$$

u: 간접효용함수,

j: 정책투입여부 더미변수(1: 정책투입 후, 0: 정책투입 전),

Y: 소득, X: 개인특성변수,

α_j: 개인선호 특성($\alpha_j = \gamma_j + \sum_{k=1}^{K} \gamma_{jk} X_k$, X_k: 개인특성),

β: 소득의 한계효용, ε_j: 확률변수.

정책투입에 대한 응답자의 내재된 최대지불의사금액(WTP^*)은 아래의 식을 만족한다. 즉, 정책투입에 대한 최대지불의사금액은 간접효용함수에서 사용된 다양한 설명변수와 정책투입 전후 설명변수의 계수의 변화분에 대한 함수로 정의할 수 있다.

$$v(1, Y - WTP^*, X) + \varepsilon_1 = v(0, Y, X) + \varepsilon_0,$$

$$\alpha - \beta \cdot WTP^* + \eta = 0 \ \ (\alpha = \alpha_1 - \alpha_0, \ \eta = \varepsilon_1 - \varepsilon_0),$$

$$WTP^* = \frac{\alpha + \eta}{\beta} = \frac{\gamma + \sum_{k=1}^{K} \gamma_k X_k + \eta}{\beta} \ \ (\gamma = \gamma_1 - \gamma_0, \ \gamma_k = \gamma_{1k} - \gamma_{0k}), \tag{9.2}$$

WTP^*: 최대지불의사금액.

응답자의 최대지불의사금액은 응답자료로부터 직접적으로 관찰할 수 없고 간접적으로 그 범위를 추정할 수 있다. η의 분포를 로지스틱 분포로 가정할 때 제시금액 B에 대해서 응답자가 (예)라고 응답할 확률은 식 (9.3)과 같이 η의 누적분포함수(cumulative distribution function, cdf)로 표현된다.

$$P^Y(B) = \Pr(v(1, Y - B, X) + \varepsilon_1 \geq v(0, Y, X) + \varepsilon_0),$$

$$= \Pr(\alpha - \beta B + \eta \geq 0) = \Pr[\Delta v(B) \geq \eta] = F_\eta[\Delta v(B)], \tag{9.3}$$

$P^Y(B)$: 제시금액 B에 대해 (예) 응답할 확률,

$F_\eta(\cdot)$: η의 누적분포함수.

제시금액 B에 대해서 응답자가 (아니오)라고 응답할 확률은 식 (9.4)와 같다.

$$P^N(B) = 1 - F_\eta[\Delta v(B)], \tag{9.4}$$

$P^N(B)$: 제시금액 B에 대해 (아니오) 응답할 확률.

한편 식 (9.3)의 제시금액 B에 대해 (예) 응답할 확률($P^Y(B)$)은 식 (9.5)와 같이 최대지불의사금액의 누적분포함수로도 나타낼 수 있다.

$$P^Y(B) = \Pr[WTP^* \geq B] = 1 - G_{WTP}(B), \tag{9.5}$$

$G_{WTP}(\cdot)$: 최대지불의사금액의 누적분포함수.

식 (9.3)과 식 (9.5)에 의해 η의 누적분포함수를 최대지불의사금액의 누적분포함수로 표현할 수 있다. 즉, 확률효용모형으로부터 식 (9.3)이 도출되지만 결국은 최대지불의사금액의 누적분포함수인 $G_{WTP}(\cdot)$ 내의 모수를 도출하여 이를 식 (9.2)에 대입하면 응답자의 내재된 최대지불의사금액이 추정된다.

$$F_\eta[\Delta V(B)] = 1 - G_{WTP}(B). \tag{9.6}$$

• 지불의사 유도방법이 이중양분선택법인 경우

한편 이중양분선택법에 의한 응답은 (예, 예), (예, 아니오), (아니오, 예), (아니오, 아니오)로 구성된다. 각 응답의 확률을 최대지불의사금액의 누적분포함수로 표현하면 다음 식 (9.7)과 같다.

$$P^{YY}(B,B^h) = \Pr[WTP^* \geq B^h] = 1 - G_{WTP}(B^h),$$

$$P^{YN}(B,B^h) = \Pr[B \leq WTP^* < B^h] = G_{WTP}(B^h) - G_{WTP}(B),$$

$$P^{NY}(B,B^l) = \Pr[B^l \leq WTP^* < B] = G_{WTP}(B) - G_{WTP}(B^l),$$

$$P^{NN}(B,B^l) = \Pr[WTP^* < B^l] = G_{WTP}(B^l), \tag{9.7}$$

$P^{YY}(B,B^h)$: 제시금액 (B,B^h)에 대해 (예, 예) 응답할 확률,

$P^{YN}(B,B^h)$: 제시금액 (B,B^h)에 대해 (예, 아니오) 응답할 확률,

$P^{NY}(B,B^l)$: 제시금액 (B,B^l)에 대해 (아니오, 예) 응답할 확률,

$P^{NN}(B,B^l)$: 제시금액 (B,B^l)에 대해 (아니오, 아니오) 응답할 확률.

이때 로그우도함수(log likelihood function)는 식 (9.8)과 같이 나타낼 수 있다. 각 지시변수는 응답자 i가 상응하는 응답을 할 경우 1, 그렇지 않으면 0의 값을 가진다.

$$\ln L = \sum_{i=1}^{N} [I_i^{YY} \ln P^{YY}(B_i, B_i^h) + I_i^{YN} \ln P_i^{YN}(B_i, B_i^h),$$

$$+ I_i^{NY} \ln P^{NY}(B_i, B_i^l) + I_i^{NN} \ln P^{NN}(B_i, B_i^l)], \tag{9.8}$$

I_i^{YY}: 응답자 i의 (예, 예) 응답에 대한 지시변수,

I_i^{YN}: 응답자 i의 (예, 아니오) 응답에 대한 지시변수,

I_i^{NY}: 응답자 i의 (아니오, 예) 응답에 대한 지시변수,

I_i^{NN}: 응답자 i의 (아니오, 아니오) 응답에 대한 지시변수.

최대우도추정법을 바탕으로 N개의 독립적 관측치 표본을 사용하여 로그우도함수를 극대화하는 모수값을 도출하여 식 (9.2)에 대입하면 응답자의 최대지불의사금액을 도출할 수 있다.

(5) 제 5단계: 비시장재효과 산정

앞 단계에서 추정된 지불의사 함수와 조사된 자료를 이용하면 정책으로 인한 비시장재효과에 대한 평균 지불의사금액을 결정할 수 있다. 정책에 의해 지역에서 발생하는 연간 비시장재효과의 규모(NME)는 식 (9.9)와 같이 앞서 결정된 연간 가구당 평균 지불의사금액($\overline{WTP}$)과 지불의사비율(w), 그리고 정책 영향범위 내 가구 수(HH)에 의해 결정된다.

$$NME = \overline{WTP} \times w \times HH, \tag{9.9}$$

NME: 연간 비시장재효과(원/년),

$\overline{WTP}$: 연간 가구당 평균 지불의사금액(원/가구/년),

w: 지불의사 비율(%),

HH: 정책 영향범위 내 가구 수(가구),

이때 정책 영향범위 내 가구 수는 정책효과의 공간적 범위를 고려하여 설정한다. 예를 들어, 국책 사업과 같이 정책의 영향범위가 전국인 경우에는 전국의 가구 수가, 행정동을 기준으로 하는 정책의 경우는 행정동의 가구 수가 정책 영향범위 내 가구 수로 결정된다.

2) 조건부가치측정법을 이용한 정책의 편익효과 측정

(1) 지불의사금액 설문조사 개요

본 절에서는 열섬현상을 완화하기 위한 정책으로 OO동의 건물 옥상을 녹화하는 정책에 대한 효과를 조건부가치측정법을 통해 가치화하고자 한다. 이때 정책의 효과 는 옥상녹화에 따른 주민 쾌적성 향상효과와 같은 사용가치와 더불어 비사용가치까 지 포함되어 있다고 할 수 있다.

앞서 언급하였듯이 왜곡되지 않은 실제 가치를 추정하기 위해서는 적절한 가상시 장의 설정이 필요하다. 우선 응답자의 이해를 돕기 위해서 정책목표, 사업규모, 옥상 녹화 전·후 건물 옥상의 모습과 설치 후 기온 변화 및 예상되는 효과를 제시하였다. 그리고 지불의사금액을 지불할 수 있는 수단을 소득세로 설정하였고, 지불의사 유도 방법은 (그림 9-6)과 같이 이중양분선택법을 사용하였다.

| 그림 9-6 | 이중양분선택형 질문법 기본구조

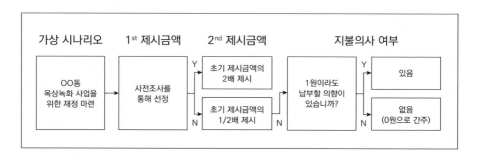

초기 제시금액의 범위는 개방형으로 질문한 사전조사를 통해 정할 수 있다. OO 동 주민 30명을 대상으로 각 요소별 초기 제시금액에 대한 사전조사를 실시하였다고 가정하자. 응답자들이 작성한 금액 가운데 0원을 제외한 상태에서의 금액 중 15%에

서 85% 범위로 적용하였을 때 초기 제시금액 범위는 10,000원~50,000원으로 도출되었다. 제시금액 구간의 수는 4개로 설정하였으며 최종적으로 각 요소별 제시금액 구간은 10,000원, 15,000원, 30,000원, 50,000원으로 선정하였다. 이에 따라 설문지의 유형도 네 가지로 구분된다. 각 금액유형을 초기 제시금액으로 하여 초기 제시금액에 대해 지불할 의사가 있으면 초기 제시금액의 2배를, 지불할 의사가 없으면 초기 제시금액의 1/2배를 두 번째 제시금액으로 제시하였다. 이후 초기 제시금액의 1/2배 금액도 지불할 의사가 없는 응답자에 대하여 최종 지불의사여부를 질문하였다.

설문조사를 위한 표본 설계를 위해 모집단을 결정해야 하며 모집단을 결정하기 위해서는 비시장재 효과의 공간적 영향범위를 결정해야 한다. 정책 효과를 고려하여 비시장재 효과의 공간적 영향범위를 OO동으로 한정하였다. 이에 따라 설문조사 모집단은 20대 이상 행정동 가구주로 한정된다. 가구주로 한정된 이유는 지불수단이 소득세로, 소득세는 일반적으로 가구주가 지불하기 때문이다.

(2) 대상지 및 열섬저감 계획요소별 비시장재효과 산정

최대우도추정법을 바탕으로 식 (9.8)의 로그우도함수를 극대화하는 모수값을 도출하면 〈표 9-2〉와 같다. 지불의사에 제시금액이 음의 영향을 미치는 것으로 나타났으며, 이는 제시금액이 높을수록 지불의사가 적어짐을 의미한다. 그밖에 개인특성변수는 소득이 지불의사에 양의 영향을 미치는 것으로 나타났다.

| 표 9-2 | OO동 옥상녹화사업에 대한 지불의사모형

구분	계수
상수	0.144
제시금액	-0.035^{***}
소득	0.327^{***}
Log-likelihood	-307.050
AIC	620.100
BIC	630.267

소득: 1.100만 원 이하, 2.100-300만 원, 3.300-500만 원, 4.500-700만 원, 5.700-900만 원, 6.900만 원 이상
* $p < 0.01$, ** $p < 0.05$, *** $p < 0.001$

식 (9.2)에 의해 OO동 옥상녹화사업의 평균 지불의사금액은 33,086원/년/가구로 산정되었다. 전체 응답자 중 지불의사가 없는 응답자를 제외한 지불의사비율이 79.8%로 분석되었다. 결과적으로 OO동 옥상녹화사업의 비시장재효과의 연간편익은 식 (9.9)에 따라 3억 7천만 원으로 산정되었다.

| 표 9-3 | OO동 옥상녹화사업에 대한 지불의사금액 및 연간 비시장재 효과

구분	옥상녹화
지불의사금액(원/가구/년)	33,086
지불의사비율(%)	79.8
OO동 가구수(가구)	13,860
연간 비시장재 효과(백만 원)	366

6. 요약

일반적으로 정책의 평가는 비시장재 효과보다는 시장재 효과에 초점이 더 맞추어지는 경향이 있다. 왜냐하면 분석과 분석결과로부터 도출되는 결론이 구체적이며 명확하기 때문이다. 그러나 비시장재 효과는 단순히 효과에 대한 시장이 없어 가치 평가가 어렵다는 것이지 가치 자체가 없다는 것은 아니다.

이 장에서는 비시장재 효과를 가치화하기 위하여 비시장재 효과의 가치와 가치측정과 관련된 이론, 가치화 방법에 대해 설명하였다. 비시장재 효과의 가치는 크게 사용 가치와 비사용 가치로 구분된다. 사용 가치는 다시 직접적 사용 가치와 간접적 사용 가치로 구분되며, 비사용 가치는 선택가치, 이타적 가치, 존재가치, 유산가치로 구분된다. 비시장재화의 가치화 방법으로는 현시선호접근법, 진술선호접근법, 편익이전법이 주로 활용된다.

본 장에서는 가치화 방법 중 조건부가치측정법을 바탕으로 비시장재화의 가치를 추정하는 방법을 소개하였다. 조건부가치측정법이란 비시장 재화에 대해 실제로 시장이 존재하는 것처럼 가상 시장을 설정하고 설문조사를 통해 소비자들에게 지불의사금액을 질문하여 답변받은 자료를 바탕으로 비시장재 가치를 평가하는 방법이다. 여기서는 옥상녹화 정책의 비시장재 효과를 조건부가치측정법을 통해 가치화 하는 방법에 대하여 설명하였다.

조건부가치측정법을 비롯한 비시장재 효과의 가치화 방법은 분석 시간과 비용이 많이 소요된다는 단점이 있지만 비시장재 효과를 경제성 분석 결과에 포함시킬 수 있다는 장점이 있다. 한국개발연구원에서는 AHP기법을 활용한 종합평가를 활용하여 다양한 비시장재 효과를 정책평가에 반영하고 있다. 이에 대한 내용은 10장에서 자세히 다루고자 한다.

제 10 장

예비타당성 조사제도와 분석방법

10장

예비타당성조사제도와 분석방법

1. 서론

　우리나라의 공공분야 타당성분석 제도는 다음 〈표 10-1〉에 제시된 바와 같이 재정사업에 대한 예비타당성조사와 지방재정사업에 대한 타당성조사로 구분할 수 있다. 그리고 각 제도는 사업 추진주체에 따라 국가 및 국가 공공기관 시행사업에 대한 예비타당성조사와 지자체 및 지방공기업 시행사업에 대한 타당성조사 등 네 가지 유형으로 세분할 수 있다. 각 유형별 타당성분석 제도의 적용 대상사업, 법률적 근거, 소관부처와 평가기관 및 평가항목은 상이하다. 특히, 평가항목을 살펴보면 국가 및 지자체에서 시행하는 사업에 대해서는 국민경제적 관점에서 분석하는 경제성분석을 적용하지만, 국가공공기관 및 지방공기업에서 시행하는 사업에 대해서는 경제성분석뿐만 아니라 사업주체의 입장에서 분석하는 재무성분석도 함께 적용하고 있음을 알 수 있다. 본 장에서는 다양한 타당성분석제도 중에서 재정사업에 대한 예비타당성제도의 주요 내용과 분석방법, 그리고 운영실태를 살펴보기로 한다.

| 표 10-1 | 타당성분석 제도 비교

구분	재정사업에 대한 예비타당성조사		지방재정사업에 대한 타당성조사	
	국가	국가공공기관	지자체	지방공기업
대상 사업	총사업비 500억 원 이상 국비 300억 원 이상	총사업비 2,000억 원 이상 국비+공공기관 부담금 1,000억 원 이상	총사업비 500억 원 이상 국비 300억 원 미만	광역시도 지방공사: 총사업비 500억 원 이상 지자체 지방공사: 총사업비 300억 원 이상
근거 법령	「국가재정법」 제38조	「공공기관의 운영에 관한 법률」 제40조	「지방재정법」 제37조	「지방공기업법」 제65조의 3
소관 부처	기획재정부	기획재정부	행정안전부	행정안전부
평가 기관	한국개발연구원 공공투자관리센터 (PIMAC)	한국개발연구원 공공투자관리센터 (PIMAC)	한국지방행정연구원 지방투자사업관리센터 (LIMAC)	지방공기업평가원 투자분석센터 또는 (LIMAC)
평가 항목	공공성 (경제성, 정책성)	공공성 (경제성, 정책성) +수익성(재무성, 재무안전성)	공공성 (경제성, 정책성)	공공성 (경제성, 정책성) +수익성(재무성, 재무안전성)

2. 재정사업에 대한 예비타당성조사제도

1) 도입배경과 추진경위

예비타당성조사는 「국가재정법」 제38조 및 동법 시행령 제13조에 따라 대규모 신축 사업에 대한 예산편성 및 기금운용 계획을 수립하기 위하여 기획재정부장관 주관으로 실시하는 사전적인 타당성 검증·평가를 말한다. 예비타당성조사는 대규모 재정사업의 타당성에 대한 객관적이고 중립적인 조사를 통해 재정사업의 신규투자를 우선순위에 입각하여 투명하고 공정하게 결정하도록 함으로써 예산낭비를 방지하고 재정운영의 효율성 제고에 기여함을 목적으로 하고 있다.

예비타당성조사는 비효율적인 대규모 사업에 대한 예산을 감축하고 개별 부처에서 수행하였던 타당성조사 결과가 신뢰성을 상실하고 있다는 인식에서 도입되었다. 1994부터 1998년까지 당시 주무부처인 건설교통부가 수행한 총 33건의 대규모 사업에 대한 타당성조사 결과 중 '울릉도공항 건설사업' 한 건을 제외하고는 모두 타당성을 확보한 것으로 나타났다. 이와 같이 대규모 사업 집행을 담당하는 주무부처에 의한 타당성조사는 투명성, 신뢰성, 그리고 객관성 측면에서 많은 문제점이 존재하는 것으로 지적되었다(김강수, 2016).

과거 공공투자사업의 추진에 관한 체계적인 관리계획이 부족하여 사업진행 과정에서 수많은 사업계획 변경이 초래되었고 이는 총사업비 증가로 이어지는 등 다양한 문제가 대두되었다. 국가에서 시행하는 공공사업의 경우 사업규모가 크고, 파급효과도 전 국민을 대상으로 하는 것이어서 사전검토의 중요성은 더욱 크다고 할 수 있다. 이로 인해 재정이 투입되는 대규모 사업에 대한 정책적·경제적·기술적 타당성의 사전검토 필요성이 제기되었으며, 그 일환으로 1999년도 「예산회계법 시행령」 정비를 통해 예비타당성조사가 도입되었다. 예비타당성조사가 법제화된 이후 조사범위와 평가항목이 확대되었으며 그 세부내용은 〈표 10-2〉와 같다.

| 표 10-2 | 예비타당성조사 추진경위

구분	주요 추진경위
1998년	• 공공사업 효율화 추진단 구성(기획예산위원회, 건설교통부)
1999년	• 공공건설사업 효율화 종합대책 수립(건설교통부) 1월, 예비타당성조사 착수 2월, 일반지침 및 부문별 표준지침 발간 5월, 예산회계법 시행령 제9조의2 예비타당성조사 법제화
2000년	• 예비타당성조사에서 AHP 분석 시범 도입
2001년	• 예비타당성조사에서 AHP 분석 본격 도입
2004년	• 정보화부문 예비타당성조사 시범사업 착수(3건 사업)
2007년	• 예비타당성조사 범위 확대(국가연구개발사업, 정보화사업) • 국가재정법 제38조 제4항 및 동법 시행령 시행으로 예비타당성조사 및 타당성 재조사의 법정 제도화

구분	주요 추진경위
2008년	• 간이 예비타당성조사 도입
2010년	• 예비타당성조사 범위 확대(기타 비투자 재정부문 사업)
2012년	• 복지부문사업의 예비타당성조사 검증 강화 • 예비타당성조사 면제신청 의무화 • 사업계획 적정성 검토 도입 • 기타 비투자 재정부문사업 → 기타 재정사업으로 통칭
2014년	• 정책성분석 항목에 고용효과분석을 평가항목으로 도입 • 예비타당성조사 결과 공개 범위 및 기준 확대
2016년	• 재정사업평가 자문회의 → 재정사업평가 자문위원회 구성 • AHP 평가자 확대(사업별로 예비타당성조사 평가단 2인 추가) • 예비타당성조사의 요구 매년 2회 → 매년 4회로 변경
2017년	• 예비타당성조사 수행 총괄지침 제정
2018년	• 국가연구개발사업 예비타당성조사 과학기술정보통신부 이관
2019년	• 재정사업평가 자문위원회 → 재정사업평가위원회 구성 • 종합평가(AHP) 거버넌스 개편 • 정책성분석 항목 변경 • 지역균형발전 평가체계 변경(수도권/비수도권 분리) • 복지소득이전 사업 평가체계 개편 • 예비타당성조사 수행기관에 한국조세재정연구원 포함
2020년	• 국가 정책적 추진 필요로 예비타당성조사를 면제한 경우에는 사업계획 적정성 검토 의무화
2021년	• 국립시설 사전타당성평가 시범사업 수행
2022년	• 예비타당성조사 운용지침 및 예비타당성조사 수행 총괄지침 일부 개정

자료: 한국개발연구원(2022)

2) 대상사업과 면제사업

예비타당성조사는 총사업비가 500억 원 이상이면서 국가의 재정지원 규모가 300억 원 이상인 건설사업, 정보화 사업, 국가연구개발사업 및 중기재정지출이 500억 원 이상인 사회복지, 보건, 교육, 노동, 문화 및 관광, 환경보호, 농림·해양수산, 산업·중소기업 분야의 사업(이하 '기타 재정사업') 중 어느 하나에 해당하는 신규 사업에 대하여 실시한다.

건설사업은 토목, 건축 등 건설공사가 포함된 사업을 말하며, 정보화 사업은 '예산안편성 세부지침'의 '세부사업 유형별 지침'에 따라 정보화 예산으로 편성되는 사업을 말한다. 기타 재정사업은 프로그램 예산체계상의 분야·부문 분류에 따라 사회복지, 보건, 교육, 노동, 문화 및 관광, 환경보호, 농림·해양수산, 산업·중소기업 분야에 해당되는 사업 중 건설사업, 정보화 사업에 해당하지 않는 사업을 말한다. 예비타당성조사는 국가 직접 시행사업, 국가 대행 사업, 지방자치단체 보조사업, 민간 투자사업 등 정부 재정지원이 포함되는 모든 사업을 대상으로 한다. 민간 투자사업 중 정부고시 사업에 대한 예비타당성조사를 수행하는 경우 KDI 공공투자관리센터에서 「사회기반시설에 대한 민간투자법」에 따라 수행하는 타당성분석을 함께 실시할 수 있다.

한편, 「국가재정법」 제38조 제2항에 따라 다음에 해당하는 사업은 예비타당성조사 대상에서 제외한다.

① 공공청사, 교정시설, 초·중등 교육시설의 신·증축 사업
② 문화재 복원 사업
③ 국가안보에 관계되거나 보안을 요하는 국방 관련 사업
④ 남북교류협력에 관계되거나 국가 간 협약·조약에 따라 추진하는 사업
⑤ 도로 유지보수, 노후 상수도 개량 등 기존 시설의 효용 증진을 위한 단순개량 및 유지보수 사업
⑥ 「재난 및 안전관리기본법」 제3조 제1호에 따른 재난복구 지원, 시설 안전성 확보, 보건·식품 안전 문제 등으로 시급한 추진이 필요한 사업
⑦ 재난예방을 위하여 시급한 추진이 필요한 사업으로서 국회 소관 상임위원회의 동의를 받은 사업
⑧ 법령에 따라 추진하여야 하는 사업
⑨ 출연·보조기관의 인건비 및 경상비 지원, 융자 사업 등과 같이 예비타당성조사의 실익이 없는 사업
⑩ 지역 균형발전, 긴급한 경제·사회적 상황 대응 등을 위하여 국가 정책적으로 추진이 필요한 사업

3) 수행과정과 주요 내용

예비타당성조사의 수행과정과 주요 내용은 다음과 같다. 첫째, 사업의 개요 및 기초자료를 분석하여 사업의 쟁점을 도출한다. 둘째, 수요·편익·비용 추정을 통해 경제성분석을 실시한다. 셋째, 해당 사업과 관련된 사업추진 여건, 정책 효과 등의 정책성분석을 실시한다. 넷째, 지역 간 불균형 상태의 심화를 방지하고 지역 간 형평성 제고를 위해 지역낙후도와 균형발전효과 등 지역개발에 미치는 요인을 분석하는 지역균형발전 분석을 토대로 본 사업의 국민경제적 위치를 파악한다. 다섯째, 다기준분석을 활용하여 경제성분석, 정책성분석, 지역균형발전 분석 결과에 대한 종합평가를 실시하여 사업추진 여부를 최종적으로 판단한다. 이와 같은 예비타당성조사의 수행 흐름을 정리하면 (그림 10-1)과 같다.

|**그림 10-1**| 예비타당성조사 수행과정과 주요 내용

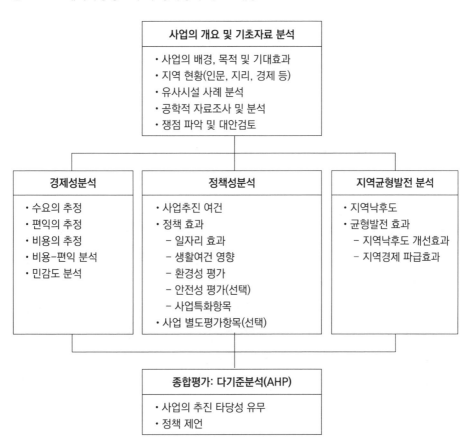

(1) 기초자료 분석

기초자료 분석 단계에서는 사업의 배경과 목적 및 기대효과를 포함해서 지역현황에 대한 기초자료를 분석하여 사업의 쟁점을 도출한다. 공공투자사업을 추진하거나 타당성을 평가할 때 해당 사업지역에 대한 자연적 환경과 사회·경제적 환경을 포함한 기초자료를 충분히 분석하는 것은 매우 중요한 과정이다. 자연적 환경자료에는 기상, 지질, 표고, 경사분석 등이 포함되고, 사회·경제적 현황에는 인구구조와 산업별 고용구조, 지역총생산, 토지이용현황 등이 포함된다. 기초자료 분석에서는 단순히 지역 현황에 대한 자료를 나열하기보다는 예비타당성조사 대상사업과의 관련 속에서 해당 지역의 특성을 설명하는 것이 중요하다. 또한, 예비타당성조사 대상이 되는 사업들은 정부 계획 또는 자자체 계획을 바탕으로 추진되는 경우가 많으므로 해당 사업에 실질적인 영향을 미치는 관련된 상위계획을 분석하는 것이 필요하다. 특히 우리나라 계획체계는 국토계획, 개별법에 의한 계획, 지자체 계획 등이 복합적으로 얽혀 있는 경우가 많아 해당 사업의 상위 및 관련 계획들을 분석하는 것은 중요한 절차이다. 이와 같은 기초자료 분석을 통해 해당 사업에 대한 조사에서 쟁점 요소를 도출하는 것이 핵심이라고 할 수 있다.

(2) 경제성분석

• 수요추정

경제적 타당성분석을 위해서는 우선적으로 해당 사업에 대한 수요와 함께 편익과 비용을 추정해야 한다. 예비타당성조사가 예산낭비를 방지하고 재정운영의 효율성 제고를 목적으로 한다는 점을 고려하면 조사대상이 되는 시설에 대한 수요추정은 매우 중요한 부분이다. 수요는 편익뿐만 아니라 비용추정에도 활용되는 중요한 요소이므로 정확한 추정이 필요하다. 예비타당성조사를 주관하는 한국개발연구원에서는 주요 사업분야별 수요추정 방법을 지침을 통해 제시하고 있다. 여기서는 도로 및 철도수요, 산업단지 수요, 문화·관광·체육시설 수요추정 방법을 간략히 소개하고자 한다.

도로 및 철도부문 사업에 대한 교통수요는 개별 통행자 또는 개별 가구 자료를 활용한 모형을 통해 추정하거나, 분석 존(zone) 단위의 집계자료를 바탕으로 추정할 수 있다. 우리나라의 경우 전통적인 4단계 수요예측 모형이 대도시권을 포함해서 지역 간 교통수요 추정에 가장 많이 활용되고 있다. 예비타당성조사에서는 공신력 있는 자료 사용이 중요하므로, 한국교통연구원의 국가교통DB(Korea Transport Database: KTDB) 교통수요분석 자료를 활용하는 것을 원칙으로 한다.

산업단지에 대한 수요의 경우, 산업을 주요 업종별로 구분하고 중장기 산업성장을 전망하여 업종별 부지면적 원단위를 적용하는 방법, 설문조사를 이용하는 방법, 시계열분석 또는 회귀분석 등 계량모형을 이용하여 입지수요를 추정하는 방법 등을 적용하고 있다. 이 중에서 잠재 수요 기업군을 대상으로 입주희망 여부, 희망면적, 투자형태(신규투자, 단순이전 등), 분양 희망시기 등에 대한 설문조사를 통해 산업단지 수요를 추정하는 방식이 주로 적용되고 있다. 산업단지 수요추정에서는 신규수요와 이전수요 구분이 필요하다. 왜냐하면, 특정기업이 기존의 시설은 유지하면서 새롭게 투자하는 신규수요만이 사회적 편익을 증가시키고, 기존시설의 단순한 이전을 의미하는 이전수요는 사회적 편익을 증가시키지 않으므로 편익 추정 시 제외하기 때문이다.

문화·관광·체육시설에 대한 수요추정은 시계열자료를 이용하는 방법과 중력모형을 주로 적용한다. 시계열방법론은 사업의 벤치마킹 시설에서 과거 방문자 수의 증감 추이와 패턴을 이용하여 예비타당성조사 대상사업의 미래 수요를 추정하는 방법이다. 즉, 분석대상 시설이 개장하자마자 즉시 수요가 충족되지 않고 일정 기간이 지나서 수요가 증가할 경우, 과거 유사시설에서 방문자 수의 증가 패턴을 추정하여 대상시설의 방문자 수 증가 추이를 예측할 수 있다. 중력모형은 인간의 공간이용 행태가 뉴턴의 중력법칙과 동일하다는 전제에서 출발한다. 즉, 두 물체 간의 끌어당기는 힘은 거리 제곱에 반비례하고 질량의 크기에 비례한다는 만유인력법칙을 원용하여 분석대상 시설의 이용수요를 추계하는 방법이다. 중력모형을 적용하기 위해서는 준거시설로 활용할 유사시설의 선택에 따라 결과가 달라질 수 있으므로 이에 대한 주의가 필요하다.

• **편익추정**

편익추정은 예비타당성조사 대상이 되는 사업에서 발생할 편익항목을 식별하는 작업에서부터 시작한다. 편익항목은 사업의 성격과 내용에 따라 다양한 측면이 있으므로 한국개발연구원에서는 사업분야별 지침을 통해 편익추정 방법을 제시하고 있다. 다양한 사업 중에서 앞에서 설명한 도로 및 철도부문 사업과 산업단지 조성사업, 문화·관광·체육 사업에 대한 편익추정 방법을 소개하기로 한다.

도로와 철도부문 사업의 편익은 크게 모든 사업에 포함되는 공통 편익과 특정 사업에만 한정하여 적용하는 사업특수 편익으로 구분할 수 있다. 먼저 공통 편익에는 차량운행비용 절감편익, 통행시간 절감편익, 교통사고 절감편익, 환경비용 절감편익 등이 있고, 사업특수 편익에는 주차비용 절감편익, 공사 중 교통혼잡으로 인한 부의 편익, 철도부문 사업으로 인한 도로공간 축소에 따른 부의 편익 등이 있다.

산업단지 사업의 경우 산업단지에서 창출되는 부가가치를 편익으로 추정한다. 문화·관광·체육시설의 편익은 본 시설의 입장수입과 각종 부대시설의 매출액으로 구분된다. 본 시설의 입장수입은 시설 자체의 입장료 및 시설 내의 각종 사용료, 관람료 등을 포함할 수 있으며, 이때는 시설의 건립목적과 연관성이 높은 항목들을 포함시키도록 한다. 부대시설의 매출액으로는 상가시설의 매출액, 숙박시설의 매출액 및 부대수입 등을 들 수 있다. 여기서 한 가지 주의할 점은 입장수입 또는 매출액의 결정이 단순한 가격이 아니라 수요자의 지불의사금액에 근거해서 책정되어야 한다는 섬이다(한국개발연구원, 2023).

- **비용추정**

예비타당성조사 대상사업의 비용은 일반적으로 공사비, 시설부대 경비, 용지보상비 등의 총사업비와 건설 이후 단계에서 소요되는 유지관리비, 예비비 등을 포함한다. 공사비는 총사업비 중 보상비와 시설부대 경비를 제외한 일체의 금액을 말하며, 공종별 공사물량과 단위 공종별 단가를 곱하여 산출한다. 용지보상비는 사업지역의 용지구입비와 지장물 보상비로 구성된다. 이 중에서 용지구입비는 ① 감정평가, ② 주변 보상 사례 자료를 이용한 추정, ③ 인근 지목의 표준지 공시지가 평균에 보상배율을 곱하는 방법을 적용하여 산출한다.

유지관리비는 초기 투자비용뿐만 아니라 토지, 건물, 설비 등의 고정자산 기능을 유지하고 관리하기 위해서 생애주기비용(life cycle cost)까지 고려한 경상 운영비를 포함한다. 예비타당성조사에서는 예비비를 반드시 반영해야 한다. 사업이 추진되는 과정에서 예상하지 못한 다양한 상황이 발생할 수 있으며, 이를 위해 예비비가 필요하다. 예비타당성조사에서는 공사비, 시설부대 경비, 용지보상비를 더한 규모의 10%를 예비비로 적용하고 있다.

- **경제성분석과 재무성분석**

경제적 타당성분석은 크게 경제성분석과 재무성분석으로 구분된다. 경제성분석과 재무성분석은 분석방법의 유사성으로 인해 사실 다른 의미를 가짐에도 불구하고 구분 없이 혼용되고 있는 실정이다. 경제성분석이란 공공투자사업의 사회적 비용과 사회적 편익을 국민경제 전체의 관점에서 측정하고, 이에 따라 경제적 수익성을 계산하여 해당 사업의 타당성 여부를 결정하는 방법이다. 한편, 재무성분석은 사회 전체의 입장이 아닌 개별 사업주체의 입장에서 실제의 금전적 비용과 수입을 추정하고 이에 따른 재무적 수익성을 계산하여 그 사업의 타당성을 검토하는 방법이다. 그러므로 재무적 사업성분석에서는 자금순환과정(cash flow)을 매우 중요시 한다. 이와 같은 차이로 인해 경제성분석과 재무성분석은 타당성 측면에서 서로 다른 결과가 도출될 수도 있다. 다시 말해, 국가 전체의 관점에서 경제적 타당성이 있는 사업이라 할지라도 개별 사업주체의 입장에서는 재무적 타당성이 없을 수 있고, 반대의 상황도 가능하다는 점을 인식할 필요가 있다.

두 가지 분석방법은 크게 분석의 관점, 측정가격, 이전비용의 처리방식, 적용 할인율 측면에서 차이가 있다. 첫째, 분석의 관점이 상이하다. 경제성분석은 국민경제적 입장에서 비용과 편익을 계산하고 재무성분석에서는 개별 사업주체의 입장에서 계산한다. 이로 인해 동일한 사업에 대한 경제성분석과 재무성분석에서 비용과 편익의 항목이 달라진다. 예를 들면, 산업단지 조성사업에 대한 경제성분석에서는 새롭게 조성한 산업단지에 입주한 기업이 창출하는 부가가치가 편익항목이 되지만, 재무성분석에서는 사업주체의 산업용지 분양수입이 편익항목이다. 둘째, 분석에 적용되는 가격이 달라진다. 경제성분석에서는 국민경제적 입장에서 비용과 편익을 계산해야 하므로 상품가격이나 임금 등은 원칙적으로 그 재화의 진정한 사회적 가치를 나타내는 잠재가격(shadow price)으로 계산하여야 하나, 재무성분석은 사업주체의 입장에서 비용과 편익을 계산하므로 단순 시장가격을 적용한다는 점에서 차이가 있다.

셋째, 세금, 이자비용 등 이전비용의 처리방식이다. 경제성분석에서는 이전비용은 분석에서 제외되지만 재무성분석에서는 이전비용이 포함되어야 한다. 세금 및 이자와 같은 이전비용은 국민경제를 구성하는 주체들 간에 단순히 이전하는 것일 뿐, 새로운 가치를 창출하는 것이 아니므로 국민경제 관점에서 분석하는 경제성분석에서는 분석과정에서 제외된다. 재무성분석에서 세금 및 이자비용은 사업자의 입장에서 실제로 자금이 지출되는 것이므로 비용으로 인식한다. 넷째, 적용될 할인율의 차이이다. 경제성분석에서는 사회구성원 모두가 동의할 수 있는 사회적 할인율(social discount rate)이 적용되어야 하지만, 재무성분석에서는 시장이자율 등 재무적 할인율이 적용되어야 한다.

|표 10-3| 경제성분석과 재무성분석 비교

구분	경제성분석	재무성분석
분석의 관점	국민경제적 관점	개별 사업주체의 관점
측정가격	잠재가격	시장가격
세금, 이자비용 등 이전비용	제외	포함
적용될 할인율	사회적 할인율	재무적 할인율

(3) 정책성분석

정책성분석에서는 해당 사업과 관련된 사업추진 여건 및 정책 효과, 특수항목 평가를 실시한다. 정책성분석은 경제성분석에는 포함되지 않으나, 사업의 타당성을 평가하는 데 고려해야 할 다양한 평가요소를 포함한다. 경제성분석에서는 사업 시행으로 인한 국민경제적 효과를 편익 또는 비용으로 계량화하고, 비용편익분석의 틀을 이용하여 그 결과를 도출한다. 정책성분석에서는 사업 시행으로 인한 사회적 편익 또는 비용 중에서 계량화하여 비용편익분석의 틀 속에 포함시킬 수는 없으나 사업의 시행 여부를 판단하는데 있어서 고려해야 할 평가요소들에 대한 분석결과를 제시한다.

사업추진 여건은 정책 일치성을 포함하는 내부여건과 지역주민 사업태도와 같은 외부여건으로 구성된다. 내부여건은 상위 계획 반영 여부나 정책방향과의 일치성 등으로 평가하고, 외부여건은 지역주민, 이해당사자 등 해당 사업의 영향을 받는 대상의 사업에 대한 태도, 갈등 여부 등을 검토하여 평가한다.

정책효과는 일자리 효과, 생활여건 영향, 환경성 평가, 안전성 평가 등의 세부 항목으로 구성된다. 일자리 효과는 사업기간 동안 재정의 투입으로 인한 고용유발효과, 운영 기간의 직접 고용효과, 사업 완료 후 간접적 고용효과, 고용의 질 제고 효과, 취약계층에 대한 고용효과 등의 항목을 평가할 수 있다. 생활여건 영향은 사업추진에 따른 접근성, 쾌적성, 정시성, 안정성 영향, 공동체 복원 영향 등으로 평가할 수 있다. 환경성 평가는 사업 수행 시 환경문제가 발생할 가능성, 지역 환경, 경관에 대한 영향, 시설개선에 따른 생태계 환경보전 기여도 등으로 평가할 수 있다. 안전성 평가는 재해, 재난 예방 및 대응 가능성과 피해규모에 대한 효과, 사업추진 중 또는 완료 후 안전사고 발생 관련 효과, 시스템 신설(개량)에 따른 정보보안 효과 등으로 평가할 수 있다.

특수평가 항목은 정책성분석을 수행하는 과정에 개별사업의 특성을 고려할 필요가 있는 경우에 반영할 수 있는데, 재원조달의 위험성, 문화재 가치 등의 세부항목으로 구성된다. 재원조달 위험성은 운영비 조달에 위험성이 있는 사업에 대해 위험 정도를 평가하여 평가점수에 부여하거나, 원인자 부담 등으로 해당 사업에 대한 재원이 이미 확보된 사업을 대상으로 총사업비 대비 확보된 재원규모를 고려하여 평가할 수 있다. 문화재 가치는 국가, 시, 도 지정문화재가 다수 분포하는 문화유적지 등에 대해 그 가치를 고려하여 평가할 수 있다.

|표 10-4| 정책성분석 평가 항목

구분	세부 평가항목
사업추진 여건	– 정책 일치성 등 내부여건 – 지역주민 태도 등 외부여건
정책효과 (사회적 가치)	– 일자리 효과 – 생활여건 영향 – 환경성평가 – 안전성 평가
특수평가 항목	– 재원조달 위험성 – 기타 특수평가

(4) 지역균형발전 분석

지역균형발전 분석은 다음과 같이 이루어진다. 예비타당성조사에서 B/C로 표현되는 경제성분석 결과만을 기준으로 사업의 타당성을 평가할 경우, 지역 간 불균형 상태가 심화될 우려가 있다. 왜냐하면, 경제성 분석의 구조에 따르면 지역발전이 부진한 낙후지역일수록 사업의 타당성이 낮게 평가될 수 있기 때문이다. 예를 들어 낙후지역의 도로사업의 타당성을 평가할 경우, 인구규모와 교통수요가 상대적으로 작아

도로건설의 편익이 작다면 사업의 경제적 타당성이 떨어지기 마련이다. 따라서 낙후지역에 대한 투자기회는 줄어들고 경제성이 높게 평가된 다른 지역으로 투자가 집중되는 현상이 지속되어 지역 간 빈익빈 부익부 현상이 심화될 수 있다.

예비타당성조사에서는 이와 같은 현상을 방지하고자 지역균형발전이라는 상위의 국가정책을 평가에 반영하여 사업의 타당성을 평가한다. 지역균형발전을 평가에 반영하기 위하여 지역낙후지수를 개발하고, 사업 시행의 지역별 파급효과를 분석하기 위한 지역 간 산업연관모형(Inter-Regional Input Output Model: IRIO)을 개발하였다. 이와 같은 분석을 수행하는 근본 취지는 낙후지역에서 수행되는 공공투자사업과 지역에 대한 파급효과가 큰 사업에 대해서 가점을 부여함으로써 경제성이 다소 낮은 사업이라 할지라도 사업추진이 가능하도록 하여 지역 간 불균형이 심화되지 않도록 하는 것이다.

(5) 종합평가

예비타당성조사의 마지막 단계는 경제성분석과 정책성분석, 지역균형발전 분석결과를 종합하여 사업의 추진여부에 대한 최종적인 판단을 도출하는 단계이다. 하지만, 경제성분석과 정책성분석 결과를 종합하는 데에는 다음과 같은 어려움이 있다. 먼저, 정량적 분석결과와 정성적 분석결과를 통합하는 어려움이 있다. 경제성분석 결과는 B/C 비율 등 정량적으로 제시되는 반면, 정책성분석에 포함되는 항목들은 계량화가 어려운 정성적 형태로 표현된다. 이와 같은 어려움을 해소하기 위해 예비타당성조사에서는 다기준분석 방법론의 하나인 계층적 분석방법(Analytic Hierarchy Process, AHP)을 적용해 오고 있다. AHP기법의 기본구조와 적용방법은 다음 절에서 설명한다.

3. AHP기법을 이용한 종합평가

AHP기법은 의사결정의 목표 또는 평가기준이 다수이며, 개별 평가기준에 대해 서로 다른 선호도를 가진 대안들을 체계적으로 평가할 수 있도록 지원하는 의사결정기법의 하나이다. 1970년대 초 Tomas Saaty에 의해 개발된 이후 정성적, 다기준 의사결정에 널리 사용되어 왔다. AHP기법의 가장 큰 특징은 문제를 구성하는 다양한 평가요소들을 주요 요소와 세부 요소들로 나누어 계층화하고 계층별 요소들에 대한 쌍대비교(parewise comparision)를 통해 요소들의 상대적 중요도를 도출하는 데 있다. 이 기법은 인간의 사고와 유사한 방법으로 문제를 분해하고 구조화한다는 점, 그리고 평가요소 사이의 상대적 중요도와 대안들의 선호도를 비율척도로 측정하여 정량적인 형태로 결과를 도출한다는 점에서 그 유용성을 인정받고 있다. 뿐만 아니라 간결한 적용절차에도 불구하고 척도선정, 가중치 산정 절차, 민감도 분석 등에 사용되는 각종 기법이 실증분석과 엄밀한 수리적 검증과정을 거쳐 채택된 방법들을 활용한다는 점에서 이론적으로도 높게 평가받고 있다.

1) AHP기법의 분석과정

AHP기법을 이용한 의사결정과정은 내용상 크게 다음과 같이 5단계로 구분할 수 있다.

- 제 1단계: 의사결정문제의 계층구조화
- 제 2단계: 요소들 간의 쌍대비교 자료 수집
- 제 3단계: 요소별 가중치 및 대안별 평점 추정
- 제 4단계: 일관성 검정
- 제 5단계: 최종 의사결정

의사결정과정을 단계별로 설명하면 다음과 같다. 제 1단계는 의사결정문제를 계층 구조화시키는 단계이다. AHP기법을 이용하여 문제를 해결하려면 우선적으로 문제를 (그림 10-2)와 같이 최종 목표와 평가요소, 그리고 대안으로 구분하여 계층을 구성해야 한다. 계층구조는 연구의 특성에 따라 그림과 같이 단순한 3단계로 구성할 수도 있고, 그 이상의 복잡한 다단계로 구성할 수도 있다. 계층구조에서 최상위계층(계층 1)인 최종 목표는 궁극적인 의사결정이 되며, 하위계층(계층 2)의 요소는 의사결정에 영향을 미치는 요소들로 구성된다. 여기서 요소는 평가항목이나 평가기준으로도 표현될 수 있다. 그리고 최하위계층(계층 3)은 문자 그대로 의사결정자의 선택 대상인 대안들로 구성된다. AHP기법에서는 각 요소들의 중요도, 즉 가중치가 산정되고, 산정된 요소들의 가중치에 따라 대안들이 평가된다. 이때 동일 계층에 있는 요소들의 가중치는 그대로 그 하위단계에 전달되는데, 이러한 계층적 분화원리(principle of hierarchic composition)에 의해 의사결정 하는 것이 AHP기법의 핵심이다.

|그림 10-2| AHP의 계층구조

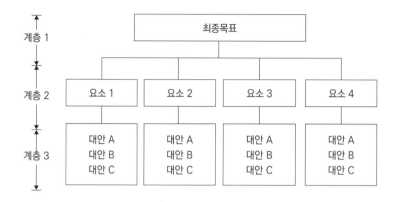

의사결정문제의 계층구조가 형성되면 두 번째 단계는 요소들 간의 쌍대비교 자료를 수집하는 것이다. 쌍대비교 자료는 설문을 통해 수집된다. 계층분석 과정에서 동일한 단계에 있는 요소들의 중요도를 측정하기 위해서는 사용할 척도(scale)를 먼저 결정해야 한다. 중요도의 측정 방식은 요소들의 상호 비교를 통해 이루어지며, 척도는 보통 1~9로 구분되는데 연구자에 따라 또는 연구 성격에 따라 달라질 수 있다. 〈표 10-5〉는 중요도의 척도를 1~9로 구분한 경우이다. 예를 들어 척도 1은 두 요소 간의 중요도가 서로 동일하다는 의미이며, 척도 9는 한 요소가 비교되는 요소에 비해 절대적으로 더 중요함을 의미하는 것이다.

|표 10-5| 요소의 상호비교 시 중요도의 척도

척도(numerial judgement)	해석(verbal judgement)
1	동일하게 중요
2	동일 · 약간의 중간
3	약간 더 중요
4	약간 · 상당히의 중간
5	상당히 더 중요
6	상당히 · 아주의 중간
7	아주 더 중요
8	아주 · 절대의 중간
9	절대 더 중요

세 번째 단계에서는 요소들의 가중치를 추정하며, 이는 다음과 같은 과정을 통해 이루어진다. 우선 n개의 요소들을 각각 A_1, A_2, $\cdots$, A_n이라 하고, 각 요소들의 중요도를 w_1, w_2, $\cdots$, w_n이라고 하자. 요소들의 쌍대비교로부터 얻어진 결과인 행렬 A는 중요도 관점에서도 다음과 같이 표현된다.

$$A = \begin{bmatrix} a_{11} & a_{12} & \cdots & a_{1n} \\ a_{21} & a_{22} & \cdots & a_{2n} \\ \vdots & \vdots & \vdots & \vdots \\ a_{n1} & a_{n2} & \cdots & a_{nn} \end{bmatrix} = \begin{bmatrix} w_1/w_1 & w_1/w_2 & \cdots & w_1/w_n \\ w_2/w_1 & w_2/w_2 & \cdots & w_2/w_n \\ \vdots & \vdots & \vdots & \vdots \\ w_n/w_1 & w_n/w_2 & \cdots & w_n/w_n \end{bmatrix}. \tag{10.1}$$

쌍대비교 행렬에서 a_{ij}는 아래의 식과 같이 요소 j에 대한 요소 i의 상대적 중요도 또는 가중치를 의미한다.

$$a_{ij} = w_i/w_j \, (i, j = 1, \cdots, n). \tag{10.2}$$

위 식의 양변을 w_j로 곱하고, 모든 요소를 합하여 행렬로 나타내면 다음과 같다.

$$\sum_j^n a_{ij} \cdot w_j = n \cdot w_i, \; A \cdot W = n \cdot W, \tag{10.3}$$

$$W = \begin{bmatrix} w_1 \\ w_2 \\ \vdots \\ w_n \end{bmatrix}, \; n\text{: 행렬 } A\text{의 고유치(eigen value)}.$$

위의 식은 n개의 선형 방정식이므로 W가 0이 아닌 해, 즉 non-trivial 해를 갖기 위해서는 다음과 같은 식이 성립되어야 한다.

$$|A - nI| = 0, \; I\text{: 단위행렬}. \tag{10.4}$$

행렬 A가 완전한 기수적 일관성(cardinal consistency)이 있다면 다음의 식이 성립되어야 한다. 즉, 식 (10.4)의 특성방정식의 근(λ_i)은 가장 큰 근 하나만이 n값을 가지며, 나머지는 모두 0이 되어야 한다.

$$\lambda_{\max} = n, \ \text{단}, \ \lambda_i = 0, \ \lambda_i \neq \lambda_{\max}, \tag{10.5}$$

λ_i: 특성방정식(characteristics equation)의 근.

행렬 A가 완전한 기수적 일관성이 있다면 식 (10.3)은 다음과 같이 표현되며, 이로부터 가중치 행렬이 유도된다. $\lambda_{\max}$을 계산하는 구체적인 방법은 다음 절에서 설명된다.

$$A \cdot W = n \cdot W. \tag{10.6}$$

네 번째 단계는 앞에서 수집된 자료에 대한 일관성 검정이다. 일관성 검정은 AHP기법에 있어 매우 중요하다. 왜냐하면 수집된 자료로부터 요소들의 가중치가 도출되고, 도출된 가중치를 바탕으로 최종 의사결정이 이루어지기 때문이다. 여기서 자료에 대한 일관성 검정은 바로 앞에서 추정된 요소들의 가중치에 대한 일관성 검정과 동일한 의미이다. 만일 일관성 없는 자료로부터 추정된 가중치는 의미없는 것이 되고 그러한 요소들의 가중치는 의사결정에 영향을 주어서는 안 된다.

일관성 검정이란 쌍대비교에 의해서 얻어진 행렬 A의 세부 구성요소인 a_{ij}가 기수적 일관성을 가지는지 확인하는 과정이다. 일반적으로 말해 기수적 일관성은 $a_{ij} \cdot a_{jk} = a_{ik}$의 성립여부를 의미한다. 여기서 $a_{ij} \cdot a_{jk} = a_{ik}$의 의미는 i를 j보다 x배 중요하게 생각하고 j는 k보다 y배 중요하게 생각한다면, i는 k보다 $x \cdot y$배 중요하게 평가된다는 의미이다. 추정한 a_{ij}가 정확하게 w_i / w_j와 일치한다면 식 (10.5)와 같이 $\lambda_{\max} = n$이 성립된다. 그러나 일치하지 않을 경우 $\lambda_{\max}$는 n 이상이 된다. 따라서 추정된 행렬 A의 일관성 검정은 $\lambda_{\max} - n = 0$이 일치하는 정도를 바탕으로 이루어지며, 구체적으로는 일관성 지수(consistency index, CI)와 일관성 비(consistency ratio, CR)에 의해 평가된다. 우선 일관성 지수는 다음과 같이 계산된다.

$$\text{CI} = \frac{\lambda_{\max} - n}{n - 1}. \tag{10.7}$$

위에서 계산된 일관성 지수를 경험적 자료로부터 얻어진 무작위지수(random index, RI)로 나눈 값에 의해 일관성 비가 계산되고, 이를 바탕으로 자료의 일관성이 검정된다.

$$CR = \frac{CI}{RI}. \tag{10.8}$$

위의 식에서 무작위 지수란 1에서 9까지 정수들을 무작위 추출하여 역수 행렬을 작성한 후 이로부터 일치지수를 구한 것을 가리킨다. 표본 500개로부터 무작위 지수를 구하여 평균한 값은 〈표 10-6〉에 제시된 바와 같다. 예를 들어, 비교 항목수가 3개이면 무작위지수는 0.58이 된다. Saaty는 일관성 비의 값이 0.1 이내인 경우에만 수집된 쌍대비교 행렬은 서수적 순위에 있어 무리가 없고 일관성 있는 행렬이라고 하였다. 따라서 일관성 비가 0.1 이내인 자료만 분석의 자료로 허용된다.

| 표 10-6 | 무작위 지수(RI)

비교 항목수	1	2	3	4	5	6	7	8	9	10	11	12
RI	0.00	0.00	0.58	0.90	1.12	1.24	1.32	1.41	1.45	1.49	1.51	1.48

자료: Saaty(1980).

AHP기법의 마지막 단계는 최종 의사결정단계이다. 앞의 제 3단계에서 요소들의 가중치가 구해지면 이를 종합하여 대안들의 가중치가 계산되고, 이를 바탕으로 대안들이 비교 평가된다. 대안들의 최종 가중치는 요소들의 가중치의 합으로 다음과 같은 식에 의해 계산된다.

$$W^k = \sum_{j}^{n} (\prod_{p}^{m} w_j^{p,k}), \tag{10.9}$$

W^k: 대안 k의 종합 가중치,

$w_j^{p,k}$: 계층 p 내 요소 j에서 k의 가중치,

p: 계층$(p = 1, \cdots, m)$, j: 요소$(j = 1, \cdots, n)$.

위의 식에 의해 계산된 대안들의 가중치를 바탕으로 최종 의사결정이 이루어진다. 최종 가중치가 가장 높은 대안이 바로 의사결정자가 선택해야 할 최적의 대안이 된다(AHP 기법에 대한 보다 자세한 설명을 원하는 독자는 Saaty(1980)와 조근태·조용곤·강현수(2005)를 참고하기 바란다).

2) 예비타당성조사의 종합평가 구조

예비타당성조사의 종합평가 구조는 (그림 10-3)과 같다(한국개발연구원, 2021). 대안은 사업시행, 사업미시행으로 구분되며, 평가 계층은 3계층으로 구성된다. 제 1계층은 경제성분석, 정책성분석, 지역균형발전 분석으로 이루어진다(단, 수도권 지역의 사업은 지역 균형발전 분석을 생략할 수 있다). 제 2계층은 정책성분석을 구성하는 사업추진 여건, 정책 효과, 특수평가 항목으로 구성된다. 마지막으로 제 3계층은 제 2계층의 세부 평가 항목과 지역균형발전 분석의 세부 평가 항목으로 구성된다.

|그림 10-3| 예비타당성조사의 종합평가 구조

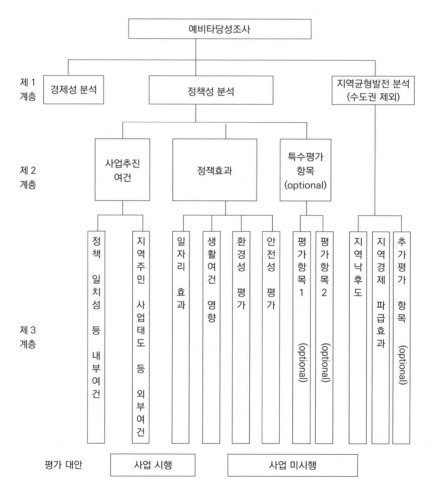

제 1계층인 경제성분석, 정책성분석, 지역균형발전 분석을 기초로 각 평가요소에 대한 평점을 부여하는 방법을 설명하면 다음과 같다. 평가요소별 세부내용과 의미에 대한 설명은 앞에서 제시되었으므로 여기서는 생략한다.

• **경제성분석**

경제성분석은 경제적 측면에서의 사업 타당성을 평가하며, 평점 산정은 경제성분석 결과로 도출된 B/C의 표준점수가 반영된다. 그러므로 평가자가 평점을 별도로 부여하지 않는다. 표준점수를 반영하는 이유는 경제성분석이 이미 계량화된 평가 항목이기에 동일한 B/C에 대하여 평가자별로 상이한 판단을 내리는 문제를 막고 타 사업의 예비타당성조사와의 일관성을 확보하기 위함이다. B/C의 표준점수 전환식은 다음과 같다.

$$B/C \text{ 표준점수} = 4.55098 \times \ln(B/C) + i, \tag{10.10}$$
$$\text{단, } B/C \geq 1 \rightarrow i = 1, \; B/C < 1 \rightarrow i = -1.$$

• **정책성분석**

정책성분석은 비용편익분석에는 포함되지 않으나 정책의 타당성을 평가함에 있어 고려되어야 할 사업 추진여건, 정책효과, 특수평가항목이 포함된다. 정책성분석의 세부항목에 대한 평점은 평가자의 평점에 의해 산정된다.

• **지역균형발전 분석**

지역균형발전 분석은 정책성분석과 같이 비용편익분석에는 포함되지 않으나 정책의 타당성을 평가함에 있어 고려되어야 할 요소이다. 여기에는 지역낙후도와 지역경제 파급효과를 평가항목으로 포함한다. 지역낙후도는 지역균형발전 측면에서 사업의 필요성을 평가하기 위한 평가항목이다. 경제성분석과 마찬가지로 지역낙후도는 계량화된 항목으로 평가자의 평점이 아닌 낙후도에 따른 표준점수를 부여하는 항목이다. 지역낙후도의 표준점수 전환식은 다음 식 (10.11)과 같다.

$$\text{지역낙후도지수 표준점수} = \alpha + i, \tag{10.11}$$
$$\text{단, } \alpha = 0.9667 + 2.8046 \times LIR + 0.2925 \times MIR,$$
$$\alpha < 0 \Rightarrow i = -1, \; \alpha \geq 0 \Rightarrow i = 1,$$

지역낙후도지수 표준점수 < 0 ⇒ 1,

LIR은 시·군별 지역낙후도 순위를 표준화한 값,

MIR은 시·도별 지역낙후도 순위를 표준화한 값.

지역경제 파급효과에 대한 평점은 사업 시행으로 인한 지역 내 생산유발액, 부가가치 유발액 등 지역경제 활성화 효과를 제시하고 이를 바탕으로 한 평가자의 평점에 의해 산정한다.

3) 예비타당성조사의 종합평가 적용

AHP기법을 활용한 예비타당성조사의 종합평가에 대한 이해를 돕기 위해 예를 들어 설명하기로 한다. 우선 여기서 설정된 의사결정 문제는 정책 A의 시행여부이다. 정책 A 시행여부 평가기준은 예비타당성조사의 평가항목들을 활용하기로 한다. 대안이 사업 시행과 미시행일 때 정책 A의 시행여부를 AHP기법을 이용하여 결정해보자.

• 제 1단계: 의사결정문제의 계층구조화

정책평가를 위해 우선적으로 해야 할 것은 바로 의사결정문제를 계층으로 구분하여 구조화시키는 것이다. 정책의 사업시행 여부는 설명의 편의상 (그림 10-3)의 예비타당성조사 정책평가 구조 중 제 1계층만을 사용하여 평가하고자 한다.

• 제 2단계: 쌍대비교 자료 수집

요소별 가중치 및 대안별 평점을 추정하기 위해서는 평가항목 간 중요도와 대안 간 중요도에 대한 쌍대비교 자료를 수집해야 한다. 쌍대비교 자료는 설문을 통해 다음과 같이 작성된다. 예를 들어 '경제성분석'이 '정책성분석'보다 얼마나 더 중요한가? 라는 질문에 대해 '상당히 더 중요하다'라고 응답한다면 '경제성분석' 행과 '정책성분석' 열이 만나는 칸에 5를 기입하면 된다(9점 척도 기준). 이와 같은 방법에 의해 쌍대비교 행렬의 요소 값을 기입하면 된다. 단, 모든 쌍대비교 행렬에서 대각선 요소는 모두 1이 되고, 대각선 요소를 중심으로 서로 대칭되는 요소들은 서로 역수관계를 갖게 된다. 설문에 대한 응답은 〈표 10-7-a〉~〈표 10-7-d〉에 제시된 바와 같다고 가정한다. 이들 표가 바로 가중치 추정에 사용되는 평가항목 간 쌍대비교 행렬과 평점 추정에 사용되는 평가항목별 대안 간 쌍대비교 행렬이 된다.

|표 10-7-a| 평가항목 간 쌍대비교행렬

구분	경제성분석	정책성분석	지역균형발전 분석
경제성분석	1	5	3
정책성분석	1/5	1	1/2
지역균형발전 분석	1/3	2	1

|표 10-7-b| '경제성분석' 측면에서의 대안 간 쌍대비교행렬

구분	사업 시행	사업 미시행
사업 시행	1	5
사업 미시행	1/5	1

|표 10-7-c| '정책성분석' 측면에서의 대안 간 쌍대비교행렬

구분	사업 시행	사업 미시행
사업 시행	1	2
사업 미시행	1/2	1

|표 10-7-d| '지역균형발전 분석' 측면에서의 대안 간 쌍대비교행렬

구분	사업 시행	사업 미시행
사업 시행	1	3
사업 미시행	1/3	1

• 제 3단계: 요소별 가중치 및 대안별 평점 추정

〈표 10-7-a〉~〈표 10-7-d〉와 같이 수집된 평가요소 간 그리고 평가요소별 대안 간 쌍대비교 행렬로부터 요소들의 가중치와 대안별 평점이 계산된다. 요소별 가중치는 〈표 10-7-a〉로부터 계산되며, 대안별 평점은 〈표 10-7-b〉~〈표 10-7-d〉로부터

계산된다. 가중치와 평점 계산방법은 모두 동일하므로 여기서는 요소별 가중치 추정 과정만 설명하기로 한다.

〈표 10-7-a〉로부터 〈표 10-8〉과 같이 항목별 열의 합을 구해 정규화시키고, 다음으로 정규화된 자료에서 행의 평균을 계산한다. 계산된 행의 평균값이 바로 요소별 가중치가 된다. 표에서 보듯이 경제성분석의 가중치가 0.648로 가장 높고, 정책성분석의 가중치가 0.122로 가장 낮은 것으로 계산됐다. 대안별 평점을 추정하는 과정 또한 앞서 설명한 과정(자료수집 - 정규화 - 가중치 계산)과 동일하다. 이에 대해서는 독자 스스로 해 보기를 바란다. 여기서는 계산 결과만 〈표 10-9〉에 제시한다.

| 표 10-8 | 요소별 가중치 계산

구분	경제성분석	정책성분석	지역균형발전 분석	행 평균
경제성분석	1.00/1.53	5.00/8.00	3.00/4.50	0.648
정책성분석	0.20/1.53	1.00/8.00	0.50/4.50	0.122
지역균형발전 분석	0.33/1.53	2.00/8.00	1.00/4.50	0.230
열의 합	1.53/1.53	8.00/8.00	4.50/4.50	1.000

| 표 10-9 | 대안별 평점

구분	경제성분석	정책성분석	지역균형발전 분석
사업 시행	0.83	0.67	0.75
사업 미시행	0.17	0.33	0.25

• 제 4단계: 일관성 검정

일관성 검정은 요소들의 가중치를 계산하기 위해 설문을 통해 수집된 모든 쌍대비교 행렬을 대상으로 한다. 즉, 모든 설문 응답자들이 바로 일관성 검정의 대상이 된다. 그러나 이 예에서는 설명의 편의상 응답자 1명을 기준으로 한다. 쌍대비교 행렬에 대한 검정방법은 모두 동일하기 때문에 여기서도 평가항목 간 쌍대비교 행렬에 대한 일관성 검정만 설명하기로 한다. 일관성 검정은 궁극적으로 식 (10.7)과 식 (10.8)에 의해 이루어지는데 이를 위해서는 먼저 λ_{max}가 계산되어야 한다.

설문자료로부터 구해지는 $\lambda_{\max}$는 항상 n보다 크게 나타난다. 따라서 $\lambda_{\max} - n$의 값이 작을수록 쌍대비교 행렬의 수치들은 일관성이 높은 것이다. $\lambda_{\max}$는 다음과 같은 과정을 통해 구한다. 〈표 10-7-a〉의 각 열에 앞에서 계산한 평가항목의 가중치를 곱하면 그 결과는 〈표 10-10〉과 같다. 즉, 〈표 10-7-a〉의 첫 번째 열에는 0.648을, 두 번째 열에는 0.122를, 그리고 세 번째 열에는 0.230을 곱하여 행의 합을 구한다.

| 표 10-10 | 평가항목 쌍대비교 원자료와 중요도의 곱

구분	경제성분석 (×0.648)	정책성분석 (×0.122)	지역균형발전 분석(×0.230)	계
경제성분석	0.648	0.611	0.690	1.948
정책성분석	0.130	0.122	0.115	0.367
지역균형발전 분석	0.216	0.244	0.230	0.690

주: 모든 숫자는 소수점 넷째 자리에서 반올림하였음.

〈표 10-10〉의 각 행의 합을 다시 요소별 가중치로 나눈다.

$$1.948/0.648 = 3.007,$$
$$0.367/0.122 = 3.001,$$
$$0.690/0.230 = 3.003.$$

위에서 얻어진 결과의 평균한 값이 $\lambda_{\max}$가 된다.

$$\lambda_{\max} = (3.007 + 3.001 + 3.003)/3 = 3.004.$$

$\lambda_{\max}$값이 구해지면 행렬 A의 일관성 정도는 앞에서 설명한 일관성 지수(CI)와 일관성 비(CR)의 계산을 통해 검정된다. 일관성 지수와 일관성 비는 아래와 같이 계산된다. 단, 이 예에서 비교항목 수가 3개이므로 〈표 10-6〉에 제시되었듯이 무작위 지수(RI)는 0.58이 된다. 그러므로 식 (10.7)과 식 (10.8)에 의한 일관성 지수와 일관성

비는 다음과 같이 각각 0.002와 0.003이 된다.

$$CI = \frac{\lambda_{\max} - n}{n-1} = \frac{3.004 - 3}{2} = 0.002,$$

$$CR = \frac{CI}{RI} = \frac{0.002}{0.58} = 0.003.$$

일관성 비가 0.1보다 작은 0.003이므로 평가항목 간 쌍대비교 행렬 자료는 일관성이 있으며, 일관성 있는 자료로부터 계산된 가중치도 의미 있는 것이라 할 수 있다. 참고로 각 요소들의 일관성 지수와 일관성 비는 〈표 10-11〉에 제시된 바와 같다(계산과정은 생략되었으므로 독자들이 직접 계산하여 확인하기 바란다). 평가항목 간 쌍대비교 행렬과 각 기준 측면에서의 대안 간 쌍대비교 행렬에 대한 자료는 모두 일관성이 있는 것으로 판정되었으므로 〈표 10-8〉과 〈표 10-9〉에 제시된 가중치와 평점은 모두 의미있는 것이라 할 수 있다.

| 표 10-11 | 선택기준별 일관성 지수(CI)와 일관성비(CR)

구분		CI	CR
평가항목 간 쌍대비교 행렬		0.002	0.003
대안 간 쌍대비교 행렬	경제성분석	0.000	0.000
	정책성분석	0.000	0.000
	지역균형발전 분석	0.000	0.000

• 제 5단계: 최종 의사결정

정책평가 항목들의 가중치와 항목별 대안들의 평점으로부터 〈표 10-12〉와 같이 대안들의 최종 점수가 계산된다. 그리고 계산된 대안들의 최종점수에 의해 대안 선택이 이루어진다. 예비타당성조사에서는 사업 시행 대안의 최종점수가 0.5 이상이면 해당 사업은 시행하는 것이 바람직한 것으로 의사결정한다. 〈표 10-12〉에 제시되었듯이 사업시행 대안의 최종 점수가 0.794로 0.5 이상이므로 정책 A는 시행하는 것으로 의사결정한다.

| 표 10-12 | 대안별 최종 가중치

구분	경제성분석	정책성분석	지역균형발전 분석	합계 (최종 점수)
사업 시행	0.648×0.8323	0.122×0.667	0.230×0.750	0.794
사업 미시행	0.648×0.167	0.122×0.333	0.230×0.250	0.206

4. 우리나라 예비타당성조사제도 운영현황

예비타당성조사 대상사업은 총사업비가 500억 원 이상이고 국가의 재정지원 규모가 300억 원 이상인 신규사업이다. 현재 예비타당성조사는 국가연구개발사업은 한국과학기술기획평가원에서, 그 외 사업은 한국개발연구원 공공투자관리센터(Public and Private Infrastructure Investment Management Center, PIMAC)에서 총괄하여 수행하고 있다.

1) 수행실적

예비타당성조사 제도가 도입된 1999년 이후부터 2022년까지 각 연도별·부문별 예비타당성조사 수행실적은 다음 표와 같다. 1999년 이후부터 2022년까지 총 785건(조사 완료 사업 기준)의 예비타당성조사가 수행되었다. 동 제도가 도입된 초기인 2000년대에는 연평균 약 42건이 수행되었으며, 2010년 이후에는 그 규모가 감소하는 추세이다. 지금까지 예비타당성조사 수행실적이 가장 많은 부문은 도로부문이며 동 기간 동안 266건 수행되어 전체 수행실적의 33.9%를 차지하고 있다. 이어서 철도부문이 전체의 18.0%인 141건 수행되었다. 예비타당성조사 수행실적이 가장 많은 두 부문인 도로와 철도부문의 수행실적을 더하면, 전체 수행실적의 51.9%로 절반을 초과하는 실정이다.

|표 10-13| 예비타당성조사 수행 실적

(단위: 건수)

구분	도로	철도	항만	문화·관광·건축	수자원	기타	합계
1999-2000	194	93	29	34	36	99	485
2011	6	5	2	11	5	14	43
2012	7	7	5	6	5	5	35
2013	8	0	1	2	1	4	16
2014	6	4	2	12	2	8	34
2015	3	3	2	7	0	3	18
2016	5	6	2	3	4	3	23
2017	10	7	0	7	4	3	31
2018	8	5	1	4	2	2	22
2019	5	2	4	5	1	8	25
2020	7	3	1	3	1	4	19
2021	2	3	1	4	2	4	16
2022	5	3	3	1	4	2	18
계	266 (33.9%)	141 (18.0%)	53 (6.8%)	99 (12.6%)	67 (8.5%)	159 (20.3%)	785 (100.0%)

자료: 한국개발연구원(2023)

지금까지 수행된 예비타당성조사를 사업비 기준으로 살펴보면 다음 표와 같다. 지금까지 수행된 사업들의 총사업비는 407.1조 원이며 연평균 약 17조 원 규모이다. 사업비 기준으로 부문별 수행실적을 살펴보면, 도로 및 철도부문 사업비가 전체의 약 62.7%를 차지하고 있다.

| 표 10-14 | 예비타당성조사 수행 실적(사업비 기준)

(단위: 조 원)

구분	도로	철도	항만	문화·관광·건축	수자원	기타	합계
1999-2000	83.6	79.5	9.8	8.6	8.1	39.5	229.4
2011	1.3	6.1	0.6	1.9	2	3.7	15.6
2012	1.8	10.3	2.1	1.1	0.8	1.7	17.8
2013	1.9	–	0.1	0.1	0.4	1.3	3.8
2014	2.1	13.7	0.6	2	0.5	3.1	21.9
2015	2.3	1.3	0.5	1.3	–	1.1	6.5
2016	1.1	4	0.3	0.3	0.6	0.6	6.9
2017	3.8	7.2	–	0.8	1.2	8.3	21.3
2018	1.2	8.2	0.1	0.7	0.3	0.8	11.3
2019	2.1	6.8	0.9	1	0.2	3.1	14.1
2020	4	3.7	0.5	0.7	0.4	2.9	12.1
2021	1.5	1.2	10.2	1.1	0.3	1.2	15.6
2022	1.9	4.3	8.7	0.1	2.8	12.9	30.8
계	108.6 (26.7%)	146.3 (35.9%)	34.4 (8.5%)	19.7 (4.8%)	17.6 (4.3%)	80.2 (19.7%)	407.1 (100.0%)

자료: 한국개발연구원(2023)

2) 경제적 타당성 및 종합적 타당성 확보율

지금까지 수행된 예비타당성조사 사업의 경제적 타당성 확보율(B/C≥1)은 48.9% 이다. 이는 조사대상 사업의 절반 이하만이 경제적 타당성을 확보하고 있음을 의미 한다. 경제적 타당성 확보율을 부문별로 살펴보면, 항만부문사업의 경제적 타당성 확보율이 64.2%로 가장 높고, 이어서 수자원(52.2%), 문화·관광·건축(47.5%), 도로 (47.4%), 철도(38.3%) 등의 순서로 나타났다.

| 표 10-15 | 경제적 타당성 확보율

(단위: 건수, %)

구분	도로	철도	항만	문화·관광·건축	수자원	기타	합계
총사업 수	266	141	53	99	67	159	785
B/C>1 (사업 수)	126	54	34	47	35	88	384
B/C>1 (비율)	47.4	38.3	64.2	47.5	52.2	55.3	48.9

자료: 한국개발연구원(2023)

지금까지 수행된 예비타당성조사 사업의 종합적 타당성 확보율(AHP≥0.5)은 66.8%로 나타났다. 이는 조사대상 사업의 66.8%가 종합적 타당성을 확보하여 사업을 시행하였다는 것을 의미한다. 부문별로 살펴보면, 항만부문사업의 종합적 타당성 확보율이 77.4%로 가장 높고, 이어서 수자원(74.6%), 문화·관광·건축(67.7%), 도로(62.0%), 철도(58.2%) 등의 순서로 나타났다.

경제적 타당성을 확보한 사업(B/C≥1)은 전체 조사대상 사업의 48.9%(384개)이지만, 종합적 타당성을 확보한 사업(AHP≥0.5)은 66.8%(524개)로 나타났다. 이는 경제적 타당성을 확보하지 못했지만, AHP분석을 통해서 종합적 타당성을 확보한 사업이 140개라는 것을 의미한다.

| 표 10-16 | 종합적 타당성 확보율

(단위: 건수, %)

구분	도로	철도	항만	문화·관광·건축	수자원	기타	합계
총사업 수	266	141	53	99	67	159	785
통과 산업 수	165	82	41	67	50	119	524
타당성 학보율	62	58.2	77.4	67.7	74.6	74.8	66.8

자료: 한국개발연구원(2023)

5. 요약

국가에서 시행하는 공공사업의 경우 사업규모가 커서 그 영향이 전 국민에게 광범위하게 미치므로 사전검토의 필요성과 중요성은 매우 크다고 할 수 있다. 이로 인해 우리나라에서는 재정이 투입되는 대규모 사업에 대한 정책적·경제적·기술적 타당성의 사전검토 필요성이 제기되었으며, 그 일환으로 1999년부터 예비타당성조사를 시행하고 있다.

이 장에서는 우리나라 예비타당성조사제도의 도입배경과 추진경위, 대상사업과 면제사업, 조사의 수행과정과 주요 내용 등 동 제도의 전반적인 내용을 소개하였다. 특히, 예비타당성조사의 주요 내용인 경제성분석과 정책성분석, 그리고 지역균형발전 분석 결과를 종합적으로 평가하는 기법인 AHP기법의 주요 내용과 적용방법을 설명하였다. 더불어 1999년부터 2022년까지 수행된 예비타당성조사의 수행실적을 도로, 철도, 항만, 문화·관광·건축, 수자원 등 분야별·연도별로 살펴보았다. 또한, 지금까지 수행된 예비타당성조사 대상 사업들의 경제적 타당성과 종합적 타당성 확보 비율을 부문별로 살펴보았다.

참고문헌

구본영(1981), "한국의 잠재가격 계수 추정", 〈한국개발연구〉 3(2).

기획재정부(2023), "예비타당성조사 수행 총괄 지침", [시행 2023. 12. 27.] [기획재정부훈령 제 678호, 2023. 12. 27., 일부개정]

김강수(2016), "대규모 사업의 예비타당성조사 성과와 과제", 국토, 12-17.

김홍배(2016), 《도시 및 지역경제 분석론》, 기문당.

김홍배·윤갑식·이현경(2023), 《도시 및 지역경제 분석: 모형과 적용》, 기문당.

김홍배·진상엽·조용희(1996), "지역경제와 하천관리정책: 낙동강 유역을 중심으로", 〈국토계획〉 31(3).

노정현·임채욱(1993), "xx정유사의 석유제품 저유 및 수송 정책평가모형의 개발", 〈대한교통학회 지〉 11(3).

원제무(1996), 《정책분석기법》, 박영사.

윤갑식(1998), "환경정책과 사회복지: 수도권 지역 내 수질정책의 비용 - 편익 분석", 한양대학교 대학원 석사학위 청구 논문.

이정전(1995), 《녹색경제학》, 한길사.

이종건(1996), "공공 자본의 경제적 효과 분석", 〈조사통계월보〉, 한국은행.

조근태·조용곤·강현수(2005), 《앞서 가는 리더들의 계층 분석적 의사결정》, 동현출판사.

한국개발연구원(2012), "예비타당성조사를 위한 CVM 분석지침 개선 연구", 2012년도 예비타당 성조사 연구보고서.

_____(2015), "삶의 만족도 접근법을 이용한 공공재의 가치평가", KDI 연구보고서.

_____(2021), "예비타당성조사 수행을 위한 세부지침 일반부문 연구", 2021년도 예비타 당성조사 연구보고서.

_____(2022), "2021년도 KDI 공공투자관리센터 연차보고서"

_____(2023), "2022년도 KDI 공공투자관리센터 연차보고서"

Alonso, W. (1964), *Location and Landuse - Toward a General Theory of Land Rent*, East - West Center Editions.

Aschuer, D. A. (1989), "Is Public Expenditure Productive?", *Journal of Monetary Economics*, Vol. 23.

Chiang, A. C. (1985), *Fundamental Methods of Mathematical Economics*, McGraw - Hill Book Company.

Davidoff, P. & T. A. Reiner(1962), "A Choice Theory of Planning", *Journal of the American Institute of Planners*, Vol. 28.

Gramlich, E. M. (1981), *Benefit – Cost Analysis of Government Programs*, Prentice Hall.

Intrigator, M. D. (1971), *Mathematical Optimization and Economic Theory*, Prentice – Hall.

Kim, H. B. (1992), "A Two – Region Model of Growth In A General Equilibrium Framework", Ph. D. Dissertation, The Ohio State University.

Lancaster, K. J. (1966), *Consumer Theory*, Northampton.

Leontief, W. (1970), "Environmental Repercussions and the Economic Structure: Input – Output Approach", *The Review of Economics and Statistics*, Vol. 52.

Liew, C. J. (1984), "Pollution – Related Variable Input–Output Model? The Tulsa SMSA as A Case Study", *Journal of Urban Economics*, Vol. 15.

Miller, R. M. & P. D. Blair(1984), *Input – Output Analysis: Foundation and Extension*, Prentice – Hall.

Mills, E. & B. W. Hamilton(1984), *Urban Economics*, Scott, Foresman and Company.

Mishan, E. J. (1976), *Cost – Benefit Analysis*, Praeger.

Munnel, A. H. (1990), "How Does Public Infrastructure Affect Regional Economic Performance?", *New England Economic Review*.

Sassone, P. G. & W. A. Schaffer(1978), *Cost – Benefit Analysis: A Handbook*, Academic Press.

Schofield, J. A. (1987), *Cost–Benefit Analysis in Urban and Regional Planning*, Unwin.

Silberberg, E. (1975), *The Structure of Economics – A Mathematical Analysis*, McGraw – Hill Book Company.

Saaty, T. L. (1980), "The analytic hierarchy process(AHP)", The Journal of the Operational Research Society, Vol. 41.

Simon, H. A. (1965), "Administrative decision making." Public Administration Review, 31–37.

Willig, R. D. (1976), "Consumer's Surplus Without Apology", *American Economic Review*, Vol. 66 , No. 4.

색인

저자소개

김홍배 미국 오하이오 주립대학교 도시 및 지역계획학 박사

[현재]
- 한양대학교 도시공학과 명예교수

[주요경력]
- 토지주택연구원 원장
- 한국도시계획가협회 회장
- 한양대학교 도시대학원장
- 대한국토·도시계획학회 회장

윤갑식 한양대학교 도시공학과 공학박사

[현재]
- 동아대학교 도시공학과 교수
- 대한국토·도시계획학회 상임이사

[주요경력]
- 인천연구원 연구위원
- 충남연구원 책임연구원

이현경 한양대학교 도시공학과 공학박사

[현재]
- 동의대학교 도시공학과 교수
- 한국도시계획가협회 이사

계획가와 정책가를 위한 비용편익분석론

초판발행	2024년 8월 31일
지은이	김흥배·윤갑식·이현경
펴낸이	안종만·안상준
편 집	탁종민
기획/마케팅	최동인
표지디자인	BEN STORY
제 작	고철민·김원표
펴낸곳	(주) 박영시
	서울특별시 금천구 가산디지털2로 53, 210호(가산동, 한라시그마밸리)
	등록 1959. 3. 11. 제300-1959-1호(倫)
전 화	02)733-6771
f a x	02)736-4818
e-mail	pys@pybook.co.kr
homepage	www.pybook.co.kr
ISBN	979-11-303-2065-6 93320

정 가	19,000원